PROJETO DE ORGANIZAÇÕES
DINÂMICAS

OS AUTORES

Jay Galbraith é pesquisador sênior no Centro para a Eficiência Organizacional da Faculdade de Administração Marshall, Universidade do Sul da Califórnia, e professor emérito no Instituto Internacional para o Desenvolvimento da Gestão em Lausanne. Seus livros anteriores, que incluem *Organizing for the Future* e *Designing Organizations*, são clássicos da literatura especializada.

Diane Downey é fundadora e CEO da Downey Associates International (DAI), uma consultoria com sede em Nova York especializada em gestão da mudança e com foco em mudanças organizacionais, projeto de organização e desenvolvimento e treinamento de executivos. Diane é autora de *Assimilating New Leaders*.

Amy Kates é vice-presidente e consultora sênior na DAI. Suas especialidades são o projeto de organizações e o desenvolvimento de gestão.

G148p   Galbraith, Jay.
      Projeto de organizações dinâmicas : um guia prático para líderes de todos os níveis / Jay Galbraith, Diane Downey, Amy Kates ; tradução: Félix José Nonnenmacher ; revisão técnica: Fernando Ribas Beck. – Porto Alegre : Bookman, 2011.
      300 p. ; 28 cm.

      ISBN 978-85-7780-773-4

      1. Administração. 2. Liderança. I. Downey, Diane. II. Kates, Amy. III. Título.

CDU 658.3

Catalogação na publicação: Ana Paula M. Magnus – CRB-10/Prov-009/10

Um guia prático para líderes de todos os níveis

PROJETO DE ORGANIZAÇÕES DINÂMICAS

Jay Galbraith

Diane Downey

Amy Kates

Tradução:
Félix José Nonnenmacher

Consultoria, supervisão e revisão técnica desta edição:
Fernando Ribas Beck
Mestre em Engenharia de Produção

2011

Obra originalmente publicada sob o título
Designing Dynamic Organizations: A Hands on Guide for Leaders at All Levels
ISBN 9780814471197
Copyright © 2001 Jay Galbraith, Diane Downey, and Amy Kates. Published by AMACOM, a division of the American Management
Association, International, New York. All rights reserved.

Capa:
Rogério Grilho

Leitura final:
Verônica de Abreu Amaral

Editora Sênior:
Arysinha Jacques Affonso

Editora responsável por esta obra:
Júlia Angst Coelho

Projeto e editoração:
AGE – Assessoria Gráfica e Editorial Ltda.

Este livro foi concebido para fornecer informações precisas e especializadas relativas
ao assunto tratado. A editora desta obra não presta serviços jurídicos, contábeis ou de
qualquer outra natureza. Nos casos em que consultoria legal ou de outra esfera profissional for necessária, os serviços de um profissional da área em questão deverão ser
contratados.

Reservados todos os direitos de publicação em língua portuguesa à
ARTMED® EDITORA S.A. (Bookman® Companhia Editora
é uma divisão da Artmed® Editora S.A.)
Av. Jerônimo de Ornelas, 670 – Santana
90040-340 – Porto Alegre, RS, Brasil
Fone: (51) 3027-7000 Fax: (51) 3027-7070

É proibida a duplicação ou reprodução deste volume, no todo ou em parte,
sob quaisquer formas ou por quaisquer meios (eletrônico, mecânico, gravação,
fotocópia, distribuição na *Web* e outros), sem permissão expressa da Editora.

SÃO PAULO
Av. Embaixador Macedo Soares, 10.735 – Pavilhão 5 – Cond. Espace Center
Vila Anastácio – 05095-035 – São Paulo – SP
Fone: (11) 3665-1100 Fax: (11) 3667-1333

SAC 0800 703-3444

IMPRESSO NO BRASIL
PRINTED IN BRAZIL

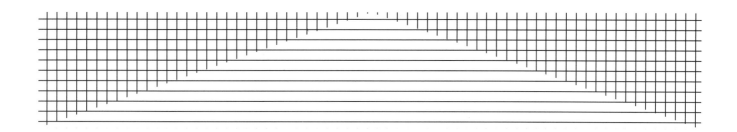

AGRADECIMENTOS

Este livro é o resultado de diversos acontecimentos que presenciei. O primeiro deles é a reação que algumas pessoas tiveram a *Designing Organizations: An Executive Briefing on Strategy, Structure, and Process*. Muitas pessoas que gostam de material conceitual apreciaram aquela obra. Outras a acharam "difícil de ler". Elas me perguntaram se havia um modo de tornar o livro mais compreensível. Diane Downey e Amy Kates há tempos vêm facilitando a compreensão de meu trabalho e de outras pessoas. Uma colaboração para a geração de uma versão de mais fácil leitura de *Designing Organizations* foi uma escolha natural.

O segundo fator foi a demanda do cliente. Muitos de meus clientes haviam me perguntado se eu tinha as ferramentas e materiais que poderiam ajudá-los a projetar suas próprias organizações. A resposta era sempre negativa, pois não tenho muita habilidade na criação desse tipo de material. Mas Diane e Amy vinham trabalhando no desenvolvimento dos tipos certos de ferramentas e materiais que as pessoas me pediam. Mais uma vez, colaborar com Diane e Amy pareceu o melhor a fazer. Porém, surgiu uma ideia melhor: combinar esse livro com o material novo que eu estava desenvolvendo. O resultado foi uma revisão de *Designing Organizations* e a criação deste livro útil, para complementá-lo.

A colaboração com Diane e Amy foi muito frutífera. Elas me compeliram a articular meu raciocínio. Antes de iniciar essa colaboração, muitos de meus pensamentos eram intuitivos. Elas os tornaram mais explícitos. Este livro contou também com a ajuda de Sasha Galbraith, minha companheira. Ela tem o talento que me auxilia a expressar meus pensamentos. Este livro é dedicado a ela. Quero agradecer às três, pelo trabalho que tiveram em me auxiliar.

Espero que o resultado seja útil para o leitor. As questões e ferramentas do livro serão uma grande complementação para *Designing Organizations* e seus conceitos.

— Jay Galbraith

Gostaríamos de agradecer a Jay Galbraith pelo convite para escrever este livro em conjunto. Suas ideias sobre o projeto de organizações vêm orientando nosso trabalho há anos. Este livro representa uma grande oportunidade de documentar e compartilhar o modo como utilizamos, em nosso trabalho diário de consultoria, os influentes conceitos que Jay desenvolveu, no sentido de auxiliar nossos clientes a transformarem suas próprias organizações.

Gostaríamos também de expressar nossa gratidão a nossos colegas da DAI pela assistência oferecida durante esta empreitada. Sheila Oh e Jenny Martel contribuíram com pesquisa e suporte de excelente qualidade. Navid Rahman e Glen Alcantara desenvolveram e revisaram pacientemente todos os gráficos deste livro. Michael Remson ofereceu ajuda e motivação preciosas. Por fim, gostaríamos de agradecer a todos os nossos clientes, com quem aprendemos tanto, sobretudo a Dave Tierno, ex-parceiro sênior na Ernst & Young, que leu a versão preliminar do texto sob a ótica do cliente e contribuiu com um *feedback* honesto e útil.

Diane dedica este livro a seus pais, Gerda e Ernest Mantel. Amy oferece esta obra a seu esposo, Muhamed Saric, e a seus filhos, Malik e Elias.

— Diane Downey e Amy Kates

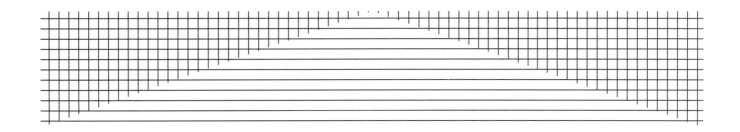

APRESENTAÇÃO À EDIÇÃO BRASILEIRA

O tema projeto organizacional é caro para gestores, consultores, pesquisadores e, em especial, para o campo de atuação da engenharia de produção. Em geral, ao observar as organizações pode-se perceber que suas características atuais (ex: estrutura, processos, indicadores, políticas e regulações) são o resultado de um conjunto de respostas aos desafios que se apresentaram ao longo de sua trajetória.

São poucos os locais em que os aspectos estratégia, estrutura, processos, sistema de pessoas e sistema de recompensas tratados nessa obra, por meio do clássico Modelo Estrela, são integrados, racionalmente deliberados e projetados. De fato, percebe-se um importante foco de pesquisas e publicações em cada um desses aspectos isoladamente. No entanto, uma visão integrada, sistemática e sistêmica sobre os componentes do Modelo Estrela não parece ser prática da academia e dos profissionais empresariais.

Assim, este livro contribui para reduzir a lacuna entre os diversos componentes do modelo para o projeto organizacional. As organizações, na sociedade atual, são elementos centrais da nossa civilização. Elas estão presentes em, praticamente, todos os possíveis percursos que as pessoas realizam. Seja no plano educacional, profissional ou afetivo e familiar, as organizações garantem que diferentes desejos e necessidades das pessoas sejam atendidos. Assim, os aspectos tratados no Modelo Estrela precisam ser alinhados e integrados para que esses desejos e necessidades sejam atendidos ao menor custo possível (para os clientes) e com a maior rentabilidade possível (para o investidor). Essa busca incessante força as organizações ao aprimoramento contínuo para garantir sua perpetuação no mercado.

Qual a ponta inicial do Modelo Estrela proposto pelo livro? O livro apresenta a estratégia como pedra angular para o desenvolvimento do projeto organizacional. No entanto, a estratégia isoladamente não viabiliza que as intenções se materializem. É necessário o seu desdobramento, projetando a organização de tal forma que a direção proposta seja perseguida. Nesse sentido, o projeto organizacional, a partir da estratégia, norteia a estrutura, os processos, as métricas de avaliação e o sistema de recompensas para a busca dos objetivos pretendidos.

Para operar as estratégias é necessário o desenvolvimento de uma estrutura organizacional (divisão do trabalho, autoridade/responsabilidade, relações de poder) que forneça o molde, o enquadramento das pessoas na organização. A estrutura, o posicionamento dos colaboradores não é suficiente para que o valor seja entregue aos clientes. Para isso são necessários os processos e a coordenação lateral. É preciso projetar a coordenação das atividades entre cada um das unidades da estrutura organizacional, visando melhorar a cooperação entre as mesmas. Isto tem a finalidade de entregar aos clientes o valor necessário.

O tripé estratégia, estrutura e processos é hoje articulado dentro do arcabouço teórico da Visão Baseada em Recursos (VBR). Os fatores que realmente explicam a lucratividade das organizações estão vinculados aos aspectos internos da empresa (estratégia, organização dos recursos e de seu sistema de atividades). Os fatores internos podem sustentar uma posição, preferencialmente única, superior na competitividade do mercado. Neste sentido, o Modelo Estrela auxilia na medida em que pode contribuir para analisar e projetar as organizações a partir de um referencial metodológico robusto. Em alguns casos, o próprio recurso central na estratégia organizacional é sua capacidade de reprojetar-se, de adaptar-se o mais rapidamente às mudanças do mercado ou, ainda, de provocar alterações internas (estrutura, processos, produtos) que modifiquem a estrutura competitiva do mercado. O estabelecimento de uma organização flexível requer, portanto, o projeto organizacional. A flexibilidade, não advinda de um processo racional e deliberado pode, sem dúvida, transformar a gestão em um caos.

Refletir sobre o projeto organizacional não significa desenvolver planos isolados para os aspectos do Modelo Estrela. Nesse sentido, outros dois componentes importantes necessitam de alinhamento: i) o sistema de pessoas; ii) o sistema de recompensas. O sistema de pessoas é significativo pela necessidade de recrutar, alocar, dimensionar e manter as pessoas certas, nos locais (estrutura) certos, para fazerem os trabalhos (processos) que agreguem maior valor às partes interessadas. O sistema de recompensas pode contribuir para o alinhamento dos objetivos individuais aos da organização, podendo influenciar decisivamente sobre o comportamento esperado das pessoas. Talvez um dos principais fins do sistema de recompensas seja mobilizar as partes (pessoas ou unidades organizacionais) a agirem contribuindo para o todo (a organização). Há organizações, atualmente, que centram sua gestão sob esses dois aspectos, contrariando abordagens ortodoxas centradas na estrutura e nos processos.

Refletir e agir sobre esse modelo significa projetar, articulada e simultaneamente, todos os elementos para a sustentação de uma determinada estratégia. Assim, o projeto organizacional é, em especial, um tema importante para a engenharia de produção. O ato de projetar é uma habilidade afeta ao campo da engenharia. O projeto, em geral, e a estrutura organizacional, em particular, são questões próprias dessa área da engenharia, que tem como campo de atuação as organizações. Nesse sentido, esta obra cobre uma lacuna na bibliografia associada à engenharia de produção no Brasil.

A presença da argumentação teórica, de instrumentos e de ferramentas contribui para sua adoção pelos interessados sob dois aspectos: i) investigações empíricas sobre os limites e as possibilidades de aplicação do modelo proposto; ii) aplicabilidade prática nas organizações. Essa aplicabilidade auxilia na redução entre o conhecimento absorvido (mundo das ideias) pela obra e sua pertinente contribuição nas organizações (mundo real).

Temos certeza de que *Projeto de organizações dinâmicas* contribuirá para a ampliação e aprofundamento da análise e, sobretudo, da melhoria do projeto organizacional. Temos a convicção que ganha o Brasil com a possibilidade de maior acesso a essa importante publicação. Ganha a engenharia de produção brasileira que poderá qualificar um número maior de estudantes, profissionais e interessados na superação das possíveis barreiras linguísticas associadas ao original desta obra. Temos a expectativa de que as empresas brasileiras façam o melhor uso desse material. Sua utilidade pode refletir no aumento de nossa competitividade, no desenvolvimento regional e, por consequência, na inclusão de pessoas ao mercado de trabalho. Por fim, esperamos, antes de tudo, que a obra contribua, ainda que singelamente, para o nosso desenvolvimento como nação.

Prof. Dr. Heitor Mansur Caulliraux
Pesquisador do Programa de Pós-Graduação em Engenharia de Produção – Coppe/UFRJ
Professor da Escola Politécnica da Universidade Federal do Rio de Janeiro – Poli/UFRJ
Coordenador Geral do Grupo de Produção Integrada – GPI/UFRJ
heitor@gpi.ufrj.br

Prof. Dr. Daniel Pacheco Lacerda
Pesquisador do Programa de Pós-Graduação em Engenharia de Produção e Sistemas –
Ppgeps/Unisinos
Coordenador Acadêmico do Grupo de Pesquisa em Modelagem para Aprendizagem –
Gmap | Unisinos
dlacerda@unisinos.br

Prof. Dr. José Antônio Valle Antunes Jr.
Pesquisador do Programa de Pós-Graduação em Engenharia de Produção e Sistemas –
Ppgeps/Unisinos
Pesquisador do Programa de Pós-Graduação em Administração – PPGA/Unisinos
Coordenador Geral do Grupo de Pesquisa em Redes – Geredes/Unisinos
junico@produttare.com.br

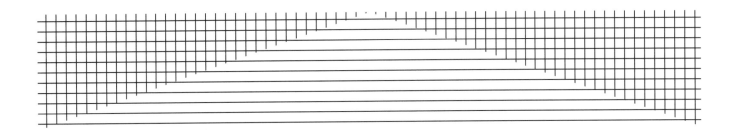

PREFÁCIO

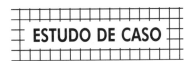

Gardenville nunca havia presenciado algo igual ao ocorrido em 27 de novembro. Às 7 horas da noite a tubulação principal de água na Rua Duggal rompeu-se, inundando com água gelada os porões de diversas lojas e casas de Gardenville. Às 9 da noite um incêndio irrompeu durante o segundo turno de trabalho na fábrica, nos arredores da cidade, em uma região habitada por muitos dos imigrantes mexicanos que lá trabalhavam. A maior parte do contingente de bombeiros voluntários da cidade estava no centro, interditando ruas e ajudando os funcionários da empresa fornecedora de água quando foi dado o alarme de incêndio. Metade desses bombeiros foi enviada à fábrica e foi solicitada a ajuda de cidades vizinhas.

Dan Roskobev foi um dos primeiros a chegar à fábrica. Nos 12 anos em que trabalhara no esquadrão de paramédicos, nunca tinha visto tanta confusão. Grandes labaredas saíam pelas janelas superiores da fachada leste do prédio. As pessoas andavam de um lado para outro, sob temperaturas negativas, muitas sem seus casacos. Algumas pareciam feridas e choravam, ajoelhadas no chão. Outras pediam ajuda, em espanhol, para que alguém resgatasse os funcionários que porventura tivessem ficado no interior da fábrica. Todos pareciam estupefatos.

O líder da equipe de serviços de emergência de Gardenville estava em sua folga de feriado de Ação de Graças. Os bombeiros estavam preocupados com o incêndio. Dan decidiu que alguém tinha de assumir o controle. Ele pediu a um dos bombeiros que arrombasse um pequeno restaurante, que naquela hora já estava fechado. O local poderia servir de abrigo para as pessoas, um lugar aquecido onde seria possível executar uma triagem dos feridos para serem mandados a um hospital. Nas quatro horas seguintes, Dan atendeu pessoas com queimaduras leves, orientou a busca por cobertores e suprimentos e organizou caronas com os que estavam passando para poder levar o maior número de feridos ao hospital. Ele coordenou tradutores para interpretarem o que era dito quando as equipes de primeiros socorros de outras cidades chegaram, e quando o dono do restaurante apareceu, Dan o convenceu a fazer café para todos.

Naquela semana, um editorial publicado pelo jornal local elogiou Dan, chamando-o de "um verdadeiro herói". O editorial mencionou também a necessidade de melhorias nos recursos dados aos serviços de emergência, treinamento e coordenação, escrevendo: "Nossa cidade não está preparada para a ocorrência de um grande desastre. Não podemos depender do aparecimento de um herói na última hora."

Uma história como essa não é incomum. Quando ocorre um desastre, as pessoas sempre assumem o trabalho que tem de ser feito. Juntas, elas buscam os recursos necessários, coordenam as ações de outras pessoas e tomam decisões com rapidez. Nós as chamamos de heróis. Porém, não resta dúvida que as atitudes corretas tomadas em uma crise não podem ser implementadas com eficiência e eficácia o tempo todo. No cotidiano, recorremos a organizações, não a heróis, para garantir que os recursos estejam no lugar certo quando forem necessários e para assegurar que as pessoas tenham as habilidades, as ferramentas e o suporte necessário para desempenharem suas funções.

No atual ambiente de negócios, muitos gerentes queixam-se de terem a sensação de estar "combatendo incêndios" o tempo todo. Concentrados constantemente na solução de problemas, eles não têm qualquer chance de se isolar para refletir sobre as consequências de suas decisões. Em vez de analisar oportunidades estratégicas, de planejar o crescimento da empresa ou de desenvolver seu pessoal, eles encontram-se presos ao "fazer" do dia a dia.

Muitas vezes essa pressão tem sua origem em forças externas à companhia. Se você é um gerente talvez nunca chegue a enfrentar desastres naturais que ponham vidas em risco, em sua rotina diária; porém, é frequente a necessidade de reagir com rapidez frente a desafios. Se você trabalha em uma companhia madura, então é provável que seja preciso reagir a novos concorrentes, consolidações, fusões, aquisições, expansão global e comércio eletrônico. Se você é um líder em uma empresa entrante, talvez esteja se esforçando para construir uma infraestrutura que dê suporte a taxas de crescimento altas ao mesmo tempo em que se dedica a evitar a escalada de burocracias desnecessárias. Para completar, com frequência você tem de enfrentar um giro de funcionários maior do que o desejado, além da escassez de talentos no mercado de trabalho.

No entanto, na maioria das vezes, são as forças internas que impedem os gerentes de abordar desafios comerciais estratégicos de longo prazo. Questões que deveriam ser resolvidas nos níveis inferiores da hierarquia e decisões que precisariam ser tomadas na linha de frente emergem diante das escalas de liderança. Mais tempo é despendido com a solução de atritos internos que com clientes, mercados e concorrentes. Porém, poucos gerentes sentem-se confiantes em suas próprias capacidades de moldar suas organizações com a eficiência em mente. Uma pesquisa feita pela PriceWaterhouseCoopers, no verão de 2000, sobre as 441 empresas norte-americanas que mais crescem revelou que 32% dos CEOs acreditavam que a própria incapacidade de reorganizar suas empresas podia ser "um obstáculo para o crescimento" no ano seguinte. Apenas 10% desses CEOs tinha essa impressão em uma pesquisa anterior, de 1993.[1]

Sendo um líder, você não dispõe de muitos mecanismos para alavancar a mudança em sua empresa. Entre esses mecanismos, os três mais importantes são a definição da estratégia e da visão da empresa, a escolha dos membros na equipe executiva e o projeto da organização. Sua estratégia confere à empresa a direção a seguir e a finalidade a concretizar. A qualidade de sua equipe executiva garante que a liderança seja distribuída uniformemente e determina a qualidade de seu sono à noite. O projeto da organização norteia a estrutura, os processos, as métricas, os sistemas de recompensa e as práticas que asseguram que o ímpeto das pessoas e da própria organização seja concentrado nas atividades de apoio à consolidação dessa estratégia. Todos esses mecanismos de alavancagem são igualmente importantes, mas o projeto da organização é muitas vezes aquele que recebe a menor atenção. Se você está lendo este livro é provável que já acredite no valor do projeto de uma empresa. Porém, talvez você continue se perguntando se o projeto de sua empresa é relevante em um mundo que muda com grande rapidez.

O ritmo da mudança é utilizado como base para argumentar que "se eu contrato as pessoas certas, elas acabam fazendo descobertas por conta própria". A história narrada no começo deste prefácio revela que, muito embora as pessoas sejam importantes, elas não atuam isoladamente. O projeto de uma organização é *o caminho para a criação de um conjunto de esforços coletivos cujo resultado é maior do que a soma dos esforços e resultados individuais*. As estruturas, os processos e as práticas das organizações canalizam e delineiam os comportamentos e as energias das pessoas. Os valores e a cultura da organização influenciam os relacionamentos interpessoais e definem as decisões que devem ser tomadas. A forma da organização desperta ou reprime os desejos inatos ao ser humano de desempenhar um bom trabalho, todos os dias. Como líder, você tem a oportunidade — e também a responsabilidade — de estruturar esses relacionamentos para que as pessoas percebam como é fácil colaborar, inovar e realizar.

Durante a década de 1990, inúmeros artigos foram publicados sobre o surgimento de formas organizacionais destinadas a substituir a organização tradicional, tanto na grande mídia quanto na imprensa especializada. Apareceram diversos trabalhos que aplicavam o que havia sido aprendido sobre sistemas no mundo físico e biológico a sistemas organizacionais. O interesse nos campos da complexidade e da teoria do caos apresentou os conceitos de crescimento orgânico e mudou o estudo do projeto e da estrutura das organizações. De acordo com essa teoria, o caos é definido como um estado inevitável de um sistema, pois o faz afastar-se da ordem. Embora muitos acreditem que a falta de uma forma previsível conduza a uma série de percalços, a teoria do caos defende a premissa de que as forças que acabarão atuando sobre um sistema criarão uma nova ordem, o que foi chamado por alguns de "ordem sem previsibilidade".[2]

A ideia de organizações adaptáveis, autorrenovadas e auto-organizadas é atraente para os gerentes que tentam criar organizações capazes de reagir a um ambiente externo em constante mudança. Alguns gerentes utilizaram essas novas ideias para desenvolver organizações mais abertas e flexíveis, que transmutaram barreiras hierárquicas em velocidade e inovação. Porém, outros gerentes utilizaram essas ideias como desculpa para abdicar de suas responsabilidades de gestores do projeto e da administração de suas empresas. O resultado dessa atitude foi que esses gerentes foram os primeiros a vivenciar o caos!

Também está claro que boas ideias e uma marca forte não bastam para compensar a falta de um projeto robusto. As empresas que se concentram no crescimento que não contempla a construção de uma organização e sem as competências capazes de alavancar essas boas ideias (e abandonar estas em nome de ideias ainda melhores, quando necessário) tendem a entrar em ciclos de franca expansão seguidos de desaquecimento, corte de custos e, por vezes, a falência. Por exemplo, a Cambridge Technology Partners (CTP), uma empresa de consultoria em tecnologia especializada em aplicações para servidores, registrou um crescimento total de 61% em seus sete primeiros anos de vida. As metas de crescimento forçaram a companhia a aspirar a projetos grandes e complexos demais para suas capacidades, fazendo com que ela abandonasse um modelo de precificação lucrativo e perdesse o foco no desenvolvimento de sua própria tecnologia e infraestrutura humana, o que acarretou seu fracasso em reconhecer o potencial da Internet, em meados da década de 1990. Com as cotações de suas ações em queda e um giro anual de funcionários de 39%, a CTP foi forçada a recuar no mercado e reconstruir suas capacidades internas.[3]

Este livro defende a tese de que o projeto de uma organização, no século XXI, tem importância crescente, não decrescente. O projeto bem concebido de uma organização capacita e habilita seus funcionários a trabalhem nos ambientes de equipe altamente independentes que caracterizam o atual cenário dos negócios. Além disso, quanto mais clara a justificativa para a condução desse projeto, maior a rapidez com que as decisões relativas a ele podem ser reavaliadas e modificadas no sentido de reagir a forças externas.

Um dos temas recorrentes nesta obra é a carência de organizações dinâmicas e reconfiguráveis que reconheçam as mudanças e reajam com velocidade frente a elas. Uma organização existe para pôr estratégias em prática. No entanto, são poucas as organizações capazes de manter suas respectivas vantagens estratégicas por muito tempo. Fórmulas de sucesso são copiadas rapidamente ou mesmo ultrapassadas por concorrentes velozes. Ao discorrer sobre como as leis e constituições europeias haviam perdido a utilidade no mundo em constante mudança do início do século XIX, Thomas Jefferson disse: "Bem que poderíamos pedir a um homem que vista o mesmo casaco que lhe servia quando garoto".[4] Isso é válido também para as organizações. Quando as vantagens estratégicas não perduram, o mesmo ocorre com o projeto da organização. "Casacos que não servem", assim como estratégias fracas e pessoas erradas, impedem que a organização atinja suas metas.

Isso não significa que a mudança torna dispensável o projeto de uma organização. Em muitas organizações, os funcionários sentem-se castigados pelas constantes reorganizações implementadas sem pé nem cabeça. A necessidade de mudança significa que os líderes da organização de sucesso precisam avaliar suas competências o tempo todo e realinhá-las com o claro objetivo de aproveitar as oportunidades que aparecerem. O mais importante em tudo isso é que eles projetarão suas organizações para serem capazes de prever e se adaptar a mudanças com o menor número possível de interferências, para seus clientes e funcionários.

O QUE É UMA ORGANIZAÇÃO?

A palavra *organização* é utilizada com frequência em todo este livro. De acordo com nossa definição, o termo pode representar uma empresa como um todo ou parte dela, com dezenas de milhares de pessoas ou apenas algumas dúzias. Cada leitor entenderá uma definição diferente, dependendo de seu *status* individual em sua empresa. Se você é o CEO ou tem cargo equivalente, então a "organização" inclui toda a empresa. Se você é um diretor de divisão ou um chefe de departamento, então sua "organização" é o setor em que você tem autoridade para fazer mudanças e causar impacto. As organizações ficam abrigadas umas dentro das outras. Uma unidade de 10 pessoas em uma empresa de grande porte é uma organização distinta e também participante desta. Quanto menor a organização, menor o número de escolhas relativas a projeto que deverão ser tomadas, e maior o volume de decisões influenciadas por ela. Independentemente do tamanho da organização, sempre haverá enormes oportunidades para o líder dar-lhe forma e melhorar sua eficiência.

O termo é utilizado também para referir um grande número de tipos de organização. Embora este livro pressuponha a existência de um ambiente de negócios, todos os conceitos discutidos aplicam-se a entidades públicas ou sem fins lucrativos.

A QUEM ESTE LIVRO SE DIRIGE?

A necessidade de escrever este livro surgiu de diferentes pedidos feitos a Jay Galbraith e à Downey Associates International, Inc. (DAI) para que fosse preparado um guia prático para o projeto de organizações. Integrantes de altas e médias gerências, em especial, solicitaram um guia de projeto para a companhia como um todo e para as áreas das organizações em que trabalham. Este livro permite aos leitores:

- Escolher as formas organizacionais que melhor apoiem suas estratégias de negócios.
- Entender os *trade-offs* e o impacto de todas as decisões relativas ao projeto da organização.
- Introduzir a flexibilidade e a mudança constante sem deixar de lado o que os funcionários precisam para desempenharem suas funções com eficiência.

Este livro se baseia em trabalhos escritos de Jay Galbraith e em sua experiência como consultor a clientes espalhados em todo o mundo, e reflete a grande experiência conquistada por Diane Downey e Amy Kates da DAI na assistência a clientes em relação à avaliação de suas empresas, à tomada de decisão e à implementação de novos projetos. Esta obra tem uma abordagem focada na consultoria, não em atividades acadêmicas ou teóricas. O texto aborda perguntas que fazemos a nossos próprios clientes e disponibiliza as ferramentas que permitem aos gerentes avaliar opções e tomar decisões por conta própria.

Este livro foi escrito para aqueles que lideram uma organização e desejam certificar-se de que ela esteja alinhada no sentido de realizar suas metas de negócios, inclusive os chefes de subsidiárias, de divisões ou linhas de negócios, além dos gerentes em nível hierárquico intermediário responsáveis por uma linha de produto, uma sede ou uma área funcional.

Além disso, outro público-alvo desta obra são os profissionais de recursos humanos (RH) e consultores de desenvolvimento internos e externos à organização que dão suporte a seu processo de projeto. Todas as ferramentas e conceitos apresentados serão úteis ao profissional de RH que auxilie um líder de uma empresa durante o processo de reprojeto. Instrutores atuantes em corporações e outros profissionais da educação executiva verão que esta é uma obra de referência dirigida que pode ser utilizada em seus respectivos programas educacionais.

A ORGANIZAÇÃO DESTE LIVRO

Por regra, a reestruturação de sua empresa não é questão de escolha. Os negócios mudam, as estratégias se alteram e você já não está na posição de realizar apenas o que tem de ser feito. Contudo, não é raro vermos os reprojetos limitarem-se a reorganizar a estrutura vertical — isto é, o que pode ser exibido no organograma da companhia. Este livro trata do projeto de uma organização sob uma ótica holística. Seus sete capítulos estruturam-se em torno de decisões essenciais que o orientarão no processo filosófico da criação de uma organização dinâmica e reconfigurável.

O Capítulo 1, "O Ponto de Partida", oferece uma visão geral sobre o processo de projeto e o modo como envolver pessoas da organização nesse processo, com eficiência. O capítulo responde às seguintes perguntas:

- O que é o projeto de uma organização?

- Quais são as características das organizações dinâmicas e reconfiguráveis?

- Como identificar o momento certo de reprojetar a organização?

- Quais são as etapas do processo de projeto?

- Quando e como outras partes devem ser envolvidas?

O Capítulo 2, "Como Definir a Estrutura do Projeto", ajuda a identificar as condições futuras desejadas, avaliar a organização atual e determinar as prioridades de mudança. O capítulo responde às seguintes perguntas:

- Como nossa estratégia nos diferencia no mercado?

- Quais são as competências organizacionais específicas necessárias para realizarmos essa estratégia?

- Qual é o tamanho da lacuna entre o que somos hoje e o que desejamos ser no futuro?

O Capítulo 3, "Como Projetar a Estrutura", apresenta um guia para a escolha de estruturas e a definição de novos papéis organizacionais. Ele oferece também um exemplo de processo participativo voltado para a geração de alternativas de projeto. O capítulo responde às seguintes perguntas:

PREFÁCIO **xvii**

- Quais são minhas opções para a organização do trabalho e das pessoas com o objetivo de satisfazer os critérios de projeto da melhor maneira possível?
- Como você define os papéis críticos individuais e organizacionais e esclarece as interfaces entre eles?
- Como devo estruturar as participações na geração de alternativas?
- O que posso fazer para manter o ímpeto do projeto?

O Capítulo 4, "Os Processos e a Competência Lateral", concentra-se no modo como construir conexões horizontais robustas por meio de redes, processos, papéis integradores e estruturas de equipe e matriciais. O capítulo responde às seguintes questões:

- Qual é a melhor forma de coordenar o trabalho entre as unidades de negócio?
- Como criar mecanismos eficientes de integração?

O Capítulo 5, "Definindo e Recompensando o Sucesso", resume o pensamento recente no campo de mensuração de desempenho, métricas e sistemas de compensação e recompensa. O capítulo responde às seguintes questões:

- Como mensurar o desempenho em nível de indivíduo, de equipe e de organização?
- Quais são os valores e comportamentos que devem definir nossa cultura?
- Como garantir que nossos sistemas de recompensa alinhem todas as pessoas a nossa estratégia?

O Capítulo 6, "Os Sistemas de Pessoas", enfatiza as decisões tomadas no projeto de sistemas de recursos humanos capazes de moldar comportamentos e mentalidades em apoio a uma organização dinâmica e reconfigurável. Além disso, esse capítulo apresenta um estudo de caso que ilustra um processo eficiente de contratação de pessoal para a nova organização. O capítulo responde às seguintes perguntas:

- Qual é o processo mais eficiente para alocar as pessoas a novos papéis?
- Como selecionar, gerenciar e apoiar o desenvolvimento de pessoas que não apenas tenham as habilidades de que necessitamos hoje, como também sejam flexíveis para desenvolver novas competências no futuro?

O Capítulo 7, "A Implementação", orienta o processo de implementação, do ponto de vista da gestão do projeto e da gestão da mudança. O capítulo responde às seguintes perguntas:

- Como posso ajudar minha organização a fazer a transição, com o menor nível de dificuldade possível?
- Quais são as práticas da gestão da mudança que preciso adotar?

Ao longo de todo o livro, referimos diversos papéis atuantes no processo de projeto.

- *Líder.* O líder é o chefe da organização e o leitor para quem este livro foi escrito. Um líder pode ser um CEO, o diretor de um departamento ou o chefe de uma unidade de negócios. A pessoa em nível mais elevado no segmento específico da organização em reestruturação é considerada o líder.
- *Equipe executiva.* A equipe executiva reporta-se diretamente ao líder. Se o número de pessoas nessa equipe for muito grande, então ela pode ser uma subdivisão, um "esquadrão especial", a quem o líder recorre em busca de sugestões e conselhos.

- *Equipe de lideranças.* O termo *equipe de lideranças* inclui um grupo maior de funções--chave na organização, além das pessoas que se reportam diretamente ao líder. Em uma organização muito pequena, a equipe executiva e a equipe de lideranças podem ser uma só. Uma vez que a estrutura de reprojeto tenha sido definida, a equipe de líderes via de regra assume a maior parte das etapas iniciais do trabalho de reprojeto.

- *Grupos de trabalho.* Essas equipes têm a responsabilidade de detalhar e avaliar a exequibilidade do trabalho de reprojeto após a finalização do trabalho inicial da equipe de lideranças. Em geral, esses grupos são formados por representantes de todos os níveis e áreas da organização. É possível que existam diversos grupos de trabalho em uma organização, cada um focado em um único projeto, ou então cada grupo pode ser incumbido de diversos projetos e se subdividir em grupos menores. Os grupos trabalham em tópicos relativos a negócios, como o desenvolvimento de uma nova abordagem de marketing, a criação de uma função de suporte a vendas, ou podem voltar seus esforços para temas organizacionais, como a comunicação, métricas e monitoramento, sistemas de recompensa e reconhecimento, além de treinamento.

- *Comitê de direção.* O comitê de direção é formado pelos chefes de cada um dos grupos de trabalho. Ele representa uma estrutura de governança paralela que garante que os processos de projeto e de mudança sigam em frente de maneira integrada e sem perder o rumo por conta da execução das atividades diárias da empresa.

Além desses papéis, o RH é muitas vezes o principal ator no processo de reestruturação de uma organização. Como integrante da equipe executiva ou de lideranças, o profissional de RH faz uma importante contribuição ao trazer à tona as implicações do fator "pessoas" para a estratégia, ao identificar as questões relativas à condição atual da companhia e prever como as opções de projeto e implementação influenciarão a organização, na perspectiva humana. Além disso, o chefe do departamento de RH atua como facilitador do processo global de projeto, como conselheiro do líder, ou mesmo como agente da identificação de facilitadores capacitados externos para o projeto, que por sua vez poderão ajudar a organização nessa transição.

Este livro inclui ferramentas (encontradas no final de cada capítulo) que permitirão a você aplicar os conceitos apresentados de acordo com sua situação específica e planejar seu próprio processo de projeto da organização. Embora esta obra tenha sido organizada em uma escala linear de etapas, para fins de clareza, ela não deve ser vista como um livro de receitas. Mesmo que você siga as orientações apresentadas à risca, não há garantias de que o resultado seja uma organização perfeita, como um bolo de aniversario primoroso. Ao contrário, este livro deve ser visto como um guia para seu modo de pensar, que incutirá disciplina em torno de questões que precisam ser formuladas, de opções que precisam ser levadas em conta e das implicações que devem ser previstas em cada fase. Na maior parte das situações, chegar à resposta certa — à estrutura, ao processo ou à métrica certa — é menos importante que obter a qualidade e a profundidade das discussões que nos conduzem a essas respostas. Nas palavras de Bartlett e Ghoshal, "A principal tarefa organizacional não consiste em projetar a estrutura mais elegante, mas em capturar as competências individuais e motivar a organização como um todo a reagir de modo colaborativo frente a um ambiente complexo e dinâmico".[5] Esboços representados em folhas de papel são só o começo. O trabalho inicia de verdade quando passamos a desenvolver detalhes e a negociar diferenças. Para nós, as lideranças devem adotar este livro como um catalisador de discussões profundas sobre suas organizações, e os profissionais de RH precisam ver esta obra como um manual utilizado para orientar, desafiar e conduzir seus parceiros na empresa ao longo do processo de projeto.

NOTAS

1. H. de Lesser, "More Entrepreneurs Take Help of Executive Coaches: CEOs Hope to Gain Edge as Their Businesses Burgeon Amid Sea Changes," *The Wall Street Journal*, September 5, 2000, p. B2.
2. Veja por exemplo: S. Brown and K. Eisenhardt, *Competing on the Edge: Strategy as Structured Chaos* (Boston: Harvard Business School Press, 1998); R. Lewin, *Complexity: Life at the Edge of Chaos*, 2nd ed. (Chicago: University of Chicago Press, 2000); R. D. Stacey, *Managing the Unknowable: Strategic Boundaries Between Order and Chaos in Organizations* (San Francisco: Jossey-Bass, 1992); M. Wheatley, *Leadership and the New Science: Discovering Order in a Chaotic World* (San Francisco: Berrett-Koehler, 1999).
3. J. Gordon, "Feeding the Monster: Cambridge Technology Was So Obsessed With Growth That It Forgot How to Build a Business," *Forbes,* September 4, 2000, pp. 70–1.
4. Thomas Jefferson, "Letter to Samuel Kercheval," July 12, 1816.
5. C. Bartlett and S. Ghoshal, "Matrix Management: Not a Structure, a Frame of Mind," *Harvard Business Review*, July/August 1990.

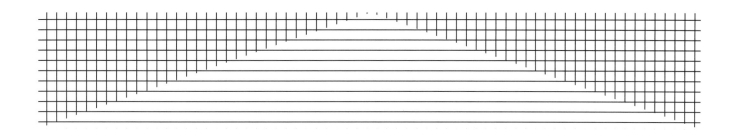

SUMÁRIO

CAPÍTULO 1   O Ponto de Partida 23

    O projeto da organização 24
    A organização reconfigurável 26
    A escolha do momento de reestruturar 30
    O processo do projeto 32
    Em defesa de um processo participativo 35
    Resumo 39

CAPÍTULO 2   Como Definir a Estrutura do Projeto 44

    A tradução da estratégia em critérios de projeto 47
    A definição de limites e premissas 52
    A avaliação do estado atual 53
    Como analisar os dados 59
    Resumo 64

CAPÍTULO 3   Como Projetar a Estrutura 77

    Conceitos estruturais 80
    Os papéis organizacionais 100
    Os papéis de liderança 108
    O teste do projeto 111
    A adoção de um processo participativo: o mapeamento da estrutura 116
    A governança de projeto e implementação: a elaboração dos detalhes 130
    Resumo 135

CAPÍTULO 4 Os Processos e a Competência Lateral 150

A competência lateral 153
As redes 157
Os processos laterais 167
As equipes 171
Os papéis integradores 180
As estruturas matriciais 184
A geração de uma competência lateral 189
Resumo 193

CAPÍTULO 5 Definindo e Recompensando o Sucesso 204

As métricas 206
Valores e comportamentos 214
As compensações 217
As recompensas e o reconhecimento 227
"Recompensa" ou "reconhecimento" 228
Resumo 235

CAPÍTULO 6 Os Sistemas de Pessoas 242

A contratação de funcionários para a nova organização 245
A avaliação da aptidão para o aprendizado 255
O *feedback* do desempenho 259
Do treinamento ao aprendizado 263
Resumo 264

CAPÍTULO 7 A Implementação 267

O planejamento 268
A gestão do ceticismo 274
A assimilação na organização 277

Conclusão 285

Glossário 287

Bibliografia 291

Índice 295

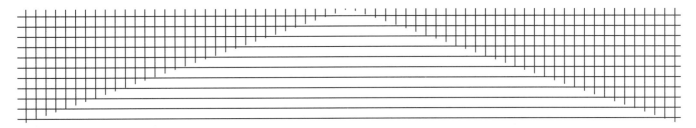

CAPÍTULO 1

O PONTO DE PARTIDA

Como líder, você pode dar forma à sua organização ativamente. Este é, provavelmente, o papel mais importante que você tenha de desempenhar.*

A organização não pode ser projetada de baixo para cima. As pessoas nas linhas de frente não têm a amplitude de perspectiva necessária para avaliar os prós e os contras que afetarão a organização por completo, não importa se esta é a empresa toda ou uma divisão ou função específicas. Embora elas possam e devam envolver-se no processo de projeto para ajudar a identificar os problemas que precisam ser sanados e também fornecer *insights* acerca do que os clientes desejam, o projeto da organização é responsabilidade do líder e da equipe de lideranças.

Este capítulo apresenta uma visão geral do processo de projeto e explica como envolver as pessoas da organização em sua execução, de modo eficaz. Este capítulo tem cinco seções:

- *O Projeto da Organização* descreve os componentes do projeto da organização em termos do "modelo estrela".
- *A Organização Reconfigurável* define as características das organizações capazes de reagir com rapidez e flexibilidade frente às mudanças no ambiente.

---

* Neste livro, *líder* e *gerente* são usados como sinônimos. Embora algumas pessoas argumentem que existam diferenças claras entre estes papéis, normalmente elas dependem da perspectiva adotada. As tarefas de um gerente em nível hierárquico intermediário em uma empresa de grande porte seriam as atividades "administrativas" (isto é, o foco em horizontes de curto prazo, em detalhes, eliminação de riscos, manutenção dos prazos e dos orçamentos da organização), em comparação com as tarefas de executivos em posições mais altas. Contudo, para as pessoas que se reportam a este gerente, ele tem o papel de "líder". Elas esperam que ele atue de acordo com essa noção (com o foco no panorama mais amplo, na comunicação de valores, na motivação e na inspiração de pessoas, além da promoção e geração da mudança). Para detalhes sobre as diferenças entre gerentes e líderes, veja J. P. Kotter, *Force for Change: How Leadership Differs From Management* (New York: The Free Press, 1990).

- *A Escolha do Momento de Reestruturar* identifica os eventos desencadeadores com maior probabilidade de dar início à avaliação do projeto da organização.
- *O Processo do Projeto* apresenta uma visão geral da sequência de eventos no processo de projeto.
- *Em Defesa de um Processo Participativo* apresenta as orientações para o envolvimento de outras partes no processo de projeto.

O PROJETO DA ORGANIZAÇÃO

O *projeto da organização* é o processo planejado de configuração de estruturas, processos, sistemas de recompensa, práticas e políticas de pessoas voltados para a criação de uma organização eficiente, capaz de realizar sua estratégia corporativa.

O "projeto" de uma organização é muitas vezes utilizado como sinônimo, ainda que equivocadamente, de "estrutura" organizacional. Contudo, o processo de projeto de uma organização e seus desfechos vão muito além da redisposição de elementos no organograma corporativo. O modelo estrela (Figura 1-1) é uma referência para uma consideração holística dos cinco principais componentes do projeto de uma organização.[1] Quando as pontas estão alinhadas, a organização chegou ao seu estado mais eficiente. A estrutura, os processos, as recompensas e o sistema das pessoas dão suporte à estratégia. Neste livro, o modelo estrela funciona como referência de coordenação e será

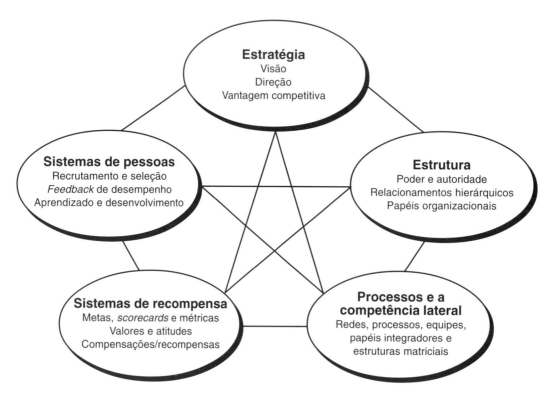

FIGURA 1-1 O Modelo Estrela.
Fonte: Jay R. Galbraith, *Designing Organizations: An Executive Briefing on Strategy, Structure, and Process* (São Francisco: Jossey-Bass, 1995).

discutido em detalhe em cada capítulo. Para fins de visão geral, cada ponta do modelo é discutida brevemente a seguir.

A Estratégia

A estratégia define a direção da organização. O termo é amplamente usado neste livro para representar a visão e a missão da empresa, além de suas metas de curto e longo prazos. A estratégia define os produtos e mercados almejados pela companhia e, de igual importância, aqueles em que ela não tem interesse. Ela especifica a fonte de vantagem competitiva para a organização e como pode se diferenciar no mercado.

A estratégia é a pedra angular do processo de projeto da organização. Se não estiver clara ou não for objeto de consenso entre os integrantes da equipe de lideranças, então não existem critérios para embasar outras decisões relativas ao projeto. Sem conhecer os objetivos, é impossível fazer escolhas racionais pelo caminho.

A Estrutura

A estrutura organizacional determina onde o poder e a autoridade formais estão localizados. Ela inclui os componentes organizacionais, seus relacionamentos e a hierarquia. Além disso, a estrutura canaliza a energia da organização e disponibiliza um "lar" e uma identidade para os funcionários. Ela é o que, por regra, vemos em um organograma corporativo típico.

O projeto estrutural apresenta uma variedade de escolhas para agrupar as pessoas, para cada nível da organização. Como regra geral, os departamentos são formados em torno de funções, produtos, mercados ou regiões e, após, configurados na forma de uma hierarquia para a gestão e tomada de decisão. Tão importante quanto a estrutura são os papéis desempenhados dentro dela. Uma das peças essenciais do processo de projeto é a definição das responsabilidades de cada componente organizacional e a maneira como estes devem interagir entre si. Uma metáfora da estrutura com o corpo humano diria que ela equivale ao esqueleto. Ela define a forma da organização e da armação ao redor da qual todo o resto se organiza. Os papéis organizacionais podem ser considerados como sendo os órgãos e os músculos — os locais onde o trabalho é feito.

Os Processos e a Competência Lateral

Independentemente da eficiência ao conceber a estrutura da organização, ela erguerá algumas barreiras contra a colaboração. As informações e a tomada de decisão precisam romper as fronteiras impostas pela estrutura. Esses obstáculos podem ser vencidos com o projeto das competências laterais — as redes interpessoais e tecnológicas, os relacionamentos de equipe e matriciais, os processos laterais e os papéis integradores que atuam como a "cola" que une todas as peças da organização. Estendendo a metáfora com o corpo humano, podemos dizer que a organização lateral funciona como o sangue, a linfa e os nervos — os tecidos conjuntivos que transmitem conhecimento e recursos a quem os necessita. Uma competência lateral de uma organização é a extensão em que ela utiliza esses mecanismos para aperfeiçoar sua flexibilidade e alavancar seus recursos.

As redes e os processos da organização lateral atravessam as fronteiras das funções. Em muitos casos, elas são informais e dependem dos relacionamentos mantidos por cada um dos gerentes ou, então, são formalizadas de acordo com processos interorganizacionais e estruturas de equipes. Elas são reconfiguradas com rapidez após alguns meses ou podem manter-se constantes por anos a fio. O processo e a competência lateral permitem à organização reunir as pessoas certas, não importa onde estejam na estrutura, para resolver problemas, criar oportunidades e reagir frente a desafios.

Os Sistemas de Recompensa

As métricas ajudam a alinhar os comportamentos e desempenhos individuais aos objetivos organizacionais. Um *scorecard* da empresa e um sistema de recompensa de pessoas comunicam aos funcionários o que a companhia valoriza com mais clareza do que qualquer declaração por escrito. O projeto de métricas, de sistemas de recompensa e de reconhecimento influencia o sucesso de todos os outros componentes do projeto.

Os Sistemas de Pessoas

A ponta representando as pessoas no modelo estrela ilustra as práticas relativas aos recursos humanos (RH) coletivos que geram a competência organizacional a partir de diversas habilidades individuais existentes no interior da organização. A estratégia determina os tipos de habilidades, competências e outras capacitações exigidas de funcionários e gerentes. Diferentes estratégias requerem diferentes tipos de talentos e práticas de gestão de pessoas, sobretudo nas áreas de seleção, de *feedback* de desempenho, aprendizado e desenvolvimento.

Da mesma forma como ocorre com um organismo vivo, se qualquer componente do modelo estrela não se inserir no processo de projeto da organização, o resultado é o desalinhamento. Isso significa que diferentes elementos estão trabalhando com base em objetivos discordantes. A consequência é o desempenho abaixo do nível ótimo, conforme mostra a Figura 1-2.

A ORGANIZAÇÃO RECONFIGURÁVEL

A *organização reconfigurável* é capaz de combinar e recombinar, com rapidez, habilidades, competências e recursos em toda sua extensão para reagir às mudanças no ambiente externo.

Toda empresa precisa ter uma organização que seja dinâmica em seu campo de atuação. Se isso não se verificar, os "casacos que não servem" mencionados no prefácio deste

FIGURA 1-2 O projeto de uma organização não alinhada.

livro dificultarão movimentos e diminuirão a flexibilidade, fazendo com que seus competidores passem à sua frente. Para evitar a perda de velocidade, várias empresas estão dedicando muito tempo e energia para a "gestão da mudança". Essa tarefa é facilitada e abreviada se parte dos esforços pela mudança se concentrar no projeto de uma organização mais flexível, já no início. Se a mudança for constante, por que não projetar a organização de forma a capacitá-la para reinventar-se com rapidez?

A organização reconfigurável é caracterizada por:

- *Liderança ativa.* A organização reconfigurável tem um líder e uma equipe de lideranças que acreditam que sua organização pode ser a fonte de vantagem competitiva. Eles interpretam suas tarefas como o projeto e a melhoria da organização, selecionando e recompensando pessoas capazes de oferecerem contribuições e capacitando-as a gerar excelência. A reestruturação de uma organização é vista como uma competência essencial.

- *A gestão do conhecimento.* A organização reconfigurável está fundamentada no conhecimento. Não importa se a reconfiguração envolve tirar vantagem de uma nova oportunidade de produto ou se exige a satisfação das demandas de um cliente por customização: o sucesso da maior parte das companhias de hoje depende da habilidade de coletar e compartilhar conhecimento com rapidez para além das fronteiras organizacionais. As organizações reconfiguráveis não apenas utilizam a tecnologia para permitir que seus funcionários trabalhem em ambiente virtual. Elas utilizam a tecnologia também para se conectar com fornecedores, clientes e parceiros. Elas têm os mecanismos e a cultura que permitem às pessoas converterem dados em informações e conhecimentos úteis.

- *O aprendizado.* O aprendizado é essencial às organizações dinâmicas que desejam se reconfigurar com facilidade. Ele começa com a seleção de pessoas que tenham a aptidão para aprender, engenhosas e motivadas para enfrentar novos desafios. Ele continua com a disponibilização de *feedback* e ferramentas que permitam a essas pessoas mensurarem seus desempenhos em comparação com padrões internos e externos, além de assumirem a responsabilidade pelo próprio crescimento pessoal. A organização reconfigurável é uma organização que aprende, que recompensa aqueles que constroem e utilizam conhecimento.

- *A flexibilidade.* A organização reconfigurável se alicerça sobre a hipótese de que a mudança é inevitável. Conforme são automatizadas as tarefas de rotina, maior é o volume de trabalho baseado no projeto e concentrado em equipes, prazos limite e *deliverables*[*]. As pessoas muitas vezes participam de diversas equipes ao mesmo tempo. As redes são mais intensamente promovidas e valorizadas para permitir que as equipes se agrupem e reagrupem em regiões, funções, clientes, produtos, processos e projetos. A organização reconfigurável atrai pessoas que toleram melhor a ambiguidade, a mudança e a imprevisibilidade.

- *A integração.* A organização reconfigurável pressupõe o movimento de pessoas em seu interior. Se essas pessoas forem especialistas, a expectativa é de que seus talentos sejam aplicados em diferentes áreas. Contudo, se forem generalistas, elas passarão por um rodízio de cargos e funções, aprendendo a trabalhar em diversas funções e atividades. As pessoas compreenderão como as diferentes partes da organização funcionam e se sentirão parte do todo.

- *O compromisso dos funcionários.* Muito já foi escrito sobre o novo contrato com o funcionário. Em troca da segurança oferecida pelo emprego formal, as pessoas desejam que suas contribuições com o trabalho sejam reconhecidas e recompensadas de modo apropriado. Além disso, querem a oportunidade de adquirir habilidades que serão valorizadas no mercado de trabalho interno e externo. Elas também desejam trabalhar ao lado de colegas treinados e capazes de apresentar altos níveis de desempenho. A organização reconfigurável capacita seus funcionários a oferecer excelência a seus clientes, com as ferramentas, habilidades e informações certas. Em vista disso, os funcionários dão fé aos produtos e serviços da companhia, recomendam-na como um bom lugar para trabalhar e demonstram vontade de permanecer com ela mais tempo.

- *A disposição de mudar.* Toda mudança é difícil para todos os envolvidos. Mesmo quando as pessoas reconhecem que a mudança é necessária e que o resultado final será melhor, o processo pode ser desmoralizante e estressante. Muitas vezes, apesar das boas intenções dos gerentes, as pessoas não entendem por que a mudança está ocorrendo ou por que certas decisões têm de ser tomadas. E isso não é um mero problema de comunicação. As pessoas muitas vezes são informadas acerca das razões

---

[*] N. de T.: Entregas, como produtos ou serviços, no escopo dos objetivos concretos da organização.

para a mudança ocorrer. Em geral, elas não se convencem. Há situações em que os gerentes parecem estar "mudando a mobília de lugar" em vez de efetivar as mudanças por razões administrativas sérias. Na organização reconfigurável, os funcionários compreendem as diretivas do projeto e se envolvem nesse processo. Quando as mudanças têm de ser implementadas de maneira inevitável, uma segunda vez, os mecanismos já estão a postos para conduzir tratativas, debater as opções e prosseguir com a tomada de decisão. Embora as pessoas talvez continuem vivenciando impactos negativos individualmente, a organização já não é virada de ponta-cabeça pela mudança. Nesse ponto, ela já desenvolveu a resiliência e a competência coletiva no processo de mudança organizacional.

O objetivo da criação de organizações sempre foi executar estratégias de negócios. A necessidade por uma organização reconfigurável surge quando as vantagens competitivas já não são sustentáveis. Diferentes estratégias levam a diferentes tipos de organizações, mas quando as vantagens não duram, também caem por terra as formas organizacionais desenvolvidas para executar essas estratégias. No passado, os gerentes lucubravam fórmulas vencedoras para os negócios e erguiam barreiras que respaldavam essa vantagem. Foi então que a gestão desenvolveu uma organização — estruturada em funções, produtos/serviços e mercados geográficos — projetada para gerar a fórmula do sucesso. Após a definição da estrutura, os sistemas de suporte ao planejamento, às informações e ao RH eram projetados e alinhados entre si e com a estrutura e estratégia da organização. A ideia era que havia tempo o bastante para implementar essas mudanças.

Hoje, em muitos setores essas fórmulas de sucesso já não duram muito tempo. As vantagens em que se baseia o projeto da organização são rapidamente copiadas ou mesmo ultrapassadas por concorrentes atilados e velozes ao reagir. O pior é que algumas empresas descobrem que estão canibalizando suas próprias vantagens, gerando competição interna para ganhar uma fatia de mercado antes dos concorrentes externos. No momento em que finalmente tudo se alinhou à estratégia, ela já mudou. Portanto, você precisa de estruturas e processos organizacionais que possam ser reconfigurados e realinhados com facilidade, para poder acompanhar o ritmo de uma estratégia em constante mudança.

As principais mudanças no ambiente com frequência deixam as organizações em pânico. Os gerentes reagem "explodindo" a organização e recomeçando tudo outra vez, em geral porque desconhecem as mudanças que gerarão o impacto desejado. A organização reconfigurável é projetada com intenções definidas. As decisões são tomadas com a consciência dos desfechos esperados. Assim, quando a mudança é necessária, é possível conceber uma resposta clara. O mecanismo de mudança certo pode ser acionado, e não importa se ele altera a estrutura ou os papéis, se reconfigura processos ou se desenvolve novas habilidades. As alterações são almejadas e as interrupções são reduzidas a um nível mínimo.

A organização reconfigurável leva o conhecimento e a informação para onde são necessários. Ela oferece oportunidades de crescimento e aprendizado aos funcionários. As organizações que realizam esses feitos são aquelas projetadas, desde sua fundação, para serem capazes de se adaptar com rapidez e facilidade. A reestruturação não precisa começar em uma folha de papel em branco. Até mesmo um pequeno sucesso no projeto de uma empresa ágil e flexível exercerá um grande impacto na redução das enormes quantidades de tempo, energia e esforço normalmente associados à mudança. Utilize a Ferramenta 1-1 para determinar as áreas de sua organização que precisam ser flexibilizadas e preparadas para reagir à mudança.

A ESCOLHA DO MOMENTO DE REESTRUTURAR

Vários eventos desencadeiam a necessidade de reestruturar uma empresa.

- *Você está abrindo uma nova empresa ou divisão.* Sem dúvida, uma nova empresa precisa ser projetada. Antes de lançar o Saturn, a GM passou quase três anos planejando a tecnologia, os sistemas e a organização necessários para lançar um carro de pequeno porte de qualidade e classe mundial capaz de competir com êxito com veículos importados. O Saturn não seria apenas uma nova linha de automóveis. Ele representaria um modo novo de fabricar e vender veículos, com processos de produção, estruturas de equipes e sistemas de recompensa diferentes de todos aqueles já utilizados na GM. Contudo, muitos fundadores de novas empresas não consideram questões organizacionais até a empresa ter crescido o bastante para essa ponderação ser necessária. Essas pessoas esperam até os investidores exigirem a contratação de gerentes que, no momento, trabalham em empresas consolidadas e que tenham alguma experiência organizacional, antes de dedicarem atenção ao desenvolvimento de uma infraestrutura.

- *Você está fazendo planos para crescer.* As mudanças em porte desencadeiam uma reavaliação da organização. Há vezes em que crescer significa aumentar o número de funcionários. O crescimento implica também maiores volumes, maiores vendas ou então uma expansão para outros mercados, canais ou países. A dimensão de uma organização tem o poder de alterar a complexidade ou a escala dos negócios. Entre as 100 empresas que mais crescem citadas na edição de 1999 da lista publicada pela revista *Fortune*, cerca de um quinto perdeu entre 60 e 90% de seu valor no ano seguinte, e quase metade perdeu ao menos parte de seu valor. A maioria dessas empresas sofreu por não ter a infraestrutura nem as pessoas certas para dar suporte ao crescimento contínuo.[2]

- *Você acabou de assumir um cargo novo ou em um ponto mais elevado na hierarquia.* Com frequência, novos gerentes são acusados de alterar a organização que assumiram pela simples razão de precisarem se afirmar na posição. Para justificar a mudança na liderança, o modo antigo de fazer as coisas é abandonado, não importa se funciona ou não. No entanto, um novo gerente deveria avaliar a organização em seu estado atual por inteiro e efetuar mudanças apenas quando necessárias. Os primeiros meses no cargo, o período de lua de mel, constituem a melhor janela de tempo para avaliar o quadro existente. Se você utilizar um processo estruturado para compreender a organização atual e decidir o que precisa ser modificado, dará certeza a todos na organização de que as mudanças não estão sendo feitas de modo arbitrário ou apenas para manter as aparências. Como parte de seu processo de assimilação, você deve avaliar a organização atual para determinar se ela facilita ou atrapalha a implementação de sua estratégia.[3]

- *Sua estratégia mudou.* Se seus produtos ou mercados sofreram alterações, ou se você está acrescentando uma nova linha de negócios ou, ainda, expandindo suas atividades para outros países, é provável que sua organização também precise passar por uma mudança. Por exemplo, a Coca-Cola Company anunciou uma reorganização na primavera de 2001 que permitiria aumentar suas atividades no setor de sucos, café e chá por meio de *joint ventures.*

- *A organização ao seu redor acabou de passar por uma mudança.* O processo de projeto de uma organização pode ser desencadeado por um realinhamento interno. Se o nível hierárquico acima do seu acabou de se reorganizar e os principais clientes internos, fornecedores e parceiros estão mudando, então é provável que sua organização também precise de mudança. Por exemplo, quando o Deutsche Bank adquiriu o Bankers Trust, o departamento de *marketing* deste, que dava suporte a seus produtos vendidos a clientes institucionais, teve de passar a operar em escala global. O que antes fora uma organização simples baseada em Nova York, agora tinha de colaborar com Frankfurt e Londres, além de dar suporte a novos produtos e clientes. A antiga organização simplesmente não cumpriria esses novos papéis.

- *Uma grande mudança ocorreu no ambiente externo.* Novos concorrentes, novas tecnologias e regulações estão entre as forças atuantes no ambiente externo capazes de desencadear uma reavaliação da organização. Por exemplo, a oportunidade de automatizar processos manuais não apenas reduz o número necessário de pessoas como também tem impacto nas habilidades necessárias aos funcionários e gerentes que permanecerão em seus postos. A importância dada à eficiência e à eficácia de processos é substituída pelo valor imputado à solução de problemas complexos e capacidades relativas ao tratamento dado às exceções. Na linha de frente das regulamentações, quando a lei Glass-Steagall[*], que proibia os bancos de efetuarem fusões com outras instituições do setor de serviços financeiros, teve alguns de seus artigos revogados em novembro de 1999, o caminho se abriu para bancos e seguradoras norte-americanas efetuarem aquisições no setor. Essas fusões e aquisições foram acompanhadas pela reformulação dessas instituições.

- *Sua organização não tem o desempenho esperado.* Problemas com desempenho (reclamações dos clientes, perda de fatia de mercado, metas financeiras que não são concretizadas, alto giro de funcionários, etc.) raramente são resultado de apenas um fator. Da mesma forma, o tratamento dos sintomas mais óbvios com soluções rápidas (treinamento, *marketing*, corte de custos, recompensas, entre outros) em geral não lida com os aspectos no cerne do problema. O projeto de uma organização é um processo abrangente e, ao mesmo tempo, integrador, que examina as razões por trás desses problemas e canaliza a energia e a mudança organizacional nos pontos em que exercerão o maior impacto.

Utilize a Ferramenta 1-2 para avaliar a necessidade de reestruturar sua organização.

---

[*] N. de T.: Leis apresentadas por dois senadores norte-americanos (Carter Glass e Henry B. Steagall) em 1932 e 1933, que pretendiam controlar os efeitos da crise econômica pela qual passavam os Estados Unidos.

O PROCESSO DO PROJETO

O modelo estrela oferece orientação sobre os tópicos que devem ser considerados no processo de projeto. A Figura 1-3 mostra como cada uma das pontas da estrela é tratada ao longo desse processo. Cada uma das quatro fases (Estrutura do Projeto, O Projeto da Organização, o Desenvolvimento dos Detalhes e A Implementação do Novo Projeto) envolve uma série de etapas e requer a participação de diferentes grupos e níveis hierárquicos do interior da organização. O projeto da organização é mais arte do que ciência, contudo, a ordem das etapas e decisões varia, dependendo da natureza da organização, das questões a serem tratadas e de quem está envolvido nas soluções desses problemas. As fases da figura detalhadas abaixo e os capítulos seguintes são dedicados à descrição do processo e das atividades desenvolvidas em cada fase.

I. A Definição da Estrutura de Projeto

A fase de *definição da estrutura de projeto* consiste em traduzir a estratégia em critérios de projeto. O desfecho desta fase permite que você revele, com clareza:

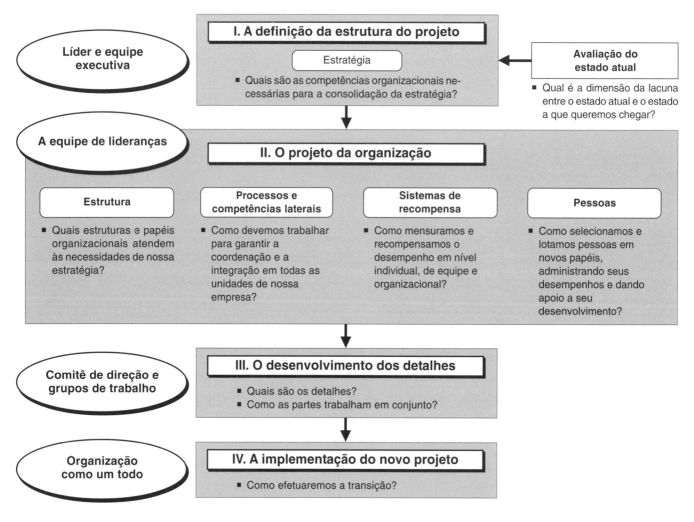

FIGURA 1-3 As quatro fases do projeto da organização.

- Por que precisamos da mudança?
- Qual é o ponto em que devemos chegar?
- Qual será a situação final?

Como líder, é sua responsabilidade tratar dessas questões, embora você provavelmente envolverá sua equipe executiva nessas tarefas. Esta fase do trabalho se concentra nas competências organizacionais que devem ser desenvolvidas para atingir as metas da estratégia. As metas e os limites da mudança, além da definição do horizonte de tempo para o processo, estão entre as outras questões a serem consideradas na definição dessa estrutura. Uma das principais informações iniciais relativas à estrutura de projeto é a *avaliação do estado atual*, que define a dimensão da lacuna entre a organização do presente e o que você almeja para ela no futuro. O Capítulo 2 apresenta um guia para a avaliação da situação atual.

II. O Projeto da Organização

A fase de *projeto da organização* identifica todas as alterações na organização que precisam ser feitas no sentido de alinhá-la à estratégia. O resultado dessa fase responde às duas questões:

- O que mudará?
- Como chegaremos lá?

O trabalho de pesquisa das boas práticas e da geração e avaliação de opções normalmente é conduzido pela equipe de lideranças e inclui tópicos como:

- A determinação da nova estrutura organizacional.
- A definição de novos papéis organizacionais.
- A identificação dos principais processos laterais que precisam ser desenvolvidos em apoio à estrutura.
- A definição do modo como as equipes e os relacionamentos matriciais devem funcionar, no caso de serem incorporados.
- A caracterização de métricas a serem utilizadas para medir o desempenho.
- A decisão sobre as práticas de RH mais eficientes para dar suporte à nova organização.

É impossível tratar de todos os detalhes nesta fase, mas serão tomadas decisões que revelarão o caminho para a nova forma da organização. Os Capítulos 3 a 6 tratam da maior parte das decisões que você terá de tomar.

III. O Desenvolvimento dos Detalhes

Os elementos do projeto são detalhados e refinados durante a fase de *desenvolvimento dos detalhes*. É nesse ponto que os grupos de trabalho e o comitê de direção assumem o controle, entregue pela equipe de lideranças, para continuar o trabalho. Os grupos de trabalho criam planos de projeto detalhados para desenvolver os elementos do projeto e também dar início à sua implementação.

IV. A Implementação do Novo Projeto

Na implementação, toda a organização é envolvida à medida que o novo projeto se desenrola e é posto em prática. A fase de desenvolvimento talvez se sobreponha à de *implementação do novo projeto*, quando testes em locais-piloto são usados. O Capítulo 7 aborda algumas considerações para as fases de desenvolvimento e implementação.

Não é comum vermos uma organização sendo projetada a partir de uma folha de papel em branco. Há vezes em que as decisões estruturais têm de ser tomadas para acomodar os funcionários existentes, e os papéis têm de ser definidos em torno do conjunto de talentos disponíveis. Embora não seja a situação ideal, esse cenário permite a implementação de mudanças nas fases, ao longo do tempo. Raramente uma organização está pronta para chegar ao seu estado final de uma vez só. A exemplo da maioria das decisões relativas aos negócios, o compromisso com a execução e o acompanhamento é tão importante quanto as decisões relativas ao projeto.

O processo de projeto sempre começa com a revisão da estratégia. Contudo, esse processo não é linear. O processo de projeto precisa ser tão complexo e estar tão integrado quanto a organização propriamente dita. Não se trata de uma árvore de decisão, de modo algum. Ao contrário, o processo muitas vezes dá voltas sobre si próprio porque uma decisão tomada em um local tem impacto em outros locais. Por exemplo, o projeto de processos laterais pode apontar falhas existentes na estrutura e desencadear uma reconsideração sobre como as unidades e funções estão configuradas. Além disso, não é possível configurar as equipes interfuncionais sem considerar alguns elementos das estruturas de métricas e de recompensas. Muitas das etapas no processo de projeto deveriam ser consideradas ao mesmo tempo. O poder da organização reconfigurável fica evidente quando seu projeto é levado em conta no escopo da estratégia. A pergunta a fazer é: "Como devemos nos organizar para gerar um desempenho que esteja de acordo com nossa estratégia?" Esse posicionamento não apenas acelera o processo como também transforma a mudança organizacional de uma atividade vagarosa para uma parte integrante da estratégia.

O foco de seu processo de projeto será definido de acordo com as maiores lacunas entre o ponto em que sua organização se encontra no presente e aquele em que ela precisa chegar. A Figura 1-4 resume algumas lacunas típicas e as partes do processo de projeto que você tem de considerar. Seu ponto de partida terá impacto no escopo do projeto e no processo de mudança. Uma alteração na estratégia e na estrutura exigirá um certo grau de realinhamento em todas as outras pontas da estrela. Por outro lado, a conclusão de que a estrutura existente é satisfatória e que processos e papéis definidos com maior clareza tratarão dessas questões são fatores que estreitam o escopo da mudança. O Capítulo 2 apresenta um guia para a condução de uma avaliação do estado atual da organização e para a determinação de questões existentes e de prioridades para a mudança.

Questão inicial		Ponto de partida
A estratégia atual deixou de gerar vantagem competitiva.	➡	Revise a estratégia e determine as competências organizacionais necessárias.
A estrutura e os papéis existentes inibem, em vez de promoverem, a interação com o cliente, a tomada de decisão, a colaboração, etc.	➡	Reestruture a estrutura vertical e esclareça os papéis para dar melhor suporte à estratégia.
A organização não é responsiva à mudança ou às oportunidades; atritos internos dispersam a energia para longe dos negócios.	➡	Desenvolva redes, processos, papéis e estruturas que construam relacionamentos laterais e cooperação.
As pessoas trabalham com objetivos conflitantes ou em desacordo.	➡	Realinhe as medidas e recompensas para que todos se concentrem nas mesmas metas.
As pessoas da organização não estão capacitadas para gerar desempenhos de acordo com a estratégia.	➡	Desenvolva as pessoas da organização e as práticas de RH para aperfeiçoar capacitações.

FIGURA 1-4 Como escolher um ponto de partida.

EM DEFESA DE UM PROCESSO PARTICIPATIVO

São muitas as decisões que devem ser tomadas durante o processo de projeto de uma organização. Em tese, como líder, você e sua equipe executiva são capazes de tomar todas as decisões. Na maioria das vezes esse cenário não é prático nem desejável para o sucesso da implementação dessas decisões. Existem algumas boas razões para utilizar uma abordagem participativa. Para nós, o termo *participativa* significa *envolver pessoas na organização além da equipe executiva e identificar opções, tomando decisões*. A verdadeira participação vai além da solicitação de informações iniciais e da disponibilização de informações sobre decisões já tomadas. Ela requer um líder comprometido com a aceitação da ideia de que algumas decisões serão tomadas por um grupo maior de pessoas. Em muitos aspectos a participação não é meramente questão de escolha ou de "ser legal para nós". A equipe executiva muitas vezes não dispõe de detalhes suficientes acerca dos processos e dos cargos na linha de frente para tomar decisões conscientes em relação ao modo como alterá-los. A participação não significa que as decisões sejam retiradas das mãos do líder ou que um grupo de pessoas maior seja envolvido em todos os pontos do processo. Na verdade, algumas decisões são responsabilidade do líder e não devem ser delegadas, sobretudo no tocante ao trabalho inicial relativo à estratégia.

Por essa mesma razão, as pessoas não precisam ter participação igual. Os funcionários em níveis hierárquicos inferiores podem participar em grupos focais ou então se comunicar por meio de representantes dos grupos de trabalho. As pessoas identificadas com potencialidades podem ser alocadas para liderar os grupos de trabalho. Além disso, é possível chamar os novos funcionários da organização para que apresentem suas ideias e experiências no trabalho efetuado em outros ambientes. Por sua vez, os funcionários mais antigos são identificados no sentido de gerar um registro institucional do passado, que ajudará a evitar a repetição de erros já cometidos.

A participação assume diferentes formas no processo de projeto:

- A identificação da situação atual e da lacuna entre o que a organização é hoje e o que precisa mudar para concretizar a estratégia.

- A pesquisa e o desenvolvimento de opções de projeto.

- A oferta de informações iniciais e a reação às alternativas de projeto.

- O detalhamento e o desenvolvimento de decisões de projeto.

- A criação de planos de implementação.

A participação traz diversos benefícios:

- *Mais ideias.* Quanto maior o número de pessoas envolvidas, maior o número de ideias geradas. Em muitas organizações, as pessoas mais próximas à linha de frente, que lidam em primeira mão com clientes, tecnologias e questões de processo, têm inúmeras ideias que não são aproveitadas. Muitas vezes elas são capazes de identificar soluções rápidas que terão impacto imediato.

- *O compromisso com resultados.* As pessoas comprometem-se mais com decisões em que desempenharam algum papel. Se suas sugestões e preocupações forem genuinamente ouvidas e reconhecidas, essas pessoas talvez se tornem mais receptivas à noção de dar suporte a direções sobre as quais não concordem por inteiro.

- *A caracterização de novos relacionamentos.* A maior parte das iniciativas relacionadas à mudança tem ao menos um objetivo focado na geração de novos relacionamentos de trabalho entre indivíduos e unidades organizacionais. Se o processo de participação é estruturado para reunir esses grupos em torno de questões de projeto, esses novos relacionamentos de trabalho podem ser desenvolvidos longe da tensão inerente às questões de projeto mais prementes.

- *O desenvolvimento de altos potenciais.* Em relação aos funcionários com grandes potencialidades, os grupos de trabalho são fóruns ideais de aprendizado sobre as outras partes da organização, além da exposição aos olhos de gerentes seniores. O processo de projeto e refinamento pode ser utilizado como incumbência relativa ao desenvolvimento para funcionários de alto desempenho que estão prontos para se envolver, com maior abrangência, no futuro da companhia.

A participação não é apropriada quando:

- *As opções são claras.* O envolvimento de um grande número de pessoas requer um investimento em tempo, dinheiro e energia. O tempo gasto em reuniões debatendo opções, é um tempo longe dos negócios. Embora o envolvimento das funções de operação com o cliente, via de regra, facilite a implementação nas funções de apoio da empresa, há casos em que ele não melhora o resultado final. Se as questões estão claras e há poucas opções a considerar, talvez seja melhor para os líderes tomar as decisões e envolver as pessoas no planejamento das implementações, não na análise nem na avaliação.

- *A decisão deve permanecer com a equipe executiva.* Definir estratégias e direções dos negócios é responsabilidade executiva. Nesse sentido, é melhor não serem definidas com base em consenso. Se uma organização é de pequeno porte e há questões pessoais delicadas envolvidas, então uma abordagem participativa talvez não seja apropriada. Por exemplo, se for necessário pedir às pessoas que eliminem os próprios cargos em um cenário em que você não tem alternativas para elas, então é melhor você mesmo fazê-lo. As pessoas não se importam em demolir a própria casa e reconstruí-la com sua ajuda. Porém, pedir que destruam suas residências e fiquem sem teto não é uma atitude participativa, é crueldade.

A participação tem as maiores taxas de sucesso quando é efetuada com base em parâmetros claros, quando há equilíbrio de representatividade e quando o processo é estruturado e facilitado.

- *Parâmetros claros.* O sucesso da participação exige que o líder expresse com total clareza os parâmetros da tomada de decisão, os negociáveis e as regras. Muitas vezes o líder comunica expectativas equivocadas. Sua única intenção é receber informações sobre as quais embasará o trabalho, mas fracassa ao explicitar que envolvimento não implica a tomada de decisão por consenso. Com isso, as pessoas se decepcionam quando uma decisão bate de frente com suas perspectivas. A Figura 1-5 ilustra a gama de escolhas relativas à participação na tomada de decisão, desde a tomada isolada da decisão e a revelação ao grupo (Opção 1), até a aceitação total de uma decisão tomada pelo grupo (Opção 4). Observe que, com as Opções de 1 a 3, a decisão final permanece com o líder. Na verdade, apenas a Opção 4 é verdadeiramente uma decisão participativa.

Muitas confusões e mal-entendidos ocorrem quando os líderes escolhem a Opção 1, 2 ou 3, elevando as expectativas sobre a participação e o envolvimento dos funcionários, porém sem esclarecer que a última palavra *ainda* é deles. A solução para esse tipo de problema reside em escolher o estilo certo frente às circunstâncias. Se as Opções 1 e 2 são utilizadas com frequência, o líder será visto como um autocrata. Contudo, nem sempre a participação total é a opção indicada. Caso seja utilizada demais, talvez ela indique que o líder esteja abdicando de sua responsabilidade de tomar as decisões. Utilize a Ferramenta 1-3 para avaliar as condições propícias para adotar a participação em sua organização.

- *Igualdade de representação.* Em sua maioria, as organizações são grandes demais para envolver todo seu contingente de funcionários. A escolha de algumas pessoas em detrimento de outras levanta questões relativas ao tratamento igualitário. Nesse cenário, o que deveria ser um processo participativo acaba gerando divisões. Por exemplo, você quer utilizar um grupo de trabalho para pesquisar e desenvolver novas opções de recompensa e reconhecimento. Quando seleciona os participantes, você está automaticamente indicando suas preferências. Não importa o que o grupo escolhido apresente, aqueles que se sentirem excluídos rejeitarão o que for apresentado. Se você solicitar voluntários, talvez acabe ficando com as pessoas cujos interesses pessoais prevalecem sobre os da organização ou então aquelas que percebem que essa participação representa uma oportunidade de lograr favores ou iniciar uma escalada hierárquica.

Uma das maneiras de evitar esses desfechos consiste em utilizar "representantes". Anuncie a finalidade de um grupo de trabalho e sua composição básica (por exemplo,

38 PROJETO DE ORGANIZAÇÕES DINÂMICAS: UM GUIA PRÁTICO PARA LÍDERES DE TODOS OS NÍVEIS

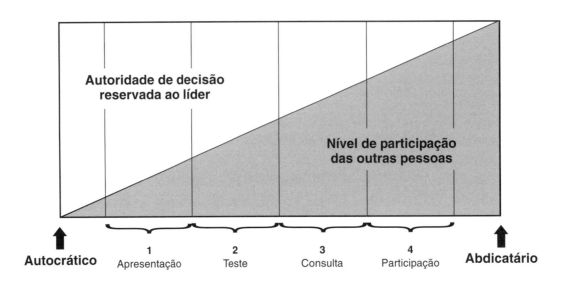

	1. Apresentação	Você anuncia sua decisão, mas informa fatos e justificativas em busca de apoio e adesão.
	2. Teste	Você apresenta uma decisão preliminar e pede às outras pessoas que a revisem e forneçam um *feedback*; você reavalia essa decisão com base nas informações geradas e toma a decisão final.
	3. Consulta	Você apresenta o problema ao grupo e solicita suas impressões iniciais; você incorpora suas ideias, sugestões e conselhos, embora possa ignorar conselhos com que não concorde; você toma a decisão final.
	4. Participação	Você apresenta o problema ao grupo e as decisões, parâmetros e regras para a tomada de decisão. Você pode participar ao lado do grupo, para em conjunto produzir uma decisão final ou recorrer a uma decisão consensual. Você se compromete a aderir à decisão tomada pelo grupo como um todo.

Adaptado de T. D. Christenson, *How to Decide...* (South Bend, Ind.: STS Publishing, 1980).

FIGURA 1-5 As opções de envolvimento.

10 pessoas representando suas cinco filiais, quatro áreas funcionais e seis níveis), além dos critérios de participação (por exemplo, nível de habilidades, tempo de empresa). Os interessados se oferecerão para participar. Os outros funcionários organizam uma votação simples. Se os resultados não forem equilibrados (isto é, se forem eleitos apenas homens, nenhuma mulher) ou se você deseja adicionar algumas perspectivas em especial para fins de equilíbrio, então faça os ajustes antes do anúncio dos resultados.

Nesse ponto, os participantes deste grupo de trabalho representam seu nível hierárquico, seus cargos ou funções, não apenas suas próprias opiniões. Como representantes, eles precisam se comunicar com os outros, no interior de suas organizações, para coletar ideias e preocupações. É provável que as recomendações do grupo de trabalho tenham uma recepção melhor com essa abordagem.

- *O processo facilitado.* Richard Hackman observa que a eficiência de qualquer grupo é igual à produtividade em potencial menos a perda inevitável, relativa ao processo, nas interações em grupos.[4] Em outras palavras, não importa quantas boas ideias o grupo apresentará: elas serão sabotadas devido aos conflitos mal resolvidos ou pressões dos grupos forçando a tomada de partido em vez da otimização de decisões, ou a alguma carência do processo. Todos nós já participamos de alguma reunião em que mais tempo foi gasto descobrindo como prosseguir do que discutindo o assunto propriamente dito. Uma carência de processo pode atrapalhar a solução de problemas, sobretudo em grupos formados por pessoas que não conhecem umas às outras, que nunca trabalharam juntas ou que estão em diferentes níveis hierárquicos na organização. A presença de um facilitador no processo desenvolvido pelo grupo ajuda a melhorar resultados de forma significativa e a construir as habilidades deste na gestão de seu próprio processo, no futuro. Esse papel de facilitador pode ser desempenhado por um consultor externo ou por uma pessoa interna treinada. Se as pessoas da própria organização estão ocupadas, elas não devem participar do grupo, pois assim mantêm um posicionamento neutro e concentram-se tão somente na gestão da dinâmica e dos resultados concretizados por esse grupo.

O estudo de caso da UNOPS, apresentado no Capítulo 3, ilustra como utilizar um processo participativo de projeto em detalhe.

RESUMO

Neste capítulo, definimos o projeto de uma organização tendo o modelo estrela como base conceitual para refletir sobre todos os elementos que devem ser considerados, sobre como eles relacionam--se entre si e como modelam o processo de projeto. Você avaliou o grau de reconfigurabilidade de sua organização e examinou os pontos em que precisa inserir as características de uma organização reconfigurável em seu projeto. Você também ratificou as razões para iniciar uma reestruturação. Por fim, este capítulo defendeu uma abordagem participativa para o projeto de uma organização e apresentou as diretrizes para o sucesso no envolvimento de outras pessoas nesse processo.

O Capítulo 2 o ajudará a determinar a estrutura de projeto com a tradução da estratégia em um conjunto de critérios de projeto e a avaliação da situação atual de sua organização.

NOTAS

1. J. R. Galbraith, *Designing Organizations: An Executive Briefing on Strategy, Structure, and Processes* (San Francisco: Jossey-Bass, 1995), pp. 11–17.
2. "Growth Elixirs May Be Risky," *Fortune*, September 4, 2000, p. 164.
3. D. Downey, T. March, and A. Berkman, *Assimilating New Leaders: The Key to Executive Retention* (New York: AMACOM, 2001), pp. 101–112.
4. R. J. Hackman and G. R. Oldham, *Work Redesign* (Reading, Mass.: Addison-Wesley, 1980), p. 176.

40 PROJETO DE ORGANIZAÇÕES DINÂMICAS: UM GUIA PRÁTICO PARA LÍDERES DE TODOS OS NÍVEIS

FERRAMENTA 1-1 Qual é o grau de reconfigurabilidade de sua organização?

Finalidade:	Utilize esta ferramenta para obter uma visão inicial de como sua organização reage à mudança.
Esta ferramenta é utilizada por:	Equipe executiva.
Instruções:	Uma organização reconfigurável é caracterizada por uma liderança ativa, gestão do conhecimento, aprendizado, flexibilidade, integração, compromisso dos funcionários e disposição para aceitar a mudança. Cada uma dessas características é definida por meio de três afirmativas, dadas abaixo. Para cada uma, dê uma nota entre 5 (concordo totalmente) e 1 (discordo totalmente) para a organização.

Item	Concordo Totalmente				Discordo totalmente
	1	2	3	4	5
Liderança ativa					
A equipe executiva acredita que o projeto da organização é fonte de vantagem competitiva.					
Durante as discussões sobre a estratégia, o projeto da organização é considerado como um de nossos elementos estratégicos.					
A equipe executiva tem competência para expressar como cada um dos componentes da organização se alinha à estratégia.					
Gestão do conhecimento					
As pessoas têm acesso fácil a todas as informações de que precisam para tomar decisões em benefício dos clientes					
A tecnologia e as práticas de RH permitem coletar e divulgar informações com rapidez.					
A organização dispõe de mecanismos a postos para converter informações em conhecimentos úteis para a inovação, boas práticas e aprendizado organizacional.					
Aprendizado					
As pessoas são selecionadas com base em suas aptidões para o aprendizado.					
As métricas de desempenho e o *feedback* permitem aos funcionários mensurar seus desempenhos em relação a padrões internos e externos, além de compartilhar a responsabilidade pelo aperfeiçoamento de suas competências.					
A organização utiliza uma ampla gama de métodos em complementação ao treinamento, como forma de apoio ao aprendizado.					
Flexibilidade					
Os funcionários são capacitados para trabalhar em equipe.					
As redes em toda a organização são promovidas de forma ativa, não sendo abandonadas ao acaso ou à iniciativa individual.					
As pessoas esperam e aceitam ser realocadas em novos papéis e responsabilidades com frequência.					
Integração					
As tarefas e os planos de carreira de pessoas com alto desempenho são projetados para promoverem as habilidades entre as funções, expandirem as redes interpessoais e revelarem esses talentos às altas gerências.					
Especialistas estão disponíveis em toda a organização por meio da distribuição de tarefas especiais ou planos de carreira.					
Os gerentes são transferidos entre diferentes unidades da organização, não apenas para cima em sua própria unidade, para fins de promoção e desenvolvimento pessoal.					

(continua)

(continuação)

	Concordo Totalmente		Discordo totalmente		
Item	1	2	3	4	5
Compromisso dos funcionários					
Os funcionários têm a oportunidade de desenvolver habilidades relativas ao trabalho e serem recompensados por aperfeiçoarem competências que aumentam seu valor para a organização.					
Os funcionários dispõem de ferramentas, sistemas, informações e habilidades para oferecer excelência a clientes internos e externos.					
Os funcionários recomendam ativamente a empresa como um lugar bom para trabalhar.					
Disposição para a mudança					
Os funcionários compreendem a estratégia e as metas da organização.					
Os funcionários compreendem as razões para o projeto atual da organização.					
Seus valores, sua cultura e sua visão organizacionais gerais dão suporte à mudança e à inovação organizacional.					

Escreva os totais de cada área abaixo (os valores têm de estar entre 3 e 5):

Liderança ativa _____

Gestão do conhecimento _____

Aprendizado _____

Flexibilidade _____

Integração _____

Compromisso dos funcionários _____

Disposição para a mudança _____

Valores baixos indicam áreas que merecem atenção durante a condução do processo de projeto da organização. Em contrapartida, números elevados indicam pontos fortes em que você pode se basear para prosseguir com o processo. Utilize essa ferramenta sempre que surgirem questões sobre o grau de flexibilidade de sua organização frente a imperativos estratégicos que passam por mudanças. Utilize-a novamente para diagnosticar sua evolução à medida que implementar a mudança.

42 PROJETO DE ORGANIZAÇÕES DINÂMICAS: UM GUIA PRÁTICO PARA LÍDERES DE TODOS OS NÍVEIS

FERRAMENTA 1-2 As razões para a reestruturação.

Finalidade:	Esta ferramenta ratifica suas razões para reestruturar a organização e o ajudará a divulgar a proposta dos esforços de mudança.
Esta ferramenta é utilizada por:	Equipe executiva.
Instruções:	Você acabou de conhecer as razões para a reestruturação de uma organização. Agora, examine suas próprias razões para reestruturá-la. Para cada item listado abaixo, dê uma nota entre 5 (concordo totalmente) e 1 (discordo totalmente) para o quanto você pensa que cada item é fator integrante no processo de reestruturação de sua organização.

Razão para a mudança	Concordo Totalmente 1	2	3	4	Discordo totalmente 5
Nova companhia ou divisão					
Você formou uma nova companhia ou divisão.					
Planejamento de crescimento					
A dimensão da organização aumentará.					
Volumes, vendas e base de clientes se elevarão.					
Assumiu cargo novo/mais elevado na hierarquia					
Recentemente você assumiu um cargo novo ou mais elevado na hierarquia.					
Você avaliou a organização e identificou carências.					
A estratégia de negócios mudou					
Sua organização está considerando um novo foco de atividade.					
Você mudou seu produto, mercado ou cliente.					
A organização a seu redor mudou					
Seus principais clientes, fornecedores ou parceiros estão mudando suas organizações.					
Recentemente sua organização entrou em uma fusão, fez uma aquisição, ou foi adquirida.					
Mudança no ambiente externo					
Mudanças estão ocorrendo em seu setor, mercado, ambiente regulatório ou tecnologia.					
O desempenho organizacional está abaixo do esperado					
A organização não cumpriu suas metas de desempenho.					

Quais são suas três principais razões para implementar a mudança?

1. _____

2. _____

3. _____

FERRAMENTA 1-3 A definição da participação.

Finalidade:	Esta ferramenta ajuda a identificar o estilo de participação adequado para sua reestruturação.
Esta ferramenta é utilizada por:	Líder.
Instruções:	Você leu sobre as vantagens e armadilhas em potencial das abordagens participativas na implementação do projeto de uma organização. Você também examinou as quatro principais opões de envolvimento (apresentação, teste, consulta e participação) que definem seu estilo de participação no projeto da organização. Consulte a Figura 1-5 para preencher esta planilha. Abaixo são mostradas as cinco dimensões que têm impacto na extensão do envolvimento de um líder no processo de projeto. Para cada dimensão, assinale a nota que melhor representa sua situação organizacional.

	1	2	3	4
1. Urgência	A mudança precisa ser feita de imediato.	É possível implementar a mudança ao longo do tempo.		A mudança não é urgente.
2. A compreensão da equipe executiva sobre a organização e os problemas	A equipe executiva tem nível de compreensão excelente.	A equipe executiva tem um bom nível de compreensão.		A equipe executiva tem compreensão limitada.
3. As perspectivas necessárias	Essas questões estão definidas e claras.	As questões estão claras, mas os detalhes não estão bem definidos.		Existem perspectivas conflitantes sobre como definir essas questões.
4. A resistência esperada	É esperada pouca resistência contra mudança.	Um certo grau de resistência é esperado contra a mudança.		É esperada expressiva resistência contra a mudança.
5. O grau de mudança	O grau de mudança necessário é baixo.	A mudança envolve duas ou mais áreas que precisam trabalhar juntas.		A reestruturação envolve a mudança em todas as áreas da organização.

Total das notas. Transfira seu **escore final** para o retângulo abaixo à esquerda. Divida esse total por cinco e anote o resultado no retângulo à direita.

[   ]   /5   [   ]

Total   Agora divida o total por 5   Anote o resultado aqui

Transfira seu resultado final para a escala abaixo. Ela o ajudará a determinar a melhor opção de envolvimento no momento.

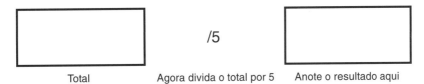

1	2	3	4
Apresentação	Teste	Consulta	Participação

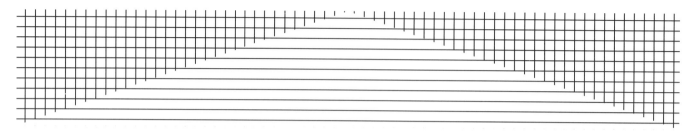

CAPÍTULO 2

COMO DEFINIR A ESTRUTURA DO PROJETO

George dos Santos examinava o relatório de previsão de receitas para os próximos cinco anos franzindo o cenho. Se nada fosse mudado, as receitas não cresceriam. Ele pensou: "É melhor essa nova estratégia funcionar". Como presidente recém-contratado do Capital Bank Corp. (CBC), a divisão de valores mobiliários de uma grande empresa prestadora de diversos serviços do setor financeiro com matriz em Londres, George pressentiu que teria no máximo 18 meses para recuperar os negócios da companhia. Londres estaria de olho nos resultados.

O problema era que a maior parte dos negócios do CBC estivera concentrada nos investimentos diretos do próprio banco* e na gestão de fundos internos da matriz. Esse foco interno atrapalhou o crescimento do CBC. Além disso, diversos produtos de renda fixa que estiveram no centro de suas atividades perderam a preferência dos investidores em busca de retornos elevados na alta do mercado vista no final da década de 1990. O estilo avesso ao risco dos investimentos do CBC e a pouca experiência da instituição frente às mudanças no mercado estavam permitindo que seus concorrentes passassem à sua frente no mercado.

George estava preocupado, pois alguns de seus funcionários com os melhores níveis de desempenho estavam procurando por novas oportunidades em outras empresas.

---

* N. de T.: Em inglês, *proprietary trading*, ou sinônimo de negócios especulativos, sobretudo com derivativos e outros produtos estruturados em benefício do próprio banco, não dos clientes que o encarregam de transações do gênero.

Ele havia trabalhado com sua equipe executiva ao longo dos dois últimos meses no desenvolvimento de uma nova estratégia. O novo foco estratégico seria baseado na construção de relacionamentos sólidos com clientes externos e investidores institucionais. A meta era ter ao menos 50% de ativos geridos pela filial norte-americana e investidores institucionais estrangeiros no espaço de três anos, em relação aos 20% atuais. Os principais elementos da estratégia do CBC eram:

De		*Para*
Foco em produtos de renda fixa	→	Maior parcela em ações e novos produtos
Resposta passiva para a matriz	→	Busca incessante e cultivo de novos clientes
Foco interno	→	Foco externo, nos clientes externos
Foco no produto	→	Orientação voltada para serviços
Atuante em nichos	→	Gestão de ativos ampla
Investimentos diretos	→	Varejo

Conforme o CBC avançava em um mercado mais amplo, a expectativa passou a ser de que o número de funcionários passaria de 200 para 400. O desafio que George teria de enfrentar seria a construção de uma nova organização que poderia realizar as promessas que ele tinha feito a seus chefes em Londres.

A exemplo do que ocorre com diversos líderes, George dos Santos acredita que sua estratégia é forte. Porém, ele não tem tanta certeza de dispor de uma organização capaz de concretizar essa estratégia. Em nossa discussão sobre estratégia, estrutura e competências laterais no Capítulo 2, 3 e 4, o estudo de caso de George no CBC e outros exemplos nos acompanharão para ilustrar as decisões que precisam ser tomadas no processo de projeto da organização. A expressão cunhada pelo arquiteto Mies van der Rohe, "a forma acompanha a função", é válida tanto para um prédio quanto para uma organização. A forma organizacional precisa ser uma expressão da proposta da organização e do que ela está tentando atingir. Com o tempo, exatamente como ocorre com uma cidade sem planejamento, muitas organizações transformam-se em um aglomerado de partes diferentes. As funções e unidades ficam paralisadas diante de uma necessidade relativa aos negócios ou da necessidade de acomodar as carreiras de diferentes funcionários. Às vezes, quando um funcionário está pronto para uma promoção e não há vagas abertas, a empresa cria uma nova unidade apenas para dar a essa pessoa o *status* apropriado. É raro algo ser retirado. As pessoas na organização parecem adivinhar que seu departamento não está com o melhor desempenho, mas não têm certeza de como isso foi acontecer.

A estratégia é a base para a redefinição do foco do projeto da organização de uma maneira lógica. A estratégia define o sistema a ser adotado em todas as decisões futuras pertinentes ao projeto; por isso está colocada na ponta mais alta do modelo estrela (Figura 2-1). A estratégia permite prever panoramas futuros — para onde você está

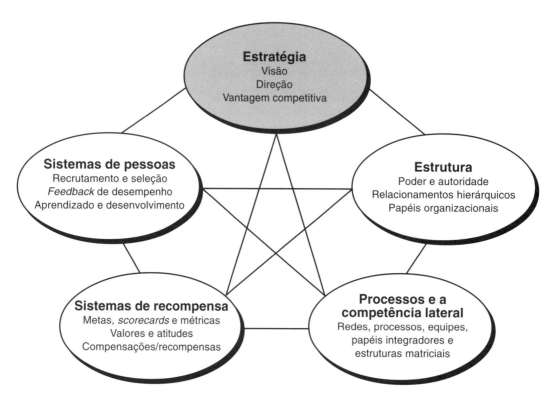

FIGURA 2-1 O modelo estrela.
Fonte: Jay R. Galbraith, *Designing Organizations: An Executive Briefing on Strategy, Structure, and Process* (São Francisco: Jossey-Bass, 1995).

indo e o que a organização precisa se tornar para você chegar lá. Esta imagem do futuro é complementada pela noção de como a organização opera em seu estado atual — o que funciona bem e deveria ser conservado, e o que precisa mudar.

Conforme vimos na Figura 1-3, a primeira fase do processo de projeto é *a definição da estrutura do projeto*. As três atividades conduzidas nessa fase, que podem ocorrer simultaneamente, são:

1. Tradução da estratégia em critérios de projeto
2. Definição de limites e premissas
3. Avaliação do estado atual

Este capítulo está estruturado em três seções para orientá-lo na condução dessas atividades.

- *A tradução da estratégia em critérios de projeto* disponibiliza um guia para a compreensão das direções tomadas por sua estratégia e as competências organizacionais que ela requer. Essas competências são os critérios que nortearão suas decisões relativas ao projeto.
- *A definição de limites e premissas* o orienta ao longo do processo de caracterização dos limites do projeto.
- *A avaliação do estado atual* lhe oferece as ferramentas para determinar as questões existentes na organização com base em diferentes perspectivas e para identificar as prioridades relativas à mudança.

A TRADUÇÃO DA ESTRATÉGIA EM CRITÉRIOS DE PROJETO

Os *critérios de projeto* são as competências organizacionais de que a empresa precisa para realizar sua estratégia. As *competências organizacionais* são as habilidades, processos, tecnologias e capacitações humanas que geram vantagem competitiva.[1]

Diferentes estratégias exigem diferentes competências organizacionais e, portanto, requerem projetos distintos para a organização. As escolhas acertadas referentes ao projeto aumentam a probabilidade de você ser capaz de desenvolver as competências organizacionais apropriadas. Toda decisão relativa ao projeto pode ser testada frente aos critérios de projeto para determinar se é capaz ou não de gerar as competências organizacionais desejadas.

A tradução da estratégia em critérios de projeto envolve três etapas:

A. *A identificação dos indicadores de sucesso*: Quais são os resultados que o projeto deve gerar?

B. *A compreensão da proposição de valor*: Quais são as implicações de nosso foco estratégico para a organização?

C. *A determinação de critérios de projeto*: Quais são as competências organizacionais que o projeto deve ajudar a organização a construir?

A Identificação de indicadores de sucesso

Os *indicadores de sucesso* definem a situação futura desejada em termos dos *resultados* que a organização pretende alcançar. O processo de projeto da organização é um processo de solução de problemas. Ao enfrentar um problema, você precisa deixar claro, de imediato, a forma que o sucesso assumirá e o modo como será mensurado. Isso garante que todos os participantes no processo trabalharão com um mesmo objetivo em mente, à medida que geram e avaliam as opções. As organizações são únicas e têm seus próprios conjuntos de indicadores de sucesso. Por exemplo, um dos indicadores de sucesso do CBC é "ser um dos 10 melhores prestadores de serviços de investimentos para investidores institucionais norte-americanos com base na qualidade de produtos, serviços e relacionamentos com os clientes".

O desenvolvimento de indicadores de sucesso é uma das incumbências da equipe executiva. Um dos modos de gerar indicadores de sucesso consiste em imaginar como será a empresa no espaço de alguns anos e construir um panorama do que ela deveria se tornar. A Ferramenta 2-1 auxilia a definir os desfechos desejados para seu processo de projeto.

A Compreensão da Proposição de Valor

Para identificar as competências mais importantes para sua organização, você precisa primeiramente definir o tipo de proposição de valor disponibilizado por sua estratégia.

A *proposição de valor* é a combinação exclusiva de atributos que a estratégia almeja explorar. Toda organização tem sua própria proposição de valor e sua própria estratégia. Contudo, se a organização que você está reestruturando é parte de uma empresa maior, então sua estratégia está inserida na estratégia mais ampla dessa companhia.

Por exemplo, a seguradora MetLife decidiu que precisaria elevar seus ativos para manter a competitividade com outras empresas de serviços financeiros. Ela desenvolveu uma estratégia para melhor alavancar seus diversos canais de distribuição e, assim, ganhar mais clientes, consolidar relacionamentos com a sua ampla base de clientes existentes e operar em níveis mais altos de eficiência para aumentar a rentabilidade. A empresa organiza as operações em seus dois maiores mercados: clientes institucionais e clientes pessoa física. Uma terceira divisão, chamada de Serviços ao Cliente, contém todas as funções de suporte da companhia — tecnologia da informação, *call centers*, departamento de supervisão das atividades no mercado, operações, subscrição, administração das instalações, etc. Essa divisão desenvolveu sua própria estratégia, focada no componente de excelência operacional da estratégia da matriz. Sua importância para a companhia reside em sua habilidade de executar serviços a clientes internos e externos com eficiência, previsibilidade e alta qualidade sem deixar de reduzir custos gerais. A divisão de Serviços ao Cliente tem sua própria estratégia; contudo, ela está alinhada com a direção de toda a companhia.

Em geral, as organizações tentam se diferenciar com base em um produto, em suas operações ou no foco no cliente.[2] Os exemplos a seguir ilustram cada um desses focos estratégicos adotados por algumas companhias conhecidas, embora esses conceitos sejam válidos também para organizações que fazem parte de empresas maiores.

- *Produto*: Uma empresa focada no produto não apenas cria o melhor produto para o mercado como também desenvolve produtos e serviços que compradores podem nem saber que precisam. As empresas de produtos se concentram na inovação e no desenvolvimento de novos itens. A vantagem que têm não está apenas nesses produtos: ela reside igualmente nos processos de desenvolvimento de produto que permitem lançar novos itens no mercado, com maior rapidez do que seus concorrentes. Um exemplo dessa situação é dado pelo PalmPilot. Durante a década de 1990, uma variedade de agendas eletrônicas foi lançada na forma de calendários e agendas telefônicas. Nenhum desses produtos ganhou *status* de essencial, nem tampouco dominou algum mercado. O primeiro Palm, lançado em 1996, foi um grande sucesso por conta de sua interface elegante e um sistema de reconhecimento de caracteres que funcionava de verdade. Um milhão de PalmPilots foi vendido no período de 18 meses, e em 1999 as agendas Palm passaram a dominar o mercado, com uma fatia de 73%. Em menos de seis anos, 14 diferentes versões do Palm foram apresentadas, sempre com aperfeiçoamentos em relação à versão precedente. Outros exemplos de líder de mercado incluem a Hewlett-Packard no ramo de impressoras, a Johnson & Johnson no setor de lentes de contato descartáveis e a Sony, com seus produtos eletrônicos portáteis.

- *Operações*: Empresas com níveis de desempenho operacional excelentes oferecem uma combinação de qualidade, preço e facilidade de interação que outras companhias não conseguem imitar. É possível que essas companhias não ocupem as primeiras posições no mercado com novos produtos ou que seus produtos e serviços careçam de algumas das características dos produtos de suas concorrentes. Elas prometem valor ao cliente — quer seja mensurado em termos de custos, quer em termos de conveniência, qualidade ou consistência da experiência — o que é visto por muitos compradores como sendo os atributos mais importantes de produtos e serviços. O McDonald's talvez não produza os melhores hambúrgueres que você já comeu, mas o fato de que você pode contar com padrões consistentes de qualidade, serviço e preço em todo o mundo torna a rede de lanchonetes a líder nesse mercado. A rede conquistou a excelência na gestão de compras e fornecedores e em suas políticas de treinamento de funcionários da linha de frente.

Em outra frente de atuação, diversas empresas fabricantes de microcomputadores e equipamentos de telecomunicação terceirizam a produção de componentes para a Selectron, a maior produtora de componentes eletrônicos do mundo, vencedora do prêmio Baldrige de qualidade em 1997. A Selectron analisa os conceitos de produto de seus clientes e utiliza sua própria experiência na gestão da cadeia de suprimentos e processos de fabricação para produzir componentes de alta qualidade e baixo custo. As empresas que competem com base em seus próprios níveis de excelência operacional tendem a acompanhar os inovadores no mercado. Elas almejam um segmento de clientes que abdica de um número muito grande de características em nome de preço vantajoso ou maior consistência e qualidade. Por conta dos altos custos da inovação, essas organizações se concentram na padronização e em produtos que permitem a realização de economias de escala. Outro exemplo dessa estratégia é a Matsushita, uma empresa que utiliza a marca Panasonic para seguir os passos da Sony, sempre que esta lança algum novo produto eletrônico no mercado consumidor.

- *O cliente*: As empresas focadas no cliente constroem relacionamentos de longo prazo por meio da customização dos produtos e serviços que oferecem. Elas disponibilizam soluções totais para as necessidades dos clientes, em lugar de serviços e produtos separados. O setor de serviços de profissionais liberais (por exemplo, consultoria, advocacia, contabilidade) apresenta exemplos clássicos de organizações focadas no cliente. O valor dos serviços de contabilidade da Ernst & Young para seus clientes aumenta com a duração desses relacionamentos. Quanto maior a compreensão que a empresa tem de seu cliente, melhores serão as soluções que conseguirá oferecer. Além disso, os clientes normalmente não adquirem esses serviços devido ao menor preço nem por utilizarem as mais modernas metodologias; eles compram esses serviços com base na confiança e na qualidade presentes nesse relacionamento. De mais a mais, a crença do comprador de que a companhia defende seus interesses permite que a empresa funcione como um portal de venda de uma série de outros produtos e serviços. Por exemplo, a Amazon.com gera recomendações customizadas de livros, música e outros produtos com base nas compras ou buscas passadas de um cliente. A empresa também utiliza informações coletadas junto aos clientes para identificar quais outras companhias são capazes de oferecer produtos de qualidade que interessem a eles. A Amazon cobra para anunciar os *links* de outras empresas e, com isso, tem uma fonte extra de receita, sem a necessidade de vender mais produtos.

50 PROJETO DE ORGANIZAÇÕES DINÂMICAS: UM GUIA PRÁTICO PARA LÍDERES DE TODOS OS NÍVEIS

Todo e qualquer foco estratégico implica uma cultura e tipo de pessoa diferente, além de processos e mensurações essenciais que põem em prática essa cultura com eficiência. Por exemplo, enquanto uma empresa focada em produto provavelmente teria uma tolerância maior em relação a erros e experimentações conduzidas para motivar a inovação, uma companhia focada em serviços alimentaria uma cultura de padronização, recompensando a eficiência em detrimento da criatividade. A Figura 2-2 resume como cada estratégia resulta em um tipo diferente de organização.

Foco estratégico	Implicações			
	Processos-chave	**Cultura**	**Mensurações**	**Pessoas**
Produto *Quantos usos possíveis existem para esse produto?* Crie valor com produtos de ponta, com características úteis e novas aplicações.	Desenvolvimento de novos produtos Inovação Pesquisa de mercado	Orientada para os resultados Eleva padrões continuamente e cria o melhor produto A maior recompensa consiste em trabalhar no próximo produto, como um desafio	Número de novos produtos Porcentagem da receita com novos produtos Fatia de mercado	Criativas — abertas a novas ideias, não importa de onde venham Especialistas em pesquisa e desenvolvimento Adeptas da utilização da tecnologia para a inovação Ênfase na gestão de marcas
Operações *Qual é a maneira mais eficiente de fabricar meu produto?* Crie valor com a redução de custos com embalagens, com a qualidade e conveniência.	Automação rápida e confiável de operações repetitivas Atendimento de pedidos Gestão de logística e cadeia de suprimentos Gestão da demanda	Padronização Recompensas pela eficiência Corte de supérfluos Orientada para equipes	Custo por transação Qualidade e consistência Utilização	Administram volume e escala Adeptas da utilização da tecnologia para a automação Capazes de transferir o sucesso a novos mercados Ênfase na gestão de operações
Cliente *Quais são as melhores combinações de produtos e serviços para o cliente?* Crie valor com a customização para uma solução total.	Gestão de relacionamentos Desenvolvimento de soluções e implementações Gestão do conhecimento Marketing de eventos de vida Gestão de talentos	Decisões delegadas àqueles que interagem com o cliente Alianças com outros prestadores para unificar o serviço, o suporte, a educação e a consultoria Relacionamentos, não transações	Fatia dos clientes mais valiosos Satisfação do cliente Valor do ciclo de vida do cliente Retenção do cliente	Capazes de construir relacionamentos de longo prazo Pensadores integradores Atenção à implementação e ao serviço de acompanhamento Ênfase no *marketing* e nas vendas

FIGURA 2-2 As implicações de cada foco estratégico.

A tendência atual, presente em muitos setores, é a de estratégias focadas no cliente. Diversas organizações vêm tentando se diferenciar por meio de suas ideias, conhecimentos, experiências e capacidade de fornecer pacotes customizados de produtos e serviços a seus clientes. Hoje, está cada vez mais difícil atingir a liderança com um produto. Os produtos não demoram a ganhar o *status* de *commodity*, assim que a mais recente inovação é imitada pelos concorrentes. Ao mesmo tempo, a habilidade que a tecnologia tem de disponibilizar dados detalhados e individualizados de cada cliente vem elevando suas expectativas. Atualmente, as pessoas esperam que a organização com quem têm algum negócio saiba como elas são e do que precisam, que se lembre dos detalhes da última transação ou interação que teve com elas.

A Hewlett-Packard, líder de mercado no setor de impressoras, sinalizou uma mudança em sua estratégia quando tentou adquirir a divisão de consultoria da PriceWaterhouseCoopers, no outono de 2000. De acordo com a rede de TV CNN, os observadores do setor não se surpreenderam com a oferta de compra, considerando as tendências vistas nos setores de tecnologia da informação e de consultoria. Diversas empresas de *hardware* para computadores vêm tentando fortalecer ou desenvolver uma atuação no setor de serviços. Um observador do setor de tecnologia da informação disse: "O constante clichê 'o meu é mais rápido do que o seu' deixou de atrair clientes, que hoje desejam uma solução para seus problemas de negócios e compreendem que a base para a geração de uma solução são os serviços".[3]

Para dar suporte à estratégia principal de sua organização, todas as áreas precisam se alinhar no sentido de compreendê-la. Por exemplo, toda empresa acredita estar focada no cliente. Em suas campanhas publicitárias, todo banco ou seguradora declara que se preocupa com seus clientes. Mesmo assim, a maior parte das seguradoras continua organizada em torno dos produtos que desenvolvem — seguro para automóveis, seguro de vida, patrimonial, de invalidez, dentário, etc. — e enfrenta dificuldades ao tentar efetuar vendas cruzadas e gerar soluções e contas que integrem serviços e informações sobre o modo como o cliente realmente deseja. São poucas as empresas de serviços que, de fato, alavancaram todas as informações coletadas junto aos seus clientes para oferecer, de forma proativa, os produtos certos no momento certo de suas vidas. A crença de que o cliente está no centro da estratégia não significa que a organização conseguirá cumprir suas promessas. Utilize a Ferramenta 2-2 para comunicar a direção de sua estratégia com clareza.

A Definição dos Critérios de Projeto

Todas essas direções estratégicas implicam a existência não apenas de características organizacionais como também de diferentes competências organizacionais. Anteriormente, definimos competência organizacional como um conjunto integrado de habilidades, tecnologias e aptidões humanas que geram vantagem competitiva para a organização. As competências organizacionais são competências internas, desenvolvidas e administradas pela organização e materializadas pelas pessoas que nela trabalham. Elas não são conferidas por fontes externas de vantagem competitiva, como regulamentações governamentais, patentes ou localizações físicas. Essas competências organizacionais são os critérios em relação aos quais todas as recomendações de projeto são avaliadas.

As competências organizacionais são difíceis de ser copiadas pela concorrência. Por regra, essas competências levam tempo para ser desenvolvidas, são trabalhosas de imitar ou reproduzir e difíceis de obter junto às fontes externas. Além disso, elas não duram para sempre. O que é uma competência diferenciadora hoje pode se tornar padrão amanhã, com a aproximação da concorrência. A Figura 2-3 mostra algumas das competências exigidas por cada estratégia.

A maior parte das organizações encontra-se a certa distância dos pontos extremos da escala de foco no produto, nas operações ou no cliente. Nos cenários atuais mais comuns, uma organização precisa maximizar o número de competências capaz de incluir diversos focos estratégicos. O desenvolvimento de competências organizacionais e as escolhas relativas ao projeto que atendam a esses critérios permitem que a organização concretize sua definição de sucesso. Por exemplo, o CBC planeja crescer por meio de relacionamentos com o cliente. Logo, a instituição precisará de uma competência organizacional que permita oferecer soluções melhores e mais customizadas em comparação com a concorrência. Conforme são geradas as opções de projeto, as lideranças do CBC terão de testá-las para descobrir se elas são capazes de ajudar a organização na construção destes relacionamentos com o cliente. Utilize a Ferramenta 2-3 para identificar os critérios de projeto para sua organização.

A DEFINIÇÃO DE LIMITES E PREMISSAS

Se sua organização faz parte de uma organização maior, é provável que existam limites para o que pode ser mudado, como parte da reestruturação. *Limites* são fronteiras que

Se sua estratégia está focada em...	Então sua organização precisa ser capaz de...
Produtos	■ Criar novos produtos com mais velocidade que a concorrência. ■ Gerar experiências profundas, sobretudo em pesquisa e desenvolvimento. ■ Fabricar produtos de ponta. ■ Oferecer uma linha variada de produtos. ■ Promover a inovação.
Operações	■ Desenvolver padrões a serem utilizados em toda a organização. ■ Tornar-se uma organização com baixos custos de produção. ■ Aumentar a eficiência do processo continuamente.
Clientes	■ Construir relacionamentos com clientes e aumentar o nível de retorno de clientes. ■ Gerar níveis altos de satisfação do cliente. ■ Customizar produtos a pedido do cliente. ■ Efetuar vendas cruzadas e de produtos em grupo. ■ Desenvolver relacionamentos preferenciais de obtenção com os clientes. ■ Explorar múltiplos canais de distribuição. ■ Criar alianças com outras organizações para gerar soluções abrangentes.

FIGURA 2-3 As competências organizacionais para cada estratégia.

determinam o que é incluído e o que é descartado no processo de projeto. Esses limites podem ser impostos de fora para dentro. Por exemplo, a interface com o cliente de sua área de vendas precisa ter a mesma configuração exibida pelas outras áreas de venda de sua companhia. Outro fator limitante é a tecnologia, que determina o quão radical pode ser o trabalho de reorganização.

O ritmo da mudança também é visto como um limite. Outras iniciativas com relação aos negócios, como o lançamento de novos produtos ou então um dado período do ano (como o final do ano fiscal, por exemplo), delimitam o quanto pode ser concretizado e o intervalo de tempo dessas implementações.

Embora os limites imponham restrições ao que pode ou não ser feito, eles conservam bastante espaço para oportunidades e o desenvolvimento da criatividade. Com limites claros, a equipe executiva consegue explorar todas as possibilidades no leque de oportunidades criado. Contudo, essas possibilidades precisam ser delineadas com cautela. Se o líder especifica exatamente tudo o que o projeto deve contemplar, então todos os esforços subsequentes nesse sentido tornam-se redundantes. As pessoas engajadas no trabalho de projeto buscam apenas por opções que tenham sido aprovadas. Por outro lado, sem limites definidos, talvez elas acabem desperdiçando energia, gerando recomendações que não serão levadas em conta no processo de implementação da mudança. Limites e fronteiras podem ser comparados aos freios de um automóvel. Sua principal função não é desacelerar o veículo, mas permitir que ele ande mais rápido.[4] Os freios geram no condutor a confiança de que o carro pode ter sua velocidade diminuída quando necessário. Pela mesma razão, um conjunto de limites e fronteiras bem definido relativo ao processo de projeto confere às pessoas envolvidas o poder de tomar decisões e partir para a ação.

É preciso ter cautela e não estipular limites com base em premissas inconsistentes. Os integrantes da equipe executiva talvez tenham noções diferentes sobre o escopo das mudanças a serem consideradas. Antes de levar em conta qualquer opção, essas premissas têm de ser explicitadas e confirmadas. Por exemplo, na situação em que ocorre um debate sobre a política da companhia acerca da possibilidade de centralizar as operações de compras ou de estabelecer mais de uma divisão de compras em uma mesma organização, todas as premissas envolvidas podem representar limites artificiais ao projeto, até a política da empresa ser definida. No momento em que as premissas forem expressadas, cada uma pode ser explorada e confirmada. Alguns limites podem ser verdadeiramente "inegociáveis", sobretudo aqueles impostos de fora de sua organização.

Utilize a Ferramenta 2-4 para identificar e confirmar os limites do processo de projeto.

A AVALIAÇÃO DO ESTADO ATUAL

Com a determinação dos critérios de projeto e a definição de limites e premissas, agora você dispõe da estrutura estratégica para o processo de reestruturação. Agora você tem uma imagem nítida sobre o estado futuro de sua organização e sobre o que precisa ser feito, e a concordância entre os integrantes da equipe executiva sobre esses dois fatores. O entendimento mútuo sobre a situação atual da organização também é importante. A etapa seguinte, que pode ser conduzida simultaneamente à precedente, consiste em efetuar uma avaliação do estado atual.

Uma *avaliação do estado atual* fornece uma imagem instantânea dos pontos fortes e fracos da organização a um dado instante. Essa avaliação fornece importantes informações sobre as condições básicas da organização e auxilia a determinar quais mudanças causarão o impacto mais positivo. Ela é uma maneira de trazer à tona ideias para a implementação que estejam latentes em toda a organização. A avaliação do estado atual também possibilita uma indicação inicial de prováveis áreas de resistência ou de barreiras à implementação. Por fim, essa avaliação gera um elo entre as necessidades da organização e o processo de projeto. A reestruturação é uma resposta aos imperativos dos negócios e, ao mesmo tempo, uma reação às preocupações dos funcionários.

Talvez você já tenha em mãos diversos documentos que dão uma ideia sobre o nível atual de eficiência em sua empresa. Esses documentos incluem:

- Apresentações estratégicas
- Documentos do planejamento preparados pelos departamentos listando problemas e iniciativas em andamento
- Satisfação do cliente e pesquisas de clima organizacional
- Pesquisas com o cliente
- Relatórios de qualidade

No entanto, as fontes de dados mais informativas são sempre os próprios funcionários. Esta seção apresenta um guia para a coleta e análise de perspectivas dos funcionários. Este questionário tem cinco perguntas:

1. Quais são as fontes de dados?
2. Quem deve conduzir as avaliações do estado atual?
3. Qual metodologia deve ser utilizada?
4. Quais são as perguntas que devem ser formuladas?
5. Como analisar os dados?

Quais são as Fontes de Dados?

As avaliações do estado atual são, na maioria das vezes, conduzidas na forma de uma combinação de entrevistas, grupos focais e/ou levantamentos. Essa análise reflete a perspectiva mais ampla da organização acerca do que está ou não funcionando no presente, e do que deve ser sanado no processo de projeto. A avaliação do estado atual permite que os funcionários expressem suas opiniões já no princípio do processo. Existem boas razões para incluir as perspectivas dessas pessoas. Aquelas que trabalham diariamente na organização, em geral, são as mais bem informadas sobre os pontos de gargalo, lacunas no processo, áreas de atrito entre unidades organizacionais e os problemas na execução de serviços para os clientes. A avaliação da eficiência de uma empresa, vista sob a ótica de seus funcionários e gerentes, permite efetuar uma análise das "causas principais" por trás dos problemas observados. As pessoas falam de sintomas — o que elas vivenciam pessoalmente — mas quando os temas se repetem de forma consistente em todos os níveis e funções da organização é possível identificar os problemas que originam essas situações. São três as diretrizes que você deve considerar na escolha dos funcionários que participarão da avaliação do estado atual.

1. *Amostra representativa.* Uma amostra representativa é coletada em todos os níveis e áreas (funções, filiais, linhas de negócios, etc.). Isso garante que todos os pontos de vista sejam considerados e que um nível ou função não macule os resultados. Nem todo nível tem de ser representado em todas as filiais e nem toda função está representada em todos os níveis. Defina os segmentos da população com base em suas hipóteses sobre quais grupos têm perspectivas diferentes.

A Figura 2-4 mostra um exemplo de critérios utilizados para capturar diversas perspectivas da população. Nesse caso a organização é um *call center* de uma grande empresa de telecomunicações. Como parte da avaliação do estado atual, a liderança do *call center* decidiu que cinco filiais, dois níveis e sete funções teriam de ser amostrados. Pesquisas anteriores feitas com os funcionários haviam revelado que os níveis de satisfação destes divergiam bastante entre os diferentes locais e as diferentes áreas funcionais. Além disso, era importante classificar os dados de acordo com o tempo no cargo em algumas filiais, pois era grande o número de funcionários com muito tempo de casa e que nunca havia trabalhado para outra companhia. O chefe de RH sugeriu a seleção de funcionários com menos tempo de empresa para descobrir como eles comparavam as práticas, políticas e ambientes de trabalho da companhia com aqueles de outras empresas para quem trabalharam no passado.

2. *Números grandes o bastante.* Um número suficiente de pessoas precisa participar da avaliação para que ela revele tendências e garanta que os dados não sejam distorcidos pela opinião de um punhado de pessoas. Mas a inclusão de um número maior de

		Dimensões da comparação		
		Nível	Função	Tempo no cargo
Sede	St. Louis	Não dispensado Dispensado	Tecnologia da informação Administração	Ao menos metade do grupo com menos de três anos
	Chicago	Nenhum dispensado	Grupos de funcionários (RH, financeiro, jurídico) Desenvolvimento de produto	Não disponível
	Nova York	Todos dispensados	Vendas Administração	Ao menos metade do grupo com menos de três anos
	Wichita	Não dispensados Dispensados	Operações	Não disponível
	Dallas	Todos dispensados	*Call center*	Não disponível

FIGURA 2-4 Matriz da população-alvo.

PROJETO DE ORGANIZAÇÕES DINÂMICAS: UM GUIA PRÁTICO PARA LÍDERES DE TODOS OS NÍVEIS

pessoas tem um custo em termos de tempo para concluir a avaliação, um custo relativo ao período em que as pessoas se afastam de suas funções e também ao tempo necessário para processar todas as informações. Todavia, outra aplicação da avaliação envolve a apresentação de metas de reestruturação e o processo de tomada de decisão. A avaliação aumenta o compromisso com as recomendações finais. Esse envolvimento das funções de apoio ao cliente compensa os esforços despendidos, pois facilita a implementação nos setores internos da organização.

3. *Participantes conhecedores do assunto.* Os participantes devem apresentar bons desempenhos e conhecer a organização, sem temer expressar sua opinião. Escolha pessoas que:

- Estejam familiarizadas com a organização (não escolha um número desproporcional de novos contratados).

- Trabalhem em diferentes linhas organizacionais e tenham experiência com outras funções na organização.

- Tenham ao menos um contato com cliente, interno ou externo.

Além dos funcionários, você pode precisar visualizar os pontos de vista dos parceiros internos que dependem de sua área para obter serviços, clientes externos, fornecedores internos ou externos e outras pessoas importantes que não participam diretamente de sua organização. Esses grupos identificam as questões que julgam mais importantes e ajudam a validar a avaliação dos funcionários acerca do que precisa mudar.

Quem Deve Conduzir a Avaliação do Estado Atual?

Nossa recomendação é para que um consultor externo efetue a avaliação do estado atual (Figura 2-5). Uma avaliação feita desta forma é mais rápida e objetiva do que aquela conduzida por uma equipe interna. Não importa quem coletará as informações: essa pessoa não deverá expressar seus próprios julgamentos sobre a eficiência da empresa, reportando dados com precisão e organizando-os de maneira a permitir que a equipe executiva tome as decisões.

Qual Metodologia Deve Ser Utilizada?

É possível executar a avaliação utilizando uma combinação de entrevistas, grupos focais e levantamentos. Esses fatores são discutidos abaixo:

1. As *entrevistas* permitem apresentar questionamentos profundos e garantir que a opinião de todos seja registrada. Contudo, entrevistas são demoradas e caras. É preciso decidir quem será entrevistado e como essas entrevistas serão conduzidas.

- A alta gerência da organização deve ser entrevistada. Não importa o nível que você define como "alta gerência": todas as pessoas nesse nível hierárquico e acima devem ser convidadas a participar de uma entrevista. A implementação de mu-

Vantagens da equipe interna	Vantagens de um consultor externo
Beneficia-se ao receber informações em primeira mão. Compreende melhor as nuances das questões e de como as diferentes partes da organização se encaixam.	Pode completar a avaliação com maior rapidez do que funcionários internos, que também precisam desempenhar suas próprias funções. Garante confidencialidade — a probabilidade de os participantes serem mais sinceros é maior. Em geral é mais neutro ao ouvir os problemas — não é influenciado por fatores políticos ou eventos passados da organização. Via de regra promove mais sinceridade e é capaz de abordar questões mais sensíveis que ultrapassam as fronteiras da organização.

FIGURA 2-5 Quem deve conduzir a avaliação do estado atual?

danças ao final do processo de projeto depende do apoio que este grupo oferecer. Escutar as ideias e preocupações do grupo apresentadas em detalhe permite à equipe executiva prever onde a resistência ocorrerá nesse percurso. Além disso, a alta gerência ajuda a preparar as questões formuladas durante a fase de grupos focais ou de pesquisa. Eles são os primeiros a serem entrevistados e, por isso, qualquer diferença entre pontos de vista pode ser testada nos grupos focais com funcionários em posição hierárquica inferior.

- É possível entrevistar também os principais clientes, os altos executivos de outras partes da companhia que demonstram ter uma visão mais completa da organização, além dos funcionários com conhecimentos expressivos ou que conhecem a história da companhia, o que lhes permite contribuir oferecendo *insights* exclusivos.

2. Os *grupos focais* permitem envolver um número maior de pessoas na avaliação, em comparação com entrevistas individuais. Em síntese, um grupo focal permite entrevistar várias pessoas de uma só vez. Embora algumas pessoas não falem tanto quanto o fariam em uma entrevista individual, os comentários dos participantes podem ajudar a estimular o próprio exercício de pensar. Um grupo focal dá materialidade às questões discutidas e auxilia todos a se concentrarem nos problemas de maior impacto. O projeto dos grupos focais e a habilidade do facilitador afetam a qualidade dos resultados. Entre as orientações gerais para grupos focais, citamos:

- O número ideal de participantes é de 8 a 10 — alto o bastante para poder ser dividido em grupos e garantir que haja uma variedade de opiniões na sala. Em grupos maiores de 10 pessoas, a intimidade é perdida e algumas pessoas sentem-se constrangidas a participar de forma ativa. Convide entre 10 e 12 pessoas, pois algumas nem sempre confirmam presença.

- Utilize uma sala confortável e isolada, onde as pessoas sintam-se livres para falar abertamente.

- Garanta confidencialidade aos participantes. As descobertas feitas nos grupos focais precisam identificar as diferenças em pontos de vista por grupo (função, sede ou nível) e devem ser reportadas de maneira a garantir que nenhum dos comentários possa ser relacionado a alguma fonte individual específica.

- Na situação ideal, duas pessoas deveriam conduzir a sessão. Uma pessoa atua como facilitador, que formula as perguntas, administra a discussão e utiliza um *flip chart* para registrar os pontos principais, mantendo a atenção no grupo. A segunda pessoa faz apontamentos detalhados em um caderno ou *laptop*. Nos casos em que uma pessoa apenas está disponível, é possível utilizar um gravador, embora esse recurso normalmente iniba a espontaneidade, além dos custos de transcrição das fitas.

- As pessoas de diferentes funções e áreas podem estar em um mesmo grupo focal. Contudo, se você acreditar que elas tenham opiniões diferentes sobre alguns tópicos, divida-as em grupos menores por função, dentro do mesmo grupo focal, e peça que relatem suas conclusões separadamente. Não inclua mais de três dimensões diferentes de populações em um grupo focal.

- Não misture níveis nem tenha pessoas que se reportam umas às outras em um mesmo grupo focal. O contato entre funcionários novos e mais antigos em um mesmo grupo pode dissuadir as pessoas em níveis hierárquicos inferiores de se expressar com sinceridade.

3. Os *levantamentos* permitem que você colete dados junto a um grande número de pessoas, sobretudo quando encontram-se em locais diferentes. Os levantamentos *quantitativos* (por exemplo, o pedido para que deem uma nota de 1 a 5 para uma série de frases sobre a organização) é a ferramenta menos útil na avaliação de uma organização. Esses levantamentos permitem que você tenha uma noção superficial sobre o que funciona, mas os detalhes e as complexidades no modo como as questões influenciam umas às outras são perdidos. Além disso, sem conhecer essas questões é difícil formular as perguntas certas. Porém, assim que tenha identificado essas questões você poderá empregar um levantamento quantitativo para determinar o grau em que estão impregnadas na organização.

Contudo, um levantamento *qualitativo*, que solicita respostas por escrito para perguntas abertas, fornece informações mais valiosas. Os grupos focais normalmente são utilizados depois de um levantamento ter esclarecido problemas ou gerado mais detalhes sobre o estado atual.

Quais Perguntas Devem Ser Formuladas?

Independentemente do método, é a qualidade das perguntas que determina o nível de detalhe das informações geradas pela avaliação. Comece com a revisão de avaliações passadas e relatórios e documentos relevantes para construir uma base de conhecimento. Feito isso, conceba um conjunto de perguntas de resposta aberta que permitirão aos entrevistados desenhar um esboço da eficiência atual da organização e dos fatores que dão forma a ela, sob a ótica individual de cada um.

A Figura 2-6 apresenta uma série de questões que podem ser adaptadas na forma de uma entrevista, de protocolo para um grupo focal ou mesmo como levantamento qualitativo. O asterisco (*) indica tópicos importantes, a que você poderá acrescentar algumas de suas próprias perguntas. Outras perguntas e detalhes podem ser incluídos ou retirados, dependendo do tempo disponível, dos tipos de problemas previstos e do nível hierárquico dos participantes. Para cada tópico, são exibidos a finalidade das perguntas e alguns itens do tipo "procure descobrir". Estes lhe ajudarão a reconhecer temas que aparecem nos dados.

Após uma apresentação, o protocolo começa com uma tentativa de extrair a visão das pessoas sobre os principais desafios aos negócios e o estado futuro desejado, que deve ser inserida no contexto de negócios. Feito isso, as pessoas são solicitadas a avaliar o estado atual, inclusive os pontos fortes. As perguntas são baseadas no modelo estrela e pedem que as pessoas considerem todo o leque de dimensões do projeto. Ideias relativas à melhoria de cada tópico são solicitadas. Para determinar as mudanças de maior impacto, ao final da entrevista do grupo focal ou do levantamento, cada pessoa precisa identificar entre 3 e 5 das maiores prioridades que julguem apropriadas para ajudar a organização a concretizar sua estratégia.

Utilize a Ferramenta 2-5 para definir quem deve participar da avaliação do estado atual e selecionar as perguntas, com base na Figura 2-6, para seu protocolo.

COMO ANALISAR OS DADOS?

Os dados da avaliação são organizados em um relatório de resultados sobre as questões mais importantes. Esse relatório é apresentado à equipe executiva.

Um relatório de resultados é composto por cinco seções básicas:

1. *Introdução*. A finalidade da avaliação do estado atual, a metodologia utilizada e os participantes.

2. *Pontos fortes*. Os pontos organizacionais fortes que devem ser conservados e explorados.

3. *Visão geral dos principais problemas*. Um resumo dos temas dominantes discutidos e de problemas específicos em cada um. Em geral há entre 5 e 7 temas sob os quais diversos problemas podem ser agrupados.

4. *Resultados detalhados*. Uma descrição de cada problema. Esta é a seção indicada para utilizar as respostas às entrevistas e grupos focais que representam os sentimentos da maioria dos participantes ou um ponto de vista específico. Utilize apenas as respostas que protegem a confidencialidade e as fontes individuais (talvez você precise modificar essas respostas ligeiramente). Se você usou um levantamento, a análise detalhada dos dados obtidos é inserida nessa seção.

5. *Recomendações*. Um resumo das próximas etapas ou um conjunto de recomendações propostas.

Para ser útil, um relatório de resultados precisa ser o mais direto e detalhado possível. Nos casos em que há questões delicadas demais para serem compartilhadas fora da equipe executiva, que exponham muita "roupa suja" ou que poderiam ser desmoralizadoras, fora do contexto do restante da organização, o relatório não deve circular externamente à equipe executiva. Além disso, talvez você tenha de omitir referências a integrantes desta.

60 PROJETO DE ORGANIZAÇÕES DINÂMICAS: UM GUIA PRÁTICO PARA LÍDERES DE TODOS OS NÍVEIS

Tópicos e questões	Finalidade do tópico/"Procure descobrir"
Apresentação Explique a finalidade da entrevista/grupo focal. ■ Qual é o seu papel na organização? ■ Há quanto tempo você está com a organização? ■ Onde você trabalhou antes de trabalhar aqui?	Explique a finalidade da entrevista/grupo focal e como serão estruturados. Ao solicitar informações sobre as experiências passadas de cada um, você terá uma noção de suas perspectivas, vieses que elas possam ter e possivelmente vivências ou insights úteis sobre outras empresas.
Desafios do negócio* ■ Quais são os principais desafios de negócio enfrentados por sua organização hoje? ■ Em sua opinião, quais são as três principais metas que a empresa precisa realizar nos próximos 18 meses?	Os desafios do negócio colocam as últimas avaliações da organização em um contexto mais amplo. Eles podem ser consultados se a discussão se tornar muito pessoal ou se seu foco se estreitar demais. Procure descobrir: ■ As pessoas concordam sobre os desafios do negócio e as metas da empresa? ■ Qual é a dinâmica do negócio e quais forças externas estão motivando a mudança?

Estado futuro
■ Imagine nossa organização na capa da revista Fortune em 18 meses. A reportagem é sobre o sucesso que concretizamos.
  – O que você gostaria de ver escrito na reportagem?
  – O que nos tornaria uma líder de mercado, um padrão de comparação para outras organizações como a nossa?
	O estado futuro oferece um ponto de apoio adicional para os participantes, pois eles avaliam a organização em seu estado atual. Ele também revela se as pessoas compartilharam uma imagem do ponto em que a organização tem de chegar.
	Procure descobrir:
	■ As pessoas têm uma ideia clara de como seria a melhor empresa do setor?
	■ Existe concordância sobre o estado atual?

Visão geral da avaliação da organização*
■ Notas
  – Em uma escala de 1 a 10, como você nos avalia, como um todo, em comparação com esta imagem do futuro? (1 = não chegamos lá, completamente despedaçados a 10 = chegamos lá e somos líderes no setor)
■ Quais fatores influenciaram sua nota?
■ Pontos fortes
  – O que funciona bem?
  – Por que você não deu nota menor para esse ponto?
■ Carências
  – O que não funciona bem?
  – Por que você não deu nota maior para esse ponto?
■ Como você acha que os clientes avaliariam a organização?
  – Por quê?
	Pedir às pessoas que classifiquem os pontos fortes da organização fornece uma base para descobrir o que precisa ser preservado. A questão sobre carências é apresentada deliberadamente como uma pergunta vaga e de resposta aberta. Ela permite que a pessoa decida sobre os aspectos mais importantes que devem ser revelados. Os pontos em que as pessoas concentram suas atenções, nessa etapa, dão uma noção rápida sobre a magnitude da mudança necessária.
	
	As perguntas relativas a cada tópico abaixo têm a intenção de revelar a lacuna entre o estado atual e o estado futuro.
	Procure descobrir:
	■ Onde estão os pontos fortes? Eles são uma base sólida (por exemplo, "temos uma grande proposição de negócios") ou artificial (por exemplo, "as pessoas aqui são legais de verdade")?
	■ Quais carências a pessoa consegue identificar de imediato?
	■ Existe alguma diferença entre o modo como o cliente talvez perceba a organização, em comparação com os funcionários?

Estratégia
■ Como você descreve a estratégia de sua organização?
■ Qual é nossa principal fonte de vantagens sobre nossos concorrentes?
	As perguntas sobre a estratégia oferecem à equipe executiva informações importantes sobre a qualidade e a consistência de sua comunicação.
	Procure descobrir:
	■ As pessoas têm uma compreensão em comum sobre a estratégia?
	■ Se não há uma definição em comum para a estratégia, é um problema da estratégia:
	  – Não existir?
	  – Não estar expressada com clareza nem traduzida em termos compreensíveis às pessoas em níveis hierárquicos inferiores?
	  – Ser definida de modo diferente por diferentes integrantes da equipe executiva?

FIGURA 2-6 O protocolo genérico de avaliação do estado atual.

(continua)

CAPÍTULO 2 • COMO DEFINIR A ESTRUTURA DO PROJETO **61**

(continuação)

Tópicos e questões	Finalidade do tópico/"Procure descobrir"

Estrutura
■ Quem são seus clientes imediatos (ou de sua equipe?)
■ De quem você depende para ter informações necessárias à execução de seu trabalho? Quais são os produtos do trabalho que você entrega a outras pessoas?
■ Quais os pontos de atrito mais comuns entre as áreas? Onde estão os gargalos?
  – A que razões você atribui esses gargalos e atritos?
■ Quais são seus principais pontos de contato dentro e fora da organização?
  – Como você descreveria a qualidade desses relacionamentos?
  – O que atrapalha?
■ Se você pudesse chamar outra função ou grupo para a sua função, qual seria? Por quê?
■ Sobre quais mudanças na estrutura você refletiu, se houve alguma, que seriam capazes de melhorar a eficiência da organização?
	A maior parte das pessoas não está habituada a pensar em termos de uma "estrutura organizacional". Essas perguntas foram concebidas para descobrir se as pessoas estão trabalhando sem considerar a estrutura para cumprir suas tarefas ou se a estrutura facilita o trabalho delas.
	
	É interessante pedir às pessoas que tracem um esboço da estrutura, enquanto explicam como as partes se inter-relacionam.
	
	Procure descobrir:
	■ As pessoas têm de trabalhar com outras, de fora de suas próprias funções, e acham difícil cruzar as fronteiras organizacionais?
	■ A estrutura gera barreiras para o trabalho com pessoas de fora da organização (por exemplo, clientes internos e externos, principais fornecedores, parceiros de negócios)?
	■ Existem grupos que deveriam ser reunidos para formar novas funções?
	■ Existe alguma lógica ou explicação para cada uma das peças (funções, unidades) ou elas cresceram de forma orgânica (ou representam decisões políticas passadas)?
	■ Ocorrem sobreposições entre os papéis das funções ou unidades?

Processos
■ Que tipo de colaboração ocorre entre as unidades de negócios?
  – Ela ocorre de modo informal ou há equipes formais definidas?
  – Que tipo de colaboração precisa ocorrer e não está acontecendo?
■ Como são resolvidas as diferenças e os conflitos entre áreas?
■ Como são definidas as prioridades? Como é decidido o que não será feito?
■ Como você recebe comunicações da empresa, normalmente?
■ Como são feitos os planos de negócios?
  – Em caso de necessidade de mudança durante o ano, como ela é feita?
■ Como são tomadas as decisões?
  – Quais as decisões que deveriam ser feitas em seu nível hierárquico? Onde você precisa de mais autoridade? (por exemplo, contratação, orçamento, decisões que atendem ao cliente final)
■ De que forma esses processos podem ser estruturados ou suportados com mais eficiência?
	Estas perguntas determinam o grau de eficiência dos processos existentes no sentido de "unir" as peças da organização.
	Procure descobrir:
	■ Onde estão os problemas relativos à velocidade? O que as pessoas dizem que está ocorrendo muito devagar?
	■ Tudo ocorre verticalmente — para cima e para baixo na cadeia de comando — ou há também processos laterais eficientes inseridos na organização?
	■ Que tipos de colaboração precisam ocorrer com mais eficiência?
	■ Existe envolvimento significativo no processo em todos os níveis ou todas as decisões precisam ascender a certo nível administrativo?

Gestão/liderança ■ O que seus gerentes precisam fazer mais para poderem dar mais suporte a você? ■ O que eles precisam fazer menos, ou parar de fazer? ■ Quais habilidades eles precisam desenvolver? ■ Em sua opinião, o que os impede de serem gerentes melhores?	A avaliação de uma pessoa sobre sua organização está intimamente ligada a sua avaliação da qualidade de seus gerentes. Procure descobrir: ■ Que tipo de cultura e clima a liderança criou? ■ Os gerentes estão gastando seu tempo em atividades de alto valor? ■ As carências da gestão são uma questão de mentalidade ou de falta de habilidades?

FIGURA 2-6 O protocolo genérico de avaliação do estado atual.   (continua)

62 PROJETO DE ORGANIZAÇÕES DINÂMICAS: UM GUIA PRÁTICO PARA LÍDERES DE TODOS OS NÍVEIS

(continuação)

Tópicos e questões	Finalidade do tópico/"Procure descobrir"
Métricas e recompensas ■ Como são definidas as metas para seu grupo? ■ Como você é avaliado? – Como você sabe que está se saindo bem? – Como é o *feedback* dado a você? ■ Quais são as métricas que informam sobre problemas ou sucessos (principais indicadores) em comparação com seu desempenho passado (indicadores passados)? ■ Quais outros indicadores você sugeriria? ■ Quais recompensas e reconhecimentos não monetários são oferecidos, além dos bônus?	Tão importante quanto qualquer outro fator no domínio da energia de uma organização é o alinhamento das metas de equipe e indivíduos em relação às metas da organização. Estas perguntas revelam se os indicadores e as recompensas estão veiculando as mensagens pretendidas pela alta gerência. Procure descobrir: ■ As pessoas compreendem suas metas? ■ Os indicadores promovem os comportamentos e resultados certos? ■ As pessoas recebem *feedback* específico e no momento certo? ■ Elas sentem que esforços e resultados são adequada e igualmente recompensados?
Gestão e desenvolvimento de pessoas ■ Como você avaliaria a qualidade das pessoas na organização? – Temos as pessoas certas para levar a organização à posição que pretendemos no futuro? – O que as pessoas precisam ser/ter para termos sucesso na organização? ■ O que precisa ser melhorado nas áreas de recrutamento e seleção? ■ Existem carências relativas à orientação, treinamento para o trabalho e desenvolvimento que precisam ser sanadas? ■ Quais as oportunidades de carreira disponíveis? Em sua opinião, qual é o grau de mobilidade interna? ■ De que forma seu gerente imediato apoia seu desenvolvimento e carreira?	As pessoas são os melhores indicadores da qualidade das políticas e práticas de RH da organização. Procure descobrir: ■ Quais são os critérios de seleção de pessoas? Existe um perfil de sucesso definido? ■ Nos casos em que as pessoas estão insatisfeitas com as oportunidades de carreira e desenvolvimento, quais são as causas desse sentimento? – Pessoas erradas em cargos errados? – Falta de capacidade e de treinamento? – Carência de desenvolvimento e oportunidades? – Falta de um apoio sistemático ou de suporte à gestão da linha de frente?
Ferramentas ■ Quais as ferramentas e recursos adicionais necessários, quando for o caso (por exemplo, tecnologia, sistemas, informações, pessoas)?	As pessoas não geram excelência se não tiverem as ferramentas certas. Procure descobrir: ■ O que mais é necessário para as pessoas executarem seu trabalho?
Prioridades* ■ Diante do discutido, quais são as três questões prioritárias a serem sanadas que teriam o maior impacto na organização como um todo?	As perguntas no questionário são formuladas propositalmente para garantir que todos os tópicos sejam discutidos. Existe o risco de que as pessoas sugiram questões para agradar o entrevistador ou facilitador do grupo focal. Pedir que revisem suas respostas e selecionem apenas algumas delas permite diferenciar as escolhas "boas" das que são realmente essenciais.

FIGURA 2-6 O protocolo genérico de avaliação do estado atual.

Um resumo de alto nível sobre os resultados deve ser compartilhado com toda a organização ou, ao menos, com aqueles que participaram do processo de avaliação. Nada é mais frustrante do que a falta de *feedback* após as pessoas terem compartilhado pontos de vista com sinceridade em entrevistas, grupos focais ou levantamentos.

Após completar a avaliação do estado atual, utilize a Ferramenta 2-6 para resumir as descobertas e determinar as próximas etapas.

O estudo de caso do CBC mostra como uma avaliação do estado atual é utilizada com uma revisão de estratégia para identificar as prioridades de mudança.

ESTUDO DE CASO

Durante o período em que ele e sua equipe executiva desenvolviam uma nova direção estratégica para o CBC, George dos Santos contratou um consultor externo para efetuar uma avaliação do estado atual da organização. Foram conduzidas entrevistas e reuniões de grupos focais com 30% dos funcionários da organização. A avaliação descobriu diversos pontos fortes a serem explorados.

- O CBC tem uma forte reputação no mercado.
- A qualidade técnica e intelectual dos funcionários e gerentes é muito prestigiada.
- A empresa é vista como fonte de importantes oportunidades, como companhia de pequeno porte apoiada por uma matriz grande e sólida, do ponto de vista financeiro.

Contudo, a avaliação revelou também diversos desafios relativos, sobretudo, às barreiras criadas pela estrutura atual e à má colaboração e cooperação internas. Os problemas pertinentes à falta de alinhamento e habilidades da equipe de gestão foram expostos. A Figura 2-7 apresenta um apanhado geral dos principais problemas presentes no relatório de resultados.

1. Estratégia e direção	2. Alinhamento estrutural	3. Colaboração e cooperação em toda a empresa	4. Infraestrutura e sistemas de RH	5. Estilo de gestão e habilidades
■ Existe a necessidade de desenvolver novos produtos e dar ênfase aos mercados acionários. ■ As pessoas não acreditam que o CBC está pronto para competir em um mercado mais amplo. ■ Os níveis de risco são percebidos como sendo muito baixos. ■ O CBC precisa de uma estratégia de comércio eletrônico.	■ Um número muito grande de pequenos grupos com suas próprias funções de suporte promove a duplicação. ■ Não existe uma "única cara" do cliente. ■ Não existe equipe de gestão — todas as decisões são tomadas pelo presidente. ■ Cada função define suas próprias prioridades, muitas vezes conflitantes. ■ As competências relativas a negócios, *marketing* e crédito precisam ser melhor alavancadas e compartilhadas.	■ A falta de colaboração é vista como sendo deliberada, para conservar a centralização do poder. ■ Conflitos abertos entre gerentes seniores inibem a colaboração entre funções. ■ Os gerentes têm uma orientação focada na culpa pelo problema, não na solução. ■ As funções de suporte são vistas como fragmentadas, indisponíveis igualmente para todos os grupos. ■ O tempo de operações/execução é mais alto do que os padrões do setor.	■ O sistema de informática, que requer diversas entradas manuais de dados, está ultrapassado, sujeito a erros e incapaz de acomodar crescimento. ■ Os funcionários não percebem muitas oportunidades de longo prazo no CBC. ■ Há pouco treinamento e desenvolvimento formal ou informal. ■ O sistema de compensações não está vinculado a indicadores definidos com clareza.	■ Os gerentes não dão muito valor para o apoio e a gestão de suas pessoas. ■ A tomada de decisão é fortemente centralizada e os funcionários sentem que seus esforços não são valorizados. ■ Os gerentes seniores estão inclinados à microgestão em lugar de se focar em questões estratégicas e mais importantes. ■ Os gerentes intermediários não recebem muita autoridade e sentem que as pessoas não confiam neles. ■ As pessoas têm medo de cometer erros, elas desconhecem os critérios pelos quais são avaliadas.

FIGURA 2-7 A avaliação do estado atual do CBC – uma visão geral dos problemas.

George dos Santos reuniu sua equipe executiva para examinar a nova estratégia e os resultados da avaliação do estado atual. O objetivo era identificar os principais problemas a serem sanados. Durante a reunião, a equipe decidiu que a organização precisaria desenvolver as seguintes competências, para atingir suas metas estratégicas. Os critérios de projeto do CBC foram:

- Serviço ao cliente de ponta e foco no cliente.

- A capacidade de customizar produtos para o mercado norte-americano.

- A redução do ciclo de tempo para o lançamento de novos produtos.

- A formação de relacionamentos profundos, de longo prazo, com clientes institucionais.

- A capacidade de coordenar serviços para o cliente e diversos relacionamentos no CBC.

Após comparar estes critérios de projeto com os resultados da avaliação do estado atual, a equipe definiu quatro prioridades para a mudança:

- Reformular a atual estrutura organizacional.

- Criar novos processos para o desenvolvimento de produtos e atendimento a clientes.

- Construir uma sinergia melhor entre as áreas de *marketing*, desenvolvimento de produto e suporte.

- Desenvolver competências de comunicação e relacionamentos com o cliente.

Essas prioridades tornaram-se o foco dos esforços para a mudança no CBC. A etapa seguinte foi o exame da estrutura atual.

RESUMO

Este capítulo apresentou uma base para o pensamento sobre o projeto de uma organização. Você identificou os critérios de projeto fundamentados na estratégia e as competências organizacionais que você precisa desenvolver para concretizá-la. Além disso, você esclareceu os limites do que deve e do que não deve ser incluído na discussão sobre o processo de projeto. Este capítulo também ajudou você a estruturar e conduzir uma avaliação do estado atual para coletar dados e determinar as prioridades para a mudança.

O restante desta obra explora essa discussão sobre estratégia, competências organizacionais e a avaliação do estado atual como fatores da tomada de decisões esclarecidas sobre o projeto de novas estruturas, a definição de novos papéis e mecanismos de integração e o alinhamento entre métricas e práticas das pessoas. Em cada seção, nós o orientaremos em um processo que definirá:

- Com que eficiência seu projeto atual permite à organização atingir suas metas? Ele ajuda ou atrapalha a construção de competências organizacionais necessárias à execução de sua estratégia?

- Quais são as opções de (re)estruturação?
- Quais são as opções que oferecem as maiores vantagens e impõem os menores obstáculos?
- O que você precisa considerar e quais perguntas você precisa fazer?

NOTAS

1. Para uma discussão completa sobre as capacitações e competências organizacionais, veja G. Hamel e C. K. Prahalad, *Competing for the Future* (Boston: Harvard Business School Press, 1994).
2. M. Treacy and F. Wiersema, *Discipline of Market Leaders: Choose Your Customers, Narrow Your Focus, Dominate Your Market* (Reading, Mass.: Addison-Wesley, 1995).
3. "HP Confirms Price Talks," www.cnnfn.com, 11/9/2000.
4. R. Simons, *Levers of Control* (Boston: Harvard Business School Press, 1995).

66 PROJETO DE ORGANIZAÇÕES DINÂMICAS: UM GUIA PRÁTICO PARA LÍDERES DE TODOS OS NÍVEIS

FERRAMENTA 2-1 O desenvolvimento de indicadores do sucesso.

Finalidade:	Utilize esta ferramenta para desenvolver um quadro do estado futuro desejado.
Esta ferramenta é utilizada por:	Equipe executiva.
Instruções:	Os indicadores de sucesso definem o estado futuro almejado por sua organização em termos dos resultados a serem atingidos. Utilize os resultados gerados pela Ferramenta 1-2, *As Razões para a Reestruturação,* para se concentrar nos motivos que tornam a mudança uma necessidade. Se sua organização for formada por diferentes componentes, talvez seja preciso primeiramente concentrar esforços em cada uma das principais áreas e então combinar seus resultados para desenvolver indicadores de sucesso para a organização como um todo.

Atividade individual

Imagine que você esteja lendo a *BusinessWeek*, em algum momento no espaço de 18 meses. A revista apresenta uma reportagem dizendo que sua organização é um sucesso em seu campo ou setor. O artigo elogia não apenas o desempenho de sua organização, como também a distância que percorreu nos últimos 18 meses. Hoje, você se tornou um padrão de comparação para outras organizações de seu setor.

1. O que diz a reportagem sobre as atividades em que sua empresa tem sucesso? Seja o mais específico possível e apresente números, quando possível.

_____

_____

_____

2. Por que você tem sucesso? O que sua empresa tem que funciona tão bem?

_____

_____

_____

3. O que mudou?

_____

_____

_____

4. Qual o valor que você oferece a seus clientes e funcionários? Como eles descreveriam sua organização?

_____

_____

_____

(continua)

CAPÍTULO 2 • COMO DEFINIR A ESTRUTURA DO PROJETO **67**

FERRAMENTA 2-1 O desenvolvimento de indicadores do sucesso. *(continuação)*

Atividade para a equipe executiva

Compartilhe suas repostas dadas anteriormente. Converse com os outros integrantes e peça para uma pessoa responder a uma pergunta, antes de passar para a próxima pessoa. Procurem chegar a um consenso sobre os resultados que indicam o sucesso organizacional. Se possível, quantifique o indicador. Após, liste esses resultados da maneira mais quantificada possível.

Indicador de sucesso	Quantificador
Tornar-se o mais proeminente provedor de serviços de gestão de fundos no mercado que atendemos	*Uma fatia de 25% dos mercados que atendemos*

Esta ferramenta é a primeira etapa para o alinhamento da equipe executiva de acordo com as metas em comum e para a criação de uma plataforma de reestruturação. Utilize os resultados gerados por essa ferramenta como base para o preenchimento da Ferramenta 2-3, *A definição dos critérios de projeto.*

68 PROJETO DE ORGANIZAÇÕES DINÂMICAS: UM GUIA PRÁTICO PARA LÍDERES DE TODOS OS NÍVEIS

FERRAMENTA 2-2 A confirmação de seu foco estratégico.

Finalidade:	Você já conhece as três maneiras em que as organizações, via de regra, diferenciam-se umas das outras (foco no produto, nas operações e no cliente). Use esta ferramenta para ajudá-lo a confirmar a direção estratégica da organização.
Esta ferramenta é utilizada por:	Equipe executiva.

Atividade individual

1. Qual é seu foco estratégico atual?

   ▪ O foco principal está no produto, nas operações ou no cliente?

   _____

   _____

   _____

   ▪ Por quê? Qual é a explicação?

   _____

   _____

   _____

2. Quais são seus pontos fortes atualmente?

   ▪ Consulte a Figura 2-2, *As Implicações de Cada Foco Estratégico*, e liste os itens que melhor descrevem os pontos fortes existentes que você precisa proteger e desenvolver na coluna "estado atual" da tabela apresentada na próxima página.

3. O que mudou no ambiente?

   ▪ Quais são os desafios que estamos enfrentando por causa das mudanças em nossos mercados, clientes ou concorrentes?

   _____

   _____

   _____

4. Quais são nossas prioridades?

   ▪ Quais as oportunidades que temos de perseguir e a quais mudanças no mercado temos de reagir?

   _____

   _____

   _____

(continua)

CAPÍTULO 2 • COMO DEFINIR A ESTRUTURA DO PROJETO **69**

FERRAMENTA 2-2 A confirmação de seu foco estratégico. *(continuação)*

Atividade da equipe executiva

Consulte outra vez a Figura 2-2, liste as características organizacionais que você precisa ter para alcançar seus indicadores de sucesso na coluna "estado atual".

Estado atual (necessário conservar)	Estado futuro (desejamos construir)
Principais processos	
Cultura	
Indicadores	
Pessoas	

Esta ferramenta enfatiza as mudanças organizacionais necessárias para a mudança na direção estratégica. Utilize os resultados desta ferramenta para preencher a Ferramenta 2-3, *A Definição dos Critérios de Projeto.*

70 PROJETO DE ORGANIZAÇÕES DINÂMICAS: UM GUIA PRÁTICO PARA LÍDERES DE TODOS OS NÍVEIS

FERRAMENTA 2-3 A definição dos critérios de projeto.

Finalidade:	Utilize esta ferramenta para chegar a um consenso sobre os critérios de projeto.
Esta ferramenta é utilizada por:	Equipe executiva.
Instruções:	Os critérios de projeto serão utilizados em todo o processo de projeto. Utilize esta ferramenta em uma situação de grupo. Reproduza a tabela na forma de um mural, para todos poderem utilizar.

Atividade individual

1. **Analise as competências:** Revise a lista de competências organizacionais na tabela apresentada na próxima página, para cada pessoa. Utilize os resultados das Ferramentas 2-1 e 2-2 para refletir sobre sua estratégia de negócios e identifique o que está faltando na organização atual. Transforme em um ponto positivo e acrescente à lista, caso ainda não conste.

2. **Identifique as prioridades:** Divida a lista em três grupos iguais, marcando o quadrado apropriado, para cada capacitação:

   A. Altamente importante em nossa estratégia.

   B. Interessante, no sentido de concretizar nossa estratégia.

   C. Menos importante do que os outros pontos para nossa estratégia.

Atividade para a equipe executiva — no mural

3. **Compare as prioridades como um grupo:** Reúna seus resultados aos outros presentes no mural, assinalando com uma caneta ou uma etiqueta adesiva todas suas capacitações que ganharam o conceito "A".

4. **Chegue a um consenso sobre as competências mais importantes:** Discuta as áreas em que houve discordâncias no conceito "A", até chegar-se a uma lista de cinco competências organizacionais sobre as quais toda a equipe concorde.

5. **Identifique** as principais competências organizacionais. Reproduza na lista abaixo as cinco principais competências identificadas e aceitas como mais importantes pela equipe executiva. Para cada uma, capture os respectivos motivos e os principais pontos de discussão.

1. _____

2. _____

3. _____

4. _____

5. _____

O resultado desta ferramenta é uma lista dos critérios de projeto com os quais você avaliará todas as decisões de projeto. Retorne a essas informações após completar a avaliação do estado atual e quando estiver pronto para utilizar a Ferramenta 2-6, *A Definição das Questões de Alta Prioridade*, para ajudá-lo a compreender a lacuna entre o seu estado atual e o estado em que você quer chegar.

(continua)

CAPÍTULO 2 • COMO DEFINIR A ESTRUTURA DO PROJETO **71**

FERRAMENTA 2-3 A definição dos critérios de projeto. *(continuação)*

Competência organizacional	A. Altamente importante	B. Interessante possuir	C. Não muito importante
Produto			
Criar novos produtos com mais velocidade que a concorrência.			
Acumular experiências relevantes, sobretudo em pesquisa e desenvolvimento.			
Fabricar produtos de ponta.			
Oferecer uma linha variada de produtos.			
Promover a inovação.			
Operações			
Desenvolver padrões a serem utilizados em toda organização.			
Tornar-se uma organização com baixos custos de produção.			
Aumentar a eficiência do processo continuamente.			
Cliente			
Construir relacionamentos com clientes e aumentar o nível de retorno de clientes.			
Gerar níveis altos de satisfação do cliente.			
Customizar produtos a pedido do cliente.			
Efetuar vendas cruzadas e de produtos em grupo.			
Desenvolver relacionamentos preferenciais com os clientes.			
Explorar múltiplos canais de distribuição.			
Criar alianças com outras organizações para gerar soluções abrangentes.			

72 PROJETO DE ORGANIZAÇÕES DINÂMICAS: UM GUIA PRÁTICO PARA LÍDERES DE TODOS OS NÍVEIS

FERRAMENTA 2-4 Os limites e as premissas

Finalidade:	Uma vez identificados os critérios de projeto, a próxima etapa consiste em caracterizar as limitações possíveis — internas e externas ao processo de projeto. Utilize esta ferramenta para identificar limites e confirmar as premissas relativas ao projeto.
Esta ferramenta é utilizada por:	Equipe executiva.

1. **Identifique os limites do projeto:** Quais são os inegociáveis ou outras limitações à reestruturação, inclusive:

   - Elementos existentes na estrutura
   - Pontos de interface com outras partes da organização como um todo ou principais clientes
   - Papéis e funções que precisam ser conservados
   - Restrições impostas pela estrutura da organização como um todo
   - Sistemas e processos que precisam ser conservados
   - Cultura organizacional

   _____

   _____

   _____

   _____

   _____

   _____

   _____

2. **Identifique os limites do processo:** Quais são os limites do processo de projeto, inclusive:

   - Organização do tempo
   - As partes interessadas externas à organização e que precisam participar ou ser consultadas
   - Outras iniciativas organizacionais que precisam ser integradas ou administradas
   - Obtenção de recursos financeiros

   _____

   _____

   _____

   _____

   _____

   _____

   _____

(continua)

CAPÍTULO 2 • COMO DEFINIR A ESTRUTURA DO PROJETO **73**

FERRAMENTA 2-4 Os limites e as premissas *(continuação)*

3. **Identifique suas premissas:** Em grupo, examine a lista que você gerou. Liste os itens inegociáveis na coluna à esquerda da tabela. Na coluna à direita você e sua equipe devem identificar as premissas sobre as quais esses julgamentos são baseados.

Inegociáveis	Premissa(s)

4. **Atue como advogado do diabo:** Peça para algum integrante da equipe atuar como advogado do diabo para testar e desafiar suas premissas. Garanta que a equipe não esteja criando fronteiras artificiais para o esforço de projeto. O objetivo é desenvolver o menor número de limites possível.

5. **Confirme os limites:** Verifique todos os limites para garantir consenso sobre eles. Identifique aqueles que você deseja testar com a ajuda de outras pessoas na organização.

Utilize as informações geradas nesta ferramenta para comunicar os limites do projeto e concentrar o trabalho de projeto da equipe executiva e da equipe de lideranças. Talvez você tenha de testar algumas das premissas citadas na avaliação do estado atual.

74 PROJETO DE ORGANIZAÇÕES DINÂMICAS: UM GUIA PRÁTICO PARA LÍDERES DE TODOS OS NÍVEIS

FERRAMENTA 2-5 O planejamento da avaliação do estado atual.

Finalidade:	Utilize esta ferramenta para identificar e definir as perguntas que você deve formular para avaliar o estado atual de sua organização e definir os participantes.
Esta ferramenta é utilizada por:	Equipe executiva.

1. Consulte a Figura 2-6, *O protocolo genérico de avaliação do estado atual*. Quais são as principais perguntas a serem respondidas na avaliação do estado atual de sua organização?

   _____

   _____

2. Quem precisa ser entrevistado na avaliação?

   - Alta gerência _____
   - Outros funcionários importantes _____
   - Clientes _____
   - Parceiros e fornecedores _____

3. Quais os grupos na organização mais inclinados a ter perspectivas diferentes? Utilize a tabela para identificar as variáveis da organização que você deseja amostrar por meio dos grupos focais (por exemplo, função, período no cargo, sexo).

Dimensões de comparação

Locais					

4. Em que documentos você pode se basear para aumentar o *feedback* dos funcionários?

   _____

   _____

CAPÍTULO 2 • COMO DEFINIR A ESTRUTURA DO PROJETO **75**

FERRAMENTA 2-6 A definição das questões de alta prioridade.

Finalidade:	Utilize esta ferramenta para identificar as lacunas entre seu estado atual e a organização que você deseja construir.
Esta ferramenta é utilizada por:	Equipe executiva.
Instruções:	Preencha primeiramente a parte relativa às questões individuais e, então, compartilhe seus resultados com a equipe executiva.

Atividade individual

- Na coluna à esquerda, liste seus cinco critérios de projeto para a nova organização, a partir da Ferramenta 2-3.

- Examine as principais questões e ideias levantadas como parte de sua avaliação do estado atual. Considere cada questão ou ideia individualmente. Insira essa questão/ideia na coluna central, ao lado do critério de projeto a que melhor se relacione.

- Liste as questões não relacionadas de modo específico a qualquer um dos critérios de projeto no espaço disponibilizado ao final da tabela.

- Identifique as mudanças que preenchem essas lacunas.

- A primeira linha apresenta exemplos do estudo de caso do CBC.

Critérios de projeto	Questão/ideia sobre o estado atual	Mudanças tratadas em cada lacuna
▪ Formação de relacionamentos profundos, de longo prazo com o cliente.	▪ Não existe uma "única cara" do cliente. ▪ Um número muito grande de pequenos grupos com suas próprias funções de suporte promove a duplicação.	▪ Reformular a estrutura organizacional existente.
1.		
2.		
3.		
4.		
5.		
Outras questões relativas ao estado atual não relacionadas diretamente com seus critérios de projeto:		

(continua)

76 PROJETO DE ORGANIZAÇÕES DINÂMICAS: UM GUIA PRÁTICO PARA LÍDERES DE TODOS OS NÍVEIS

Em grupo

- Compartilhe sua avaliação das questões, o modo como são abordadas nos critérios de projeto e o tipo de mudança necessária. Onde estão os pontos de divergência?

- Em grupo, cheguem a um consenso sobre as cinco maiores prioridades:

1. _____

2. _____

3. _____

4. _____

5. _____

Utilize esta ferramenta para garantir que sua equipe executiva entre em acordo sobre as questões que precisam ser sanadas. Se qualquer uma das questões prioritárias apresentadas for uma questão estratégica, então *não prossiga com o processo de projeto*. Considere os seguintes aspectos:

Se a questão for...

As pessoas não concordam com a estratégia ou não acreditam que a estratégia gere vantagem competitiva.

As pessoas não conhecem a estratégia ou têm diferentes interpretações dela.

Então você precisa...

Considerar a necessidade de efetuar algum planejamento estratégico. Inclua as pessoas que expressaram o maior interesse em uma força-tarefa para examinar as premissas na estratégia, entender melhor o mercado e avaliar a concorrência.

Traduzir a estratégia em termos concretos que a associem às realidades do dia a dia dos funcionários da organização. Interpretações inconsistentes também refletem a falta de alinhamento da alta gerência sobre o que pensam sobre a estratégia. Conduza reuniões com esse nível de gerência para esclarecer essas pendências e desenvolver um plano de comunicação que envolva o restante da organização no sentido de compreender sua estratégia, direções e metas.

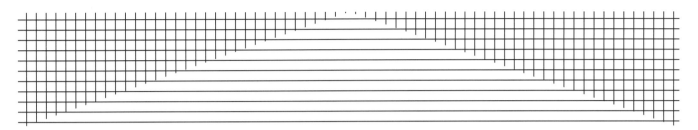

CAPÍTULO 3

COMO PROJETAR A ESTRUTURA

Conforme vimos no Capítulo 2, George dos Santos e sua equipe executiva no Capital Bank Corp. (CBC) concordavam sobre a necessidade de reavaliar a estrutura atual da organização. A estrutura do CBC exigia a construção de relacionamentos sólidos com novos clientes institucionais ao lado da melhoria na velocidade do desenvolvimento e da qualidade dos produtos oferecidos pela empresa. Essa nova estratégia exigia que o CBC passasse por uma transformação. Visto que no presente a instituição estava focada na venda de alguns poucos nichos de produtos para o mercado doméstico dedicado de sua matriz britânica, uma companhia muito maior, o CBC teria de passar a se concentrar no desenvolvimento de relacionamentos com investidores norte-americanos e de outras instituições.

No entanto, a organização existente estava estruturada em torno de diferenças históricas entre mercados privados e públicos que não refletiam tendências atuais (Figura 3-1). Além disso, a estrutura não desenvolvera uma interface simplificada para os clientes que adquiriam mais de um produto do CBC. Cada uma das seis divisões de produto tinha seus próprios representantes de venda. A coordenação de *marketing* e o *feedback* dos clientes eram inexpressivos. Para piorar, os especialistas em crédito e operações de compra e venda estavam espalhados em diversas unidades de produtos e nenhum tinha o grau necessário de competência. Algumas pessoas acumulavam funções de crédito, compra e venda, permanecendo no setor de crédito dois dias da semana e atendendo operações de compra e venda nos três dias restantes. A avaliação do estado atual havia revelado que a estrutura não era eficaz ou, tampouco, lógica. Em todas as áreas e em todos os níveis hierárquicos, funcionários e gerentes percebiam a duplicação de esforços, o modo como as linhas de negócios não funcionavam juntas e a incapacidade de deslocar recursos com flexibilidade para onde eram necessários.

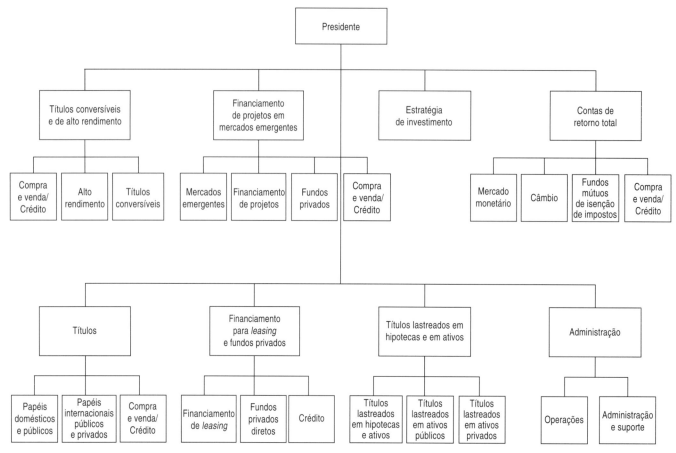

FIGURA 3-1 A estrutura atual do CBC.

Ciente de que não seria capaz de competir em volume e preço com os grandes concorrentes norte-americanos, o CBC planejava capitalizar sua boa reputação de possuir forte desempenho em análise de mercado, com a oferta de características customizadas e com maior valor agregado em seus produtos. O CBC precisaria duplicar de tamanho, de 200 para 400 funcionários nos três próximos anos, para desenvolver o talento e a capacidade de atender a uma base de clientes cada vez mais exigente. A instituição necessitaria também uma nova organização capaz de desenvolver, comercializar e prestar os serviços relativos a esses produtos, com competitividade. George e sua equipe reconheceram o fato de que algumas das questões levantadas na avaliação do estado atual diziam respeito a processos, competências e comportamentos. Contudo, ficara claro que a estrutura exacerbava esses problemas e, com a nova estratégia, eles ficariam ainda piores.

George meditava sobre suas opções. Quais mudanças estruturais fariam sua organização se concentrar na direção certa?

A *estrutura* de uma organização se refere ao modo formal como as pessoas e o trabalho são agrupados em unidades definidas. Qualquer organização com mais de duas dúzias de pessoas precisa começar a agrupar essas pessoas, pois assim o trabalho pode ser conduzido com eficiência. A reunião de atividades e cargos em unidades organizacionais define um foco em comum, com a geração de processos padronizados, acesso à informação, e uma cadeia única de autoridade. Esse agrupamento permite a utilização eficiente de recursos organizacionais e disponibiliza aos funcionários uma "base" reconhecível, dentro da organização.

A estrutura dá a partida nos relacionamentos básicos de poder na organização — o modo como recursos limitados como pessoas e dinheiro são lotados e coordenados, por exemplo. A estrutura define quais componentes e papéis organizacionais são os mais importantes para a execução da estratégia e como os centros de lucro da empresa são configurados.

Não existe uma única estrutura ótima válida para todas as organizações. A melhor estrutura é aquela que auxilia uma organização a concretizar sua estratégia. São muitos os caminhos para estruturar a organização para que atinja suas metas. Toda escolha relativa ao projeto envolve *trade-offs* e consensos. O objetivo é escolher uma estrutura que eleve ao máximo os critérios de projeto estratégicos e que minimize os impactos negativos.

Neste capítulo, avançamos pela fase de *projeto* do processo de projeto da organização (Figura 3-2). Normalmente, é neste ponto que a equipe mais ampla de lideranças se une à equipe executiva para explorar opções e tomar as decisões de projeto. Enquanto as ferramentas do Capítulo 2 eram usadas pela equipe executiva, as ferramentas neste e nos próximos capítulos são da alçada da equipe de lideranças.

Na maioria das vezes, a estrutura é a primeira questão tratada nesta fase, embora ela possa incluir a atenção dada a outros componentes do projeto presentes no modelo estrela (Figura 3-3). As etapas para a definição da estrutura são:

Etapa 1.   A seleção da estrutura com maior probabilidade de dar suporte ao desenvolvimento das competências organizacionais necessárias.

Etapa 2.   A definição de novos papéis organizacionais na estrutura e a caracterização dos pontos de contato entre eles.

Etapa 3.   O teste do projeto na prática.

Etapa 4.   A determinação de um processo que envolva outras pessoas no mapeamento do projeto.

Etapa 5.   A definição de uma estrutura de governança que faça o processo de projeto ir em frente.

As cinco seções deste capítulo orientarão você na execução das etapas abaixo:

1. *Conceitos Estruturais* esboça as formas básicas de estruturar a organização e fornece as ferramentas para escolher uma dessas estruturas.

2. *Papéis Organizacionais* oferece as ferramentas para a definição de papéis e responsabilidades individuais e das unidades e para a caracterização de áreas de indefinição, onde esses papéis e responsabilidades se sobrepõem.

3. *O Teste do Projeto* disponibiliza uma maneira de examinar as opções de projeto e de identificar possíveis armadilhas.

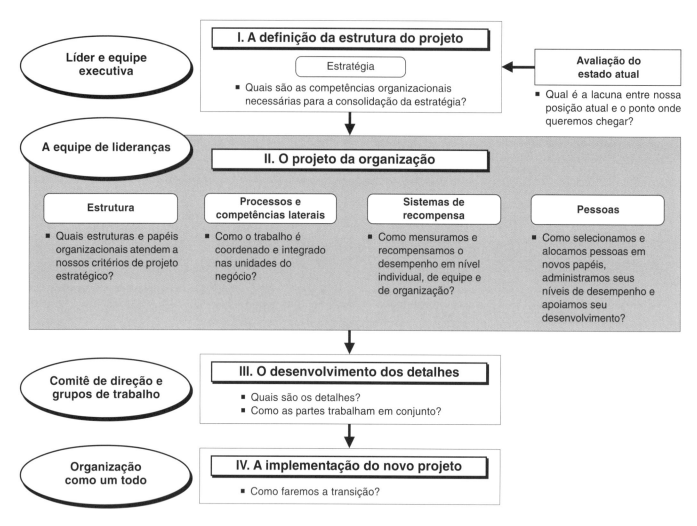

FIGURA 3-2 As quatro fases do projeto de uma organização.

4. *A Adoção de um Processo Participativo: Como Mapear a Estrutura* é um guia para o processo que envolve a equipe de lideranças na criação de uma nova estrutura para sua organização.

5. *A Governança de Projeto e Implementação* caracteriza um mecanismo para prosseguir com o processo de projeto, desenvolvimento e implementação.

CONCEITOS ESTRUTURAIS

Uma organização pode ser estruturada de cinco maneiras principais:

1. Função
2. Geografia
3. Produtos
4. Cliente
5. Foco híbrido de operações internas e suporte ao cliente

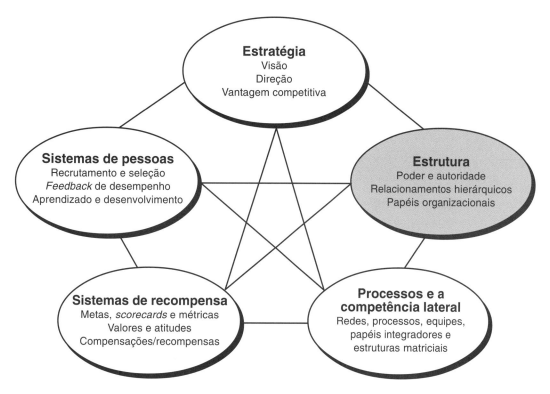

FIGURA 3-3 O modelo estrela.
Fonte: Jay R. Galbraith, *Designing Organizations: An Executive Briefing on Strategy, Structure, and Process* (São Francisco: Jossey-Bass, 1995).

Além disso, existem estruturas extras (equipes, matriz) que complementam essas formas essenciais. Essas serão discutidas no Capítulo 4. É possível alinhar mais de uma estrutura a cada uma das estratégias principais (produto, operações e cliente) discutidas no Capítulo 2. Embora alguns termos sejam idênticos, uma estratégia focada no *cliente* não significa automaticamente que uma estrutura focada no *cliente* seja a melhor escolha. A definição da estrutura certa depende do foco específico da estratégia, da complexidade dos negócios e do porte da organização. Ela depende também do nível organizacional sendo reestruturado. Quando definimos *organização*, no prefácio deste livro, observamos que as organizações encontram-se abrigadas umas dentro das outras. Cada uma dessas organizações abrigadas representa um *nível*. Diferentes escolhas podem ser feitas para diferentes níveis da organização. Por exemplo, a estrutura global de uma companhia pode ser definida em funções, com todo o pessoal de tecnologia da informação (TI) agrupado em um único departamento, o que permite desfrutar das vantagens de uma estrutura funcional. No entanto, como chefe do departamento de TI, você tem a liberdade de organizar seu departamento com vistas a construir relacionamentos com os diversos clientes internos a que sua organização dá suporte.

Esta seção apresenta a estrutura conceitual para a compreensão das diversas opções estruturais. Para cada opção é fornecido um exemplo que ilustra como uma estrutura em particular dá suporte à estratégia de negócios desta companhia. Muitos dos exemplos consideram a estrutura em nível corporativo, o que gera exemplos comuns e identificáveis de diferentes opções. Todavia, esses conceitos são válidos para todos os níveis.

1. A Estrutura Funcional

Uma *estrutura funcional* é definida em torno dos principais grupos de atividade, como operações, pesquisa e desenvolvimento, *marketing,* financeiro e recursos humanos (RH). A estrutura funcional é melhor para companhias que:

- Têm uma única linha de negócios.
- São de pequeno porte.
- Exigem padrões em comum.
- Têm uma competência principal que exige experiência em uma ou mais áreas.
- Não têm uma linha de produtos diversificada.
- Não competem no mercado com base na velocidade de desenvolvimento de tempos de evitar.

Um exemplo de empresa que utiliza uma estrutura funcional é a Amazon.com. A Amazon se autoproclama "a maior gama de opções da Terra". Além de livros, vídeos, música, brinquedos, produtos para melhorias domésticas e produtos eletrônicos vendidos diretamente em suas lojas *online*, a companhia comercializa produtos de beleza, artigos esportivos, alimentos, produtos para animais de estimação, joias e uma infinidade de outros itens em suas "z-shops", formadas em parceria com outras empresas para a Internet. Embora existam muitos portais que vendam produtos ou que os vinculem a outras companhias, a Amazon vem definindo padrões de escolha, busca e facilidade de pedido. Todas as "z-shops" utilizam a interface de pagamento da Amazon, hoje bastante conhecida, que automaticamente lembra o endereço para entrega e o método de pagamento preferido pelo cliente.

A estratégia da Amazon prevê o foco no cliente ao mesmo tempo em que busca a excelência operacional. A companhia pretende criar um lugar onde os clientes possam encontrar tudo o que desejam e contar com serviço ao cliente de qualidade superior. A cuidadosa escolha de empresas com que firma parcerias e as resenhas *online* de seus produtos permitiram à Amazon posicionar-se como defensora do cliente. A mensagem enviada pela empresa é: "Oferecemos a você todas as informações de que dispomos para que você faça as melhores escolhas".

A meta da Amazon — "crescer rápido" — foi alvo de críticas daqueles que perceberam que ela não teve lucros nos primeiros sete anos de atividade. No entanto, o crescimento rápido possibilitou à companhia ganhar uma vantagem competitiva com a criação de comunidades de usuários que recorrem a ela para encontrar outras pessoas com interesses semelhantes. Além disso, a Amazon consegue coletar informações sobre esses clientes e implementar um *marketing* com alto grau de customização. Ao oferecer mais do que uma ampla gama de produtos e facilitar o pedido, a Amazon espera diminuir as chances de o cliente procurar produtos junto a outras empresas.

Apesar de a Amazon vender muitos produtos, não é ela que os fabrica. A companhia tem uma linha de negócios *online* — que dá acesso a esses itens. Por ser uma empresa do setor varejista, a Amazon tem uma estrutura que precisa de competências de tecnologia da informação, serviço ao cliente e logística, além de flexibilidade, para continuar aumentando o número de produtos e lojas.

A Figura 3-4, que apresenta a estrutura da Amazon em sua fase inicial de operação, mostra como as pessoas são agrupadas em funções. As atividades diárias ocorrem nas funções de serviço ao cliente, operações, desenvolvimento de produto e tecnologia da informação. A unidade de serviço ao cliente responde a *e-mails* e atende ligações telefônicas. Algumas "lojas" requerem maior nível de serviço e podem ter equipes exclusivas. O departamento de operações executa o atendimento de pedidos e lida com os centros de distribuição. O desenvolvimento de produtos é formado por todas as lojas. Em cada loja há encarregados de compra, pessoal de *marketing* e fornecedores de conteúdo (por exemplo, editores de livros). O departamento de tecnologia da informação dá suporte a todo o *website* e atende às necessidades individuais das diversas lojas e *websites* de leilões.

Há também os departamentos de RH (chamado de "departamento de crescimento estratégico" pela companhia, para refletir a importância do recrutamento, treinamento e desenvolvimento de sua estratégia), jurídico, presidência financeira e *marketing*. Outro departamento com importância especial é o desenvolvimento corporativo e empresarial, focado em aquisições, parcerias e novas lojas capazes de oferecer os mecanismos para o crescimento da Amazon.

A estrutura funcional tem diversas vantagens para a Amazon e outras empresas com linha única de negócios:

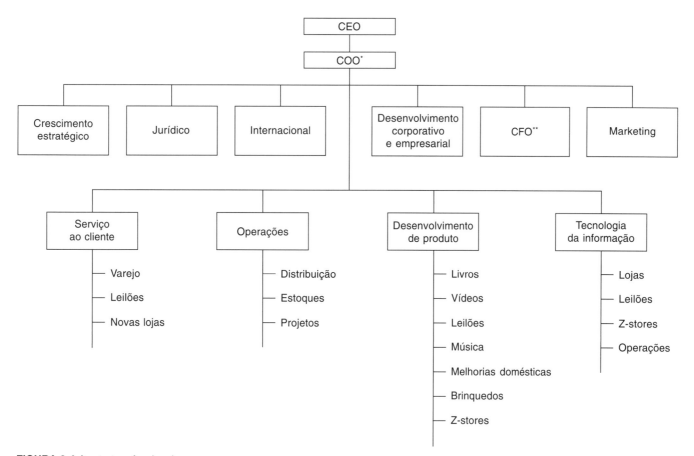

FIGURA 3-4 A estrutura funcional.

* N. de T.: Chief Operations Officer, diretor de operações.
** N. de T.: Chief Financial Officer, diretor financeiro.

+ *Compartilhamento de conhecimento.* O agrupamento de funcionários, sobretudo aqueles com conhecimentos especializados, promove a disseminação do sucesso. Como parte de uma mesma função, as pessoas têm contato frequente umas com as outras e, por isso, compartilham ideias e conversam entre si com facilidade. As pessoas em uma unidade funcional integram uma comunidade definida e têm uma forte identidade com seu grupo "profissional".

+ *Especialização.* Uma estrutura funcional permite a especialização, sobretudo nas áreas de conhecimentos específicos. A criação de um departamento jurídico permite que seus integrantes se especializem em diferentes áreas, como direito contratual ou direito trabalhista, além de desenvolver um alto nível de conhecimento disponibilizado a toda a organização. Se esses advogados estiverem alocados em diferentes pontos da organização, a tendência é de que cada um se torne um generalista que precisa saber um pouco de tudo, sem a oportunidade de desenvolver experiência verdadeira em uma área específica.

+ *Alavancagem com representantes.* Um departamento específico que tenha necessidades em consonância com a organização é capaz de passar uma imagem única aos representantes. Com isso, seu poder de convencimento permite uma melhor negociação de contratos e preços.

+ *Economias de escala.* Sobretudo no setor de produção, em que custos com equipamentos podem ser bastante altos, o agrupamento de pessoas em funções permite atingir economias de escala. Por exemplo, se todos os testes forem efetuados em uma única função, um único equipamento pode ser compartilhado por todas as linhas de produto.

+ *Padronização.* Uma estrutura funcional reduz a duplicação e a divergência entre sistemas e procedimentos. Por exemplo, um departamento central de tecnologia da informação define os padrões de documentação, que são então utilizados no desenvolvimento de projetos em toda a organização. Se o pessoal de tecnologia da informação não for agrupado como função (ou coordenado por meio de processos laterais consistentes, equipes ou políticas, conforme discutido no Capítulo 4), cada unidade da empresa pode definir suas próprias políticas. Nos casos em que os sistemas precisam ser compartilhados ou desenvolvidos entre linhas de negócios, a falta de padrões em comum pode ser fonte de conflito.

A Amazon é uma empresa nova, com altas taxas de crescimento e que expandiu seu quadro de funcionários para mais de 6 mil em seus seis primeiros anos de atividade. Conforme aumenta a complexidade de seus negócios, a empresa fica mais preparada a enfrentar as duas principais desvantagens de uma estrutura organizada em torno de funções:

– *A gestão da diversidade de produtos e serviços.* Uma estrutura funcional é a opção mais eficiente para a gestão de uma linha de produtos ou serviços simples. No momento em que a companhia diversifica suas atividades em diversos produtos ou serviços diferentes, uma estrutura funcional não permite dedicar a atenção necessária a cada um destes. Por exemplo, a Sony produz televisores e CD players portáteis. Para se tornar líder em cada linha de produto, a Sony precisa organizar seus recursos em função destes produtos.

– *Os processos entre funções.* Uma estrutura interfuncional tende a criar barreiras entre diferentes funções. A força de um foco específico torna-se fonte de tensão quando essas áreas precisam trabalhar em colaboração. Cada uma desenvolve uma perspectiva exclusiva e que, muitas vezes, está voltada para si própria. O exemplo típico dessa situação é visto no conflito entre o departamento de vendas, que deseja empurrar novos produtos, e o de operações, preocupado com a capacidade de cumprir as promessas feitas aos clientes. Embora ambas as áreas tenham pontos de vista válidos, o resultado pode ser o impasse, não a colaboração. As decisões são continuamente transferidas a executivos mais altos na escala hierárquica, o que leva a gargalos e atrasos na tomada de decisão.

Se a organização tem um único produto ou serviço que não muda com frequência, ela tem a capacidade de arcar com os longos ciclos de tempo observados quando unidades funcionais negociam entre essas fronteiras. Se velocidade for uma característica necessária para viabilizar os processos de negócios entre funções, como o desenvolvimento de novos produtos, esses conflitos são capazes de tornar a estrutura funcional ineficiente.

As organizações divididas em funções são as mais indicadas para empresas de pequeno porte e para companhias com pouca diversidade nos produtos que fabricam ou nos mercados que atendem. Uma vez que a velocidade de entrada no mercado e a diversidade de produtos são fatores importantes em diversos setores, uma estrutura funcional simplista não oferece muitas vantagens para a maioria das organizações no processo de crescimento.

Alguns autores utilizam o termo *estrutura funcional* como sinônimo de organizações ultrapassadas, tradicionais ou hierárquicas. A estrutura funcional sisuda é comumente contrastada com imagens de organizações fluidas, flexíveis, formadas por funcionários com poder de decisão. Embora a estrutura funcional tenha limitações factuais, ela não é mais ou menos hierárquica que qualquer outra estrutura. A hierarquia é o resultado de um processo integrador ocorrido entre os limites das funções e toda a cultura organizacional. A estrutura funcional não deve ser descartada pela simples razão de não ser novidade e pode ser a melhor alternativa de projeto em algum nível organizacional.

Utilize a lista de verificação de uma estrutura funcional mostrada abaixo para definir os critérios atendidos por sua organização:

☑ Linha única de negócios.

☑ Pequeno porte.

☑ A capacitação principal exige experiência profunda em uma ou mais áreas funcionais.

☑ A diversidade de produto ou os ciclos de desenvolvimento de produto rápidos não são essenciais.

☑ Padrões em comum são importantes.

2. A Estrutura Geográfica

Uma *estrutura geográfica* é organizada em termos de locais físicos, como estados, países ou regiões. A estrutura geográfica é a melhor para empresas que:

- Têm custos de transporte altos.
- Executam serviços no cliente.
- Precisam estar próximas ao cliente para oferecer suporte.
- Precisam criar uma percepção de que a organização é "local".

A adequabilidade da estrutura geográfica depende muito da necessidade de você estar junto à sua fonte de produtos ou de clientes. Companhias de cimento têm altos custos de transporte para seus produtos e, por isso, são inclinadas a se organizar geograficamente em locais próximos a pedreiras. Salões de beleza ou restaurantes precisam que seus clientes vão até seus estabelecimentos e, por isso, devem instalar-se perto deles.

Um bom exemplo de estrutura geográfica é dado por uma rede nacional de pizzarias. A empresa mostrada na Figura 3-5 está organizada em regiões (norte, central e sul). Cada região é grande o bastante para dar suporte à estrutura funcional, no próximo nível. Contudo, dois departamentos — compras e patrimônio imobiliário — são centralizados e compartilhados por todas as regiões. A razão para isso está no fato de que os artigos essenciais à preparação da pizza — farinha, queijo e molho de tomate — são adquiridos com mais eficiência quando os preços são negociados com representantes em nível nacional. A manutenção da consistência do produto e do frescor dos ingredientes mostra a importância crucial de uma cadeia de suprimentos otimizada e eficiente como competência organizacional da companhia. Além disso, a seleção de locais, o *leasing* e a gestão de propriedades imobiliárias exige conhecimentos especializados. Logo, faz mais sentido organizar esses especialistas em grupos do que ter seus conhecimentos espalhados em diversas regiões.

A estrutura geográfica tem uma grande vantagem:

+ *Foco local.* Uma estrutura geográfica é importante quando a cultura, o idioma ou fatores de natureza política influenciam os padrões de compra e diferem de forma expressiva entre regiões. Por exemplo, o Citigroup está organizado em termos de segmento de mercado em nível superior: pessoa física ou pessoa jurídica. Contudo, cada país em que a empresa opera tem um executivo sênior que coordena as operações naquela nação, sobretudo nas áreas de relacionamentos com governos e customização de produtos e serviços para o mercado local.

Com frequência, a estrutura geográfica traz uma desvantagem notável.

– *A mobilização e o compartilhamento de recursos.* A estrutura geográfica dá poder ao gerente regional ou nacional. No momento em que um cliente precisa de uma solução "global" que requeira talento junto a diversas regiões, a estrutura geográfica gera tempos de resposta mais longos. Consideremos uma empresa de consultoria da área de tecnologia e administração de grande porte. Um banco espanhol anuncia que terceirizará a administração de seu departamento de tecnologia da informação em todo o mundo. A instituição abre um processo de cotação. A companhia parceira da empresa de consultoria encarregada dos assuntos administrativos e que está localizada na Espanha inicia o que é chamado de "processo de pedir esmola", que inclui solicitar aos gerentes das unidades de outros países que liberem funcionários e os enviem a Madri, para trabalharem na proposta. Durante as duas semanas necessárias para mobilizar essa equipe, um concorrente, com

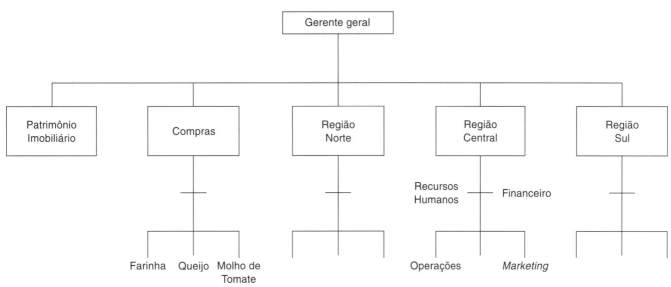

FIGURA 3-5 A estrutura geográfica.

centros de lucro organizados em diversos segmentos de clientes, como serviços bancários, envia sua proposta. Quando uma empresa está organizada em termos de países ou centros de lucro regionais, o poder de lotar um recurso limitado (nesse caso, o talento) está com o gerente geográfico.

Os avanços tecnológicos reduzem a importância da localização para as empresas organizadas em regiões geográficas diferentes. Por exemplo, redes de concessionárias de veículos, via de regra, são organizadas por região. As concessionárias chamadas de "Tri-State" são definidas em termos de seus mercados locais (por exemplo, os estados de Nova York, New Jersey e Connecticut). A prática cada vez mais comum de vender carros pela Internet talvez mude isso. Ao mesmo tempo em que persiste a necessidade de os centros de manutenção estarem localizados próximo aos compradores de veículos, a importância das concessionárias no processo de venda talvez diminua com o tempo. No futuro, é provável que ser uma empresa "local" deixe de ser vantajoso. Em outras frentes de atuação, os programas de aprendizado via Internet expandiram o acesso de alunos ao ensino superior. As operações bancárias feitas *online* diminuíram os custos de construção e manutenção de filiais. Se o produto de uma empresa pode ser fácil e rapidamente transportado ou entregue, a geografia não implica uma vantagem garantida. Fábricas de supercondutores precisam estar localizadas em pontos onde exista mão de obra especializada, não junto a fornecedores de matéria-prima ou clientes. Os *call centers* de operadoras de cartões de crédito podem estar localizados em qualquer local, desde que os turnos dos funcionários atendam a uma variedade de fusos horários.

Utilize a lista de verificação de uma estrutura geográfica mostrada abaixo para definir os critérios atendidos por sua organização:

- ☑ Custos de transporte altos.
- ☑ Execução do serviço no local.
- ☑ Proximidade ao cliente para a entrega ou suporte.
- ☑ Percepção da organização como sendo "local".

3. A Estrutura Voltada para o Produto

A *estrutura voltada para o produto* está organizada em divisões de produtos. Cada divisão tem sua própria estrutura funcional, para dar suporte ao(s) produto(s). A estrutura definida pelo produto se aplica melhor a companhias que:

- Competem com base nas características de produto ou pela liderança no mercado.
- Fabricam produtos diferentes para segmentos de mercado distintos.
- Fabricam produtos com ciclos de vida curtos e quando a velocidade do desenvolvimento de produto é uma vantagem.
- Têm uma organização grande o bastante para atingir a escala mínima necessária que permita duplicar as funções em toda a organização com eficiência.

Uma estrutura voltada para o produto muitas vezes evolui a partir de uma estrutura funcional, quando a empresa diversifica suas linhas de produtos ou serviços e cada uma dessas linhas é grande o bastante para dar suporte a sua própria organização. Conforme a companhia cresce, ela passa a subdividir suas divisões, constantemente. Quando uma dessas divisões consegue comportar diversas linhas de produtos, ela é dividida novamente.

A Figura 3-6 mostra um exemplo de uma empresa de equipamentos hospitalares. A companhia tem três divisões: instrumentos eletrônicos, instrumentos hospitalares e computadores de mão. A divisão de instrumentos hospitalares está dividida em setores responsáveis por dispositivos de diagnóstico por imagem, de mensuração e terapêuticos. Cada um desses setores é, por sua vez, dividido em termos de produto, e cada linha de produto tem seus próprios departamentos de pesquisa e desenvolvimento, operações e *marketing*. As divisões de instrumentos médicos e de computadores são ramificações da divisão principal de instrumentos médicos. Essas subdivisões permitem à companhia utilizar sua experiência com dispositivos computadorizados e eletrônicos de pequeno porte para a criação de equipamentos destinados ao mercado médico. Uma vez que cada linha de produto tem seu próprio sistema de suporte, elas podem se concentrar em pesquisa e desenvolvimento e reduzir os novos tempos de ciclo sem ter de considerar o que ocorre no restante da organização.

A estrutura voltada para o produto tem duas grandes vantagens em comparação à estrutura funcional:

- + *O ciclo de desenvolvimento do produto.* Uma vez que cada divisão está focada em uma única linha de produtos ou serviços, é possível concentrar toda a habilidade de projetar e reprojetar produtos. Esta é uma vantagem importante em mercados onde os compradores esperam novos produtos ou melhorias expressivas o tempo todo. O setor de microcomputadores é o melhor exemplo de um produto que compete com base em ciclos de desenvolvimento curtos.

- + *Excelência do produto.* A estruturação em função da linha de produto também permite a uma organização concentrar-se na inovação e na melhoria dos produtos. Cada divisão de pesquisa e desenvolvimento está totalmente focada em sua linha de produto.

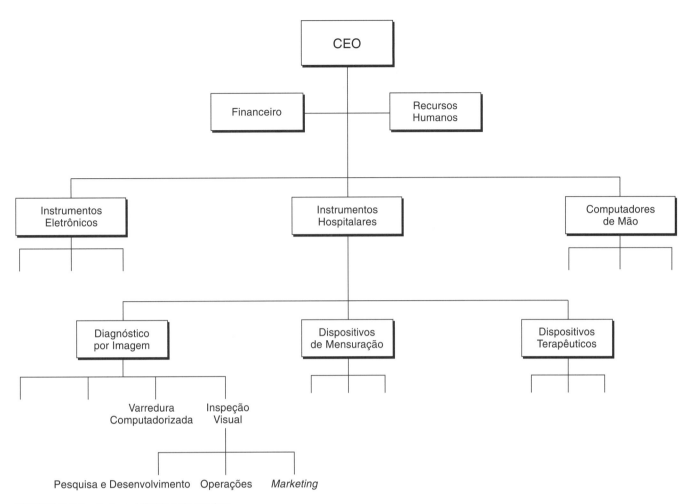

FIGURA 3-6 A estrutura definida pelo produto.

+ *Ampla liberdade de operação.* Na maioria das empresas estruturadas em função do produto, as divisões têm um alto grau de autonomia. O chefe de cada divisão é um gerente geral com total responsabilidade por tudo o que ocorre em sua divisão. Essa liberdade permite a cada divisão aproveitar oportunidades ou seguir em novas direções sem a restrição de coordenação com as outras divisões.

Porém, a estrutura voltada para o produto traz também alguns desafios:

- *Divergências.* Em uma estrutura deste tipo, os gerentes de divisão estão antes de qualquer coisa administrando suas próprias empresas e, talvez, vejam outros gerentes de divisão como concorrentes. No exemplo dado acima, a linha de equipamentos de diagnóstico por imagem desenvolveu uma nova tecnologia de varredura. Ao mesmo tempo, a divisão de computadores de mão estava procurando por mecanismos de varredura para incorporar em sua linha de produtos. Contudo, já que os departamentos de pesquisa trabalham de forma independente, os gerentes da divisão de computadores de mão não ficaram sabendo da tecnologia de varredura até ela ter sido lançada no mercado. Preciosos meses de pesquisa e desenvolvimento foram perdidos.

- *Duplicação.* As áreas funcionais estão duplicadas em toda a empresa e mantêm um relacionamento mais íntimo com as respectivas divisões a que cada uma dá apoio do que com a organização funcional, como um todo. Padrões, políticas e procedimentos diferem, e esforços talvez sejam duplicados. Sem processos laterais fortes para recriar as vantagens da estrutura funcional, é provável que uma grande quantidade de energia seja desperdiçada.

- *Perda de economias de escala.* A divisão de funções em linhas de produtos ou serviços gera a perda de economias de escala. Uma das soluções possíveis é a criação de uma estrutura híbrida, em que diversas linhas de produtos utilizam uma mesma função centralizada. Também chamada de "serviço compartilhado", a função compartilhada permite o aprofundamento da experiência e o aumento da eficiência. Isso foi ilustrado no exemplo do departamento de compras compartilhado da rede de pizzarias, apresentado anteriormente.

- *Diversos pontos de contato com o cliente.* A estrutura definida pelo produto cria diversos pontos de contato com os clientes que compram mais de um produto da companhia. A maior parte das grandes seguradoras e bancos, cujas linhas de produto separadas refletem muito bem restrições regulatórias passadas, ainda não teve sucesso em seus esforços de criar uma interface com o cliente que lhe permita acessar todos os produtos em um mesmo portal.

Utilize a lista de verificação de uma estrutura definida pelo produto mostrada abaixo para definir os critérios atendidos por sua organização:

- ☑ As características do produto ou o primeiro lugar no mercado é que são importantes.

- ☑ Diversos produtos são fabricados para segmentos de mercado diferentes.

- ☑ O tempo de desenvolvimento de produtos curto é uma vantagem; os produtos têm ciclos de vida curtos.

- ☑ A organização é grande o bastante para atingir a escala mínima necessária que permita duplicar funções em toda a organização com eficiência.

4. A Estrutura Orientada para o Cliente

A *estrutura orientada para o cliente* está organizada em torno dos principais segmentos de mercado, como grupos de clientes, setores ou segmentos da população. A estrutura orientada para o cliente se aplica a companhias que:

- Competem em segmentos de mercado em que os compradores têm poder e influência.

- Utilizam o conhecimento sobre o cliente para obter vantagens.

- Competem com base em um serviço rápido ao cliente e ciclos de vida do produto curtos.

- São grandes o bastante para atingir a escala mínima necessária que permita duplicar funções em toda a organização com eficiência.

Enquanto as organizações funcionais e aquelas definidas pelo produto têm vantagens internas, elas não necessariamente oferecem uma interface simples com o usuário. Uma estrutura simples e racional para os gerentes pode se tornar uma estrutura complexa e difícil para os clientes. Por exemplo, a AT&T dividiu suas operações em termos de serviços de telefonia móvel, serviços telefônicos fixos, chamadas de longa distância e acesso à Internet. Os clientes da companhia talvez acreditem que ao adquirir todos esses serviços da AT&T teriam algum benefício, como contas simplificadas ou descontos. Porém, um funcionário do setor de serviço ao cliente ou representante de vendas de um dado setor da AT&T é incapaz de fornecer informações sobre outros produtos da companhia, muito menos acessar o histórico de contas ou resolver problemas.

As estruturas organizacionais baseadas no cliente, no mercado ou em segmentos de setores específicos facilitam a condução de transações com a organização. No caso de empresas do setor de serviços, que precisam conhecer a fundo as preferências de seus clientes para continuar competitivas, a organização em termos de segmento de mercado faz sentido. Embora a Marriott International seja uma companhia de grande porte com diversas facetas, ela oferece também um bom exemplo de uma empresa que decidiu organizar-se, sobretudo em segmentos de mercado distintos como hospedagem básica, *resorts* próprios e casas de repouso para idosos. A Figura 3-7 mostra como, em seus negócios de hospedagem, a Marriott aprofundou a segmentação de mercado em hotéis com serviço completo, hotéis com diárias acessíveis e instalações para estadas prolonga-

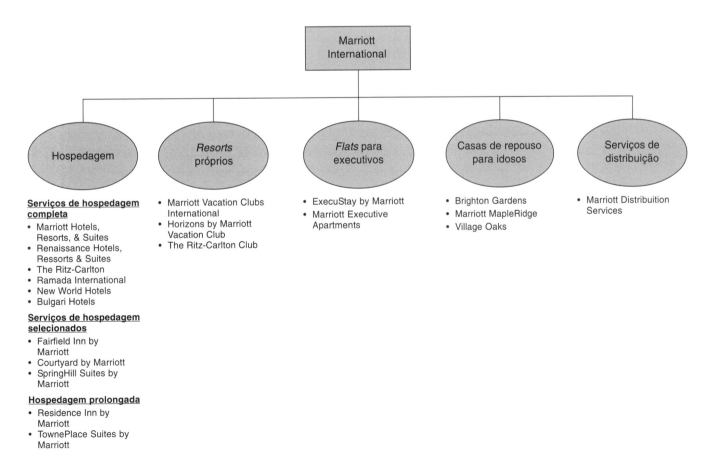

FIGURA 3-7 A estrutura orientada para o cliente.

das. A Marriott coleta grandes volumes de informações sobre as preferências de seus clientes, o que permite a customização do tipo de travesseiro, nas estadas subsequentes de um hóspede específico.

A estrutura orientada para o cliente atende a algumas das necessidades relativas ao crescimento da organização, sobretudo nas empresas do setor de serviços:

+ *Customização*. Os compradores passaram a exigir produtos e serviços customizados para continuarem com as empresas. Com o aparecimento da tendência de preferência a prestadores, terceirização e contratação de terceiros, os compradores estão percebendo o poder de barganha que têm para influenciar seus fornecedores. Além disso, a tecnologia vem permitindo uma maior "customização em massa", tanto para produtos quanto para serviços. Por exemplo, a Johnson Controls fabrica bancos de automóvel para a Toyota e também para a DaimlerChrysler. Em vez de tentar vender um produto com apenas pequenas diferenças às duas montadoras (o que faria sentido, na perspectiva de uma estrutura definida pelo produto), cada cliente recebe bancos de acordo com as especificações que definem.

+ *Relacionamentos*. Quando relacionamentos longos e compras repetidas são importantes, as estruturas orientadas para o cliente oferecem vantagens. Por exemplo, um *call center* de atendimento aos clientes de um banco recebe ligações de diversos tipos de clientes. Embora o *call center* ofereça suporte relativo a todos os produtos do banco, ele existe para atender às necessidades de seus clientes internos, isto é, os gerentes que administram as divisões do banco. Portanto, os gerentes do *call center* customizam seus serviços para os clientes internos (por exemplo, roteiros de atendimento, tempos de espera, serviços de acompanhamento). O conhecimento sobre o cliente e a capacidade de resposta talvez evitem que a atividade seja terceirizada. Além disso, é possível manter a preferência por um dado fornecedor.

+ *Soluções*. Mais e mais organizações estão descobrindo que seus clientes desejam soluções, não apenas produtos individualizados. Eles querem adquirir produtos em conjunto com serviços, como consultoria, orientação, treinamento ou suporte técnico de acompanhamento. A reunião dessas competências na organização e a apresentação destas ao cliente na forma de um pacote com preço atraente é um verdadeiro desafio, se essas competências estiverem em diferentes divisões. A organização orientada para o cliente entrega informações e poder nas mãos dos funcionários que interagem com os clientes e que entendem as necessidades exclusivas de cada cliente ou segmento de mercado.

A estrutura orientada para o cliente impõe os mesmos desafios da estrutura definida pelo produto.

- *Divergências*. O conhecimento e os padrões não são compartilhados entre segmentos de clientes.

- *Duplicação*. Os esforços de desenvolvimento talvez ocorram em dobro.

- *Escala*. As oportunidades para aumentar a escala são perdidas.

Esses desafios podem ser enfrentados com fortes conexões laterais e a centralização de algumas funções ou serviços em comum. Um fabricante de microcomputadores que utiliza uma mesma peça para diferentes linhas de produtos e clientes terá benefícios com a implementação de um departamento único de compras, que possa reunir as atividades de compras e negociar os melhores preços junto a seus fornecedores.

Utilize a lista de verificação de uma estrutura orientada para o cliente mostrada abaixo para definir os critérios atendidos por sua organização:

☑ Segmentos de mercado importantes em que os compradores são fortes.

☑ Os conhecimentos sobre o cliente trazem vantagens.

☑ O serviço ao cliente rápido e os tempos de ciclo de produto curtos são uma exigência.

A organização é grande o bastante para atingir a escala mínima necessária que permita duplicar funções em toda a organização com eficiência.

5. Estrutura com Foco Híbrido de Operações Internas e Linha de Frente

A estrutura híbrida de operações internas e linha de frente mescla elementos das estruturas definidas pelo produto e das estruturas orientadas para o cliente, gerando uma combinação de vantagens dessas duas estruturas. Esse tipo de estrutura permite obter excelência de produto nas operações internas e aumentar a satisfação do cliente no ponto de contato. A estrutura híbrida de operações e linha de frente é mais indicada para as organizações que:

- São de grande porte e têm diversas linhas de produtos e segmentos de mercado.
- Atendem a clientes globais e precisam apresentar coordenação entre fronteiras.
- Precisam maximizar a excelência para o cliente e a excelência no produto.
- Têm gerentes competentes na administração da complexidade.

A estrutura híbrida merece uma discussão especial, pois ela trata de diversas desvantagens apresentadas por outras estruturas. Além disso, ela introduz a complexidade no projeto da organização. Tanto a organização focada no serviço ao cliente quanto aquela voltada para suas operações internas de produto são centros de lucro multifuncionais. Isso é o que distingue a estrutura híbrida dos outros tipos, em que os centros de lucro estão focados na geografia, no produto ou no mercado.

A Figura 3-8 mostra um exemplo de um banco comercial com operações globais, em que a estrutura híbrida de linha de frente e operações internas permite à companhia focar-se nos clientes de diversos países. A linha de frente está segmentada primeiramente por setores e então por cliente. Os gerentes de contas locais são alocados em países em que o cliente tem uma presença maior. Esses gerentes constroem relacionamentos locais e lidam com questões locais de execução. Os gerentes de contas globais coordenam a execução total do serviço para o cliente.

Cada grupo focado em setores de mercado tem responsabilidade pelos lucros e prejuízos (L&P), e inclui os departamentos de vendas, serviços e *marketing* local. Cada grupo vende os produtos da companhia de modo customizado frente às necessidades específicas de quem os adquire. Estes grupos também utilizam o conhecimento obtido por intermédio do foco em um dado setor para gerar novas ideias para a parte da organização focada no produto.

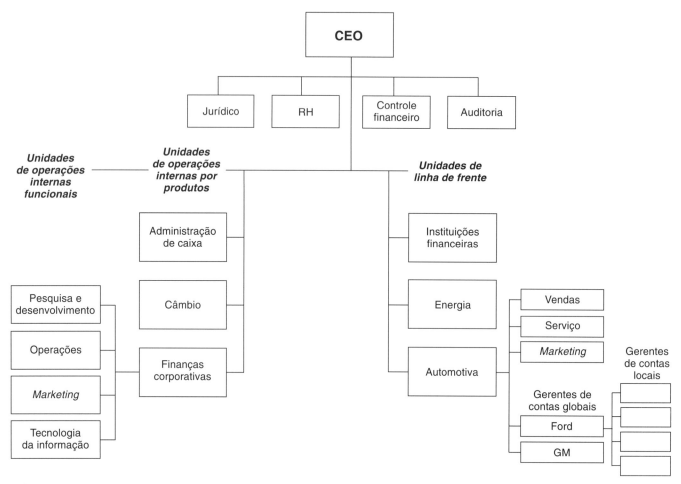

FIGURA 3-8 A estrutura híbrida de linha de frente e operações internas.

As organizações que operam na linha de frente baseiam-se nos recursos das organizações atuantes nas operações internas. Como "compradores" do produto, elas podem solicitar customizações que atendam às necessidades específicas de seus clientes.

As operações internas são segmentadas por linha de produto — administração de caixa, câmbio e finanças corporativas — cada um com responsabilidades pelos lucros ou prejuízos que gerem. Neste exemplo, cada produto é volumoso o bastante para merecer suporte de departamentos exclusivos (operações, tecnologia da informação, *marketing*, etc.). Se o porte da organização não fosse grande o bastante, esses departamentos poderiam ser compartilhados por diferentes linhas de produto.

A estrutura híbrida de linha de frente e operações internas atende a uma série de necessidades das organizações atuais:

+ *Único ponto de contato com o cliente.* Isso ocorre quando os clientes são compradores de diversos produtos, mas desejam um único canal de contato com a organização e conta única. Embora seja complexa em seu interior, a estrutura híbrida de linha de frente e operações internas gera uma interface simples e bem definida com o cliente. Ele tem uma conta única para todos os seus produtos e, não importa o canal de comunicação que escolham, todas as informações são disponibilizadas.

+ *Vendas cruzadas.* A aquisição de novos clientes é cara. É mais rentável vender um número maior de diferentes produtos a clientes existentes e desenvolver relacionamentos de longo prazo do que encontrar novos clientes. Uma organização híbrida permite que os canais de vendas efetuem vendas cruzadas e agrupem produtos, porque as bases de dados e a tecnologia permitem o acesso a informações detalhadas sobre clientes existentes.

+ *Sistemas e soluções com valor agregado.* Um cliente que planeja construir uma sala para acomodar um pregão eletrônico precisa de alguém que lhe venda mais do que computadores excelentes. Ele está no mercado em busca de consultoria, suporte à implementação e contratos de serviço, não apenas equipamentos. Esses são os serviços da linha de frente capazes de acrescentar valor considerável a produtos *commoditizados.*

+ *Foco no produto.* A estrutura híbrida de linha de frente e operações internas preserva as divisões de produto que possibilitam a inovação, a excelência e o desenvolvimento sustentável de produtos que caracterizam uma companhia com estrutura definida pelo produto. No exemplo sobre o banco, as divisões de administração de caixa, de câmbio e de finanças corporativas têm o suporte e o foco que permitem competir com os principais rivais do setor.

+ *Diversos canais de distribuição.* Hoje, quase todas as companhias desenvolvem estratégias para a Internet que permitem vender produtos direto ao cliente. As empresas focadas no cliente encontram mais facilidades ao adotar o comércio eletrônico do que as empresas focadas no produto. Em vez de alterar o foco por completo, o modelo híbrido de linha de frente e operações internas possibilita à empresa focada no produto apresentar uma face integrada e nova ao cliente.

A estrutura híbrida introduz complexidade no projeto que, se não for administrada, pode se espalhar por toda a organização:

- *Disputa por recursos.* Se a unidade de linha de frente atua em uma região geográfica ou em um segmento de mercado pequeno, ela talvez não seja capaz de receber atenção da unidade de operações internas (por exemplo, no ajuste de sequenciamento de produção, na customização de características do produto, na busca de novas oportunidades em termos de clientes). Em contrapartida, as unidades internas talvez se frustrem quando precisarem que as unidades de linha de frente promovam seus produtos ou tratem de prioridades funcionais (por exemplo, recursos para o lançamento de novos sistemas ou alterações que objetivem a redução de custos).

- *Discordância sobre preços e necessidades dos clientes.* As unidades de linha de frente estão inclinadas a oferecer concessões em termos de preço para aumentar os negócios ou solicitar customizações dispendiosas que atendam às necessidades de um cliente preferencial. As unidades de operações internas concentram seus esforços na manutenção de preços e margens. As duas unidades talvez tentem empurrar os produtos para o cliente, não importa se adequados ou não a ele, para manter a rentabilidade. Para serem resolvidos, esses conflitos exigem processos definidos e gerentes capacitados o bastante para negociarem a melhor alternativa para a empresa, não apenas para sua unidade.

– *A definição sobre onde fica o* marketing. Em uma estrutura híbrida de linha de frente e operações internas, talvez seja difícil descobrir onde o departamento de *marketing* deve ficar e, por isso, muitas vezes ele é dividido em dois. No exemplo sobre o banco, o *marketing* de produtos (por exemplo, administração de caixa) pertence às operações internas. O *marketing* de segmentos (por exemplo, automotivo) é localizado na linha de frente. Outro desafio a enfrentar envolve coordenar os esforços desses grupos de *marketing* e evitar que algo "fique entre eles".

– *Métricas conflitantes.* As unidades de linha de frente mensuram o sucesso em termos de velocidade, agilidade e capacidade na customização de soluções, ao passo que as unidades responsáveis pelas operações internas se concentram na escala, uniformidade, integração e eficiência. Esses conflitos motivam diferentes comportamentos nos departamentos da empresa que têm de ser identificados e administrados.

– *Complexidade de informações e contabilidade.* Essa estrutura depende fortemente de informações compartilhadas e sistemas de contabilidade para garantir que as duas divisões tenham acesso aos mesmos dados. As diversas e, por vezes, conflitantes operações de lucros e prejuízos (P&L) requerem sistemas de transação e contabilidade que registrem as receitas, aloquem despesas e gerem relatórios do sistema de informação para gestão[*] (SGI) de acordo com múltiplas perspectivas.

Uma das empresas que está conduzindo experiências com a estrutura híbrida de linha de frente e operações internas é a Hewlett-Packard (HP). Em seus 64 anos de história, a HP sempre fora uma organização focada no produto, com 83 unidades de operação administradas de forma independente. Os produtos eram desenvolvidos com pouca colaboração interna sobre o modo como seriam embalados em conjunto para gerar mais valor e entrar em novos mercados. A nova estrutura combina as unidades de produção em duas organizações responsáveis pelas operações internas da empresa: a primeira fabrica computadores, a segunda produz impressoras e equipamentos de impressão. As unidades da linha de frente vendem a dois segmentos de mercado: consumidor direto e empresas. As iniciativas adotadas em toda a companhia e que estão focadas em serviços de tecnologia sem fio, geração de imagem digital e impressão comercial objetivam unificar a empresa e criar novas oportunidades de mercado. A ideia é competir em pé de igualdade com a excelência do produto da Sun Microsystem e a força da prestação de serviços da IBM.[1]

Utilize a lista de verificação de uma estrutura híbrida de linha de frente e operações internas mostrada abaixo para definir os critérios atendidos por sua organização:

☑ Organização de grande porte com diversas linhas de produto e segmentos de mercado.

☑ Os clientes têm operações globais e a coordenação internacional é obrigatória.

☑ A organização precisa maximizar a excelência com o serviço ao cliente e do produto que fabrica.

☑ Os gerentes têm capacidade para administrar complexidades.

---

[*] N. de T.: Management Information System (MIS).

CAPÍTULO 3 • COMO PROJETAR A ESTRUTURA **97**

A Figura 3-9 resume as vantagens e desvantagens de cada uma das estruturas discutidas neste capítulo.

O porte da organização

O tamanho da organização é também um parâmetro de influência na tomada de decisão. Se a organização é pequena, uma estrutura funcional talvez seja a escolha mais

Opção	Vantagens	Desvantagens
1. Funções *Organização em termos dos principais grupos de atividade, como operações de pesquisa e desenvolvimento, marketing, financeiro ou RH.*	• Maior utilização em comum de conhecimentos dentro da função. • Capacidade de gerar conhecimentos profundos e especializados — atrai e desenvolve especialistas que "falam a mesma língua". • Alavancagem com representantes. • Economias de escala. • Padronização de processos e procedimentos.	• Linhas de produtos e serviços diferentes são difíceis de administrar. • Os processos entre funções geram disputas. • Funções diferentes têm prioridades diferentes; os interesses do cliente podem ficar em segundo plano.
2. Geografia *Organização em locais físicos como estados, países ou regiões.*	• Possibilita a adoção de um foco local.	• Dificulta a mobilização e o compartilhamento de recursos entre fronteiras regionais.
3. Produto *Organização em divisões de produto, cada um com sua própria estrutura funcional para dar suporte às linhas de produto.*	• Ciclos de desenvolvimento de produto mais rápidos. • O foco permite conduzir pesquisas avançadas. • A responsabilidade pelos lucros ou prejuízos gerados por um produto é definida em nível de divisão, com um gerente geral. • Um espírito de equipe otimista cresce em torno do produto.	• Há divergência entre linhas de produtos quanto a padrões e foco. • A fidelidade à divisão de produto dificulta a percepção sobre quando um produto precisa ser alterado ou abandonado. • Duplicação de recursos e funções. • Economias de escala são perdidas quando as funções se disseminam. • Diversos pontos de contato com o cliente.
4. Cliente *Organização em torno dos principais segmentos de mercado como grupos de clientes, setores ou populações.*	• Possibilidade de customizar produtos. • Possibilidade de gerar relacionamentos sólidos.	• Divergência entre segmentos de cliente/mercado quanto a focos e padrões. • Duplicação de recursos e funções. • Perda de economias de escala quando as funções se disseminam entre divisões de cliente/mercado.
5. Híbrido de linha de frente e operações internas *Combina os elementos de estruturas definidas pelo produto e orientadas para o cliente para fornecer as vantagens de ambas.*	• Os clientes podem comprar diversos produtos junto a um único ponto de contato e com conta única. • A organização consegue efetuar mais vendas cruzadas de seus produtos. • A capacidade de gerar sistemas e soluções com valor agregado quando os produtos se tornam *commodities*. • A conservação do foco e da excelência do produto. • Permite adotar diversos canais de distribuição.	• Disputa sobre a alocação de recursos. • Desacordos sobre preços e necessidades dos clientes. • Dificuldade de coordenar os departamentos de marketing divididos entre a linha de frente e operações internas. • Métricas conflitantes. • Compartilhamento de informações e complexidade na contabilidade.

FIGURA 3-9 Resumo das vantagens e desvantagens de cada opção estrutural.

eficiente. Uma organização de menor porte não consegue duplicar funções. Contudo, conforme cresce, ela passa a ter oportunidades para dividir suas funções em outras estruturas, pois os volumes aumentam e a organização então chega ao tamanho mínimo eficiente para atingir o ponto de equilíbrio. Muitas organizações têm como meta o lucro, com foco orgânico ou por meio de aquisições, o que lhes permite atingir o porte certo para especializar seus produtos e serviços em termos de mercado ou setor. Por exemplo, os bancos de investimento norte-americanos atuantes em setores de mercado tinham uma vantagem frente aos bancos europeus ao oferecerem seus serviços durante a fase de fusões da indústria farmacêutica na década de 1990. Embora em sua maioria fossem europeias, muitas das empresas farmacêuticas preferiam bancos norte-americanos porque estes eram capazes de oferecer conhecimentos profundos, resultado da atuação em uma área específica. Os bancos europeus, que na época eram organizados por país, não tinham a capacidade de reunir uma equipe internacional para atuar no setor.

O porte da organização não muda com o processo de projeto. Ele apenas muda o número de interações no processo. Uma organização com 100 funcionários talvez tenha apenas um nível de projeto. Após a estrutura básica ter sido definida, as unidades resultantes provavelmente serão amplas o bastante para serem estruturadas no próximo nível, se for o caso. Uma organização com 10 mil funcionários permanecerá com uma única estrutura organizacional em seu nível mais alto. Contudo, existirão diversos níveis de projeto abaixo deste. Por exemplo, uma divisão pode ser organizada em termos de atuação em territórios geográficos. Cada unidade geográfica, por sua vez, é estruturada em grupos funcionais. O grupo funcional pode ser dividido em termos de cliente local. O processo de projeto precisa ser conduzido em todos os níveis, até a linha de frente da organização. Se a meta é fazer a organização crescer, o projeto deve ser planejado com base no porte previsto para o futuro.

Vamos agora examinar como a equipe executiva do CBC decidiu reestruturar sua organização.

ESTUDO DE CASO

George dos Santos reuniu-se com sua equipe executiva do CBC por dois dias para examinar a nova estratégia e averiguar as opções para a reestruturação da instituição de maneira mais alinhada ao rumo que deveria tomar. Após mapear, discutir e testar algumas alternativas com a ajuda de um facilitador de projeto foi decidido que a organização iniciaria o desenvolvimento de uma estrutura híbrida de linha de frente e operações internas, mantendo o foco no produto e, ao mesmo tempo, gerando competências para construir relacionamentos com novos clientes que provavelmente desejariam pacotes customizados de produtos. A Figura 3-10 mostra como a equipe executiva reagrupou as linhas de produto em quatro unidades de operações internas: fundos de ações, papéis do tesouro, hipotecas, títulos lastreados em ativos/hipotecas e finanças. Duas novas unidades de linha de frente foram formadas: CBC e contas institucionais. As unidades de linha de frente reuniram vendas, *marketing,* estratégia de investimentos e experiência com novos negócios em um único local, para atender as contas da matriz do CBC e as contas de novos clientes institucionais externos.

Devido ao pequeno porte do CBC, as linhas de produto não eram grandes o bastante para sustentar as próprias unidades. A falta de apoio e experiência nos departamentos havia sido um dos problemas identificados na avaliação do estado atual. A equipe executiva queria solucionar essa questão e, portanto, as unidades de suporte foram reunidas em funções centralizadas e utilizadas em conjunto. Departamentos separados para compra e venda de valores e as operações de crédito foram criados para aumentar a experiência nessas áreas e reduzir a duplicação. A equipe executiva criou também dois novos papéis — chefe de *marketing* e chefe de informações e comércio eletrônico — com foco nas necessidades relativas a essas atividades.

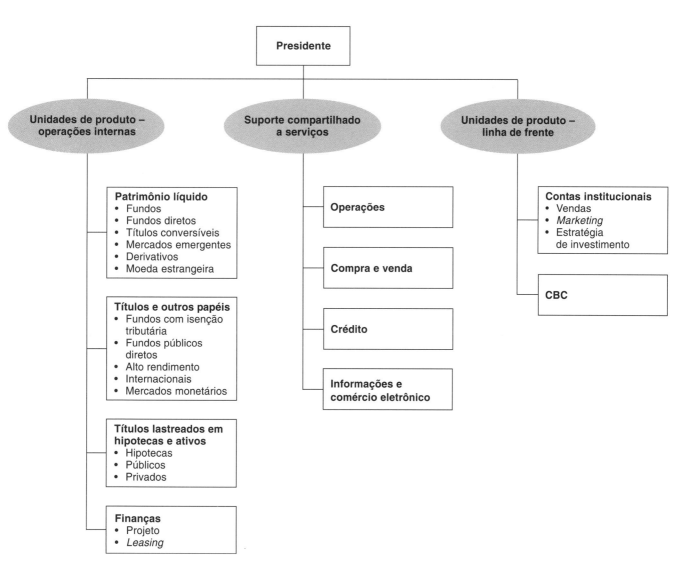

FIGURA 3-10 A nova estrutura do CBC.

OS PAPÉIS ORGANIZACIONAIS

Utilize a Ferramenta 3-1 para confirmar o quanto você conhece sua estrutura atual, os aspectos que trazem vantagens e podem ser preservados, e aqueles que impedem a realização de sua direção estratégica. Utilize a Ferramenta 3-2 para começar a mapear uma nova estrutura.

OS PAPÉIS ORGANIZACIONAIS

A adoção da nova estrutura organizacional gerou novos papéis no CBC. Mais importante que a preparação do organograma da organização é a definição dos papéis que cada componente tem de desempenhar dentro da organização. Um *papel organizacional* é um componente organizacional distinto, definido por um resultado exclusivo e por um conjunto de responsabilidades. Um papel organizacional pode se materializar como uma unidade de negócios, uma função ou um tipo de cargo. Mesmo que seus componentes organizacionais conservem os mesmos nomes após a reestruturação, os papéis que desempenham provavelmente se alterarão. Os relacionamentos e responsabilidades de cada um precisam ser repensados por completo.

É provável que essa seja a atividade relativa ao projeto mais importante para os funcionários. A maior parte das avaliações do estado atual detecta algum nível de confusão entre papéis, responsabilidades e atividades repassadas que causam frustração e ineficiência. O tempo despendido na elucidação desses papéis no começo do processo é compensado de forma exponencial, no futuro.

A Figura 3-11 mostra o cronograma da organização da divisão de operações bancárias privadas de uma empresa de serviços financeiros. O Private Client Bank tem mais de mil funcionários em seis estados, focados na prestação de serviços de investimento, *trust* e corretagem para indivíduos de alto valor líquido. A instituição está estruturada em três regiões divididas em funções — gerente de relacionamentos, *trust*, crédito e vendas. Os funcionários de cada função trabalham juntos, em equipes designadas a clientes para lidar diretamente com eles. Os serviços compartilhados pelas regiões incluem aqueles relativos a funções centralizadas, como gestão do risco, *marketing*, sistema de informação para a gestão e suporte a vendas.

Neste exemplo, os papéis organizacionais existem em múltiplos níveis. Uma pessoa no cargo de especialista em crédito na região leste faz parte de quatro diferentes papéis organizacionais.

- O especialista em crédito faz parte da *região*. Cada região neste banco é uma mini-empresa, com responsabilidade integral por lucros e prejuízos.

- O especialista em crédito é um membro da *equipe do cliente*. O papel da equipe consiste em adquirir e oferecer a um conjunto específico de clientes as melhores opções de administração de riquezas.

- O especialista em crédito é um integrante do *departamento de crédito*, que por sua vez é uma unidade especializada, que se relaciona com os papéis de contato com o cliente, nas equipes do cliente. O papel do especialista é fornecer conhecimentos específicos sobre o produto para o gerente de relacionamentos e pessoal de

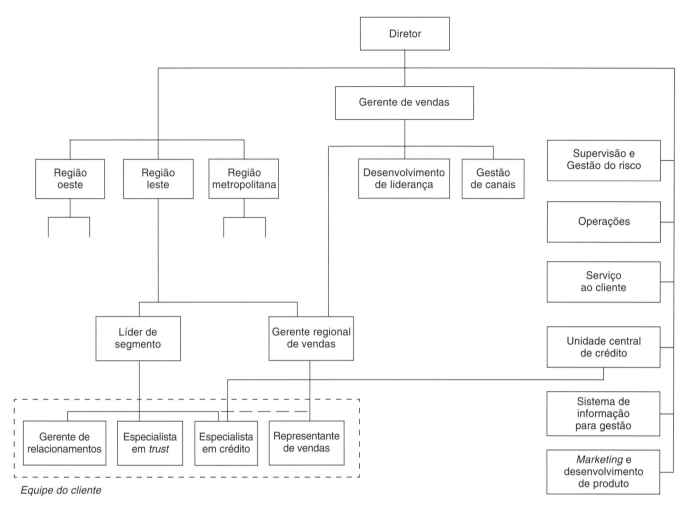

FIGURA 3-11 O Private Client Bank.

vendas, que são generalistas. Como integrante do departamento de crédito, o especialista em crédito tem um relacionamento dual, ou matricial, com a região e os serviços centrais compartilhados (o funcionamento eficiente dos relacionamentos matriciais é discutido no Capítulo 4).

- A pessoa nesse cargo é também um *especialista em crédito* em termos de um papel profissional, um cargo com seu próprio conjunto de resultados e responsabilidades.

É possível perceber como mesmo em uma estrutura de relativa simplicidade, as interações entre papéis ganham complexidade e novas dimensões com rapidez. Cada papel tem um relacionamento com outro papel semelhante e com conjuntos distintos de necessidades, metas e perspectivas. Isso pode gerar disputas entre esses papéis.

As organizações devem refletir diferentes perspectivas funcionais. Por exemplo, no Private Client Bank, o gerente de mercado de uma região concentra suas atividades na atração e retenção de clientes com a criação de soluções completas de serviços e customizações. No entanto, os chefes das unidades centralizadas podem estar mais preocupados com a geração de padrões de utilização em comum e soluções eficientes em termos de custo e de fácil execução.

Na situação ideal, as diferenças em pontos de vista propiciam uma perspectiva mais completa dos problemas, a identificação das prováveis consequências, melhores ideias, decisões e inovações. Essas diferenças devem levar a um equilíbrio entre as perspectivas discordantes que beneficiam a companhia e o cliente. Para isso, as metas de cada papel organizacional precisam estar alinhadas a todas as metas organizacionais, pois com isso a tensão criativa não corre o risco de se transformar em conflito destrutivo.

O alinhamento dos papéis organizacionais requer a execução de três etapas:

1. *A definição de papéis.* A definição do resultado esperado e das responsabilidades de cada um dos diversos papéis organizacionais.

2. *A interface.* A concordância acerca das expectativas que cada papel tem em comum com os outros, em relação ao recebimento e repasse de tarefas, à execução de serviços ou à colaboração.

3. *Os limites.* A definição das fronteiras de cada papel, sobretudo na tomada de decisão e na responsabilidade.

Muitas vezes o alinhamento de papéis é interrompido na fase de definição. Embora seja um bom começo na divulgação do que cada papel precisa fazer, as "áreas de indefinição" não estão claras. Nenhum papel organizacional trabalha isolado. As áreas de indefinição são os pontos da interface em que um papel termina e outro começa. Frequentemente ocorre o compartilhamento de responsabilidades, o que causa sobreposições. Muitas vezes os papéis são redefinidos de forma a reduzir seus campos de atuação, o que resulta em lacunas, deixando o trabalho inacabado. O alinhamento de papéis requer a definição da natureza desses relacionamentos, interdependências e repasses de tarefas. Na fase do alinhamento de papéis, a participação muitas vezes vai além da equipe executiva e da equipe de lideranças, passando a incluir também as pessoas que não estão envolvidas no projeto, nesse ponto do processo. O alinhamento de papéis requer a participação de pessoas que de fato desempenharão esses papéis e que estejam familiarizadas com os prováveis conflitos e os problemas na interface.

1. A Definição de Papéis

Os papéis organizacionais são definidos em duas dimensões: resultados e responsabilidades. A descrição de papéis não é uma descrição de cargo que lista tarefas e atividades. Ao contrário, ela define o que é exclusivo e diferente em cada papel e também o valor que este papel deve gerar para a organização.

Um *resultado* é um estado final que deve ser atingido. Resultados são as consequências esperadas. Sempre que possível, horizontes de tempo e mensurações devem ser incluídos no relatório de resultados. Exemplos de resultados dos papéis no exemplo do Private Client Bank são:

- *Região:* Elevar a fatia de mercado a 7,5% em 12 meses.

- *Equipe do cliente:* Melhorar a retenção de clientes em 10% em 12 meses.

- *Departamento de crédito:* Ter carteiras e produtos que atendam a todos os parâmetros de risco.

- *Especialista em crédito:* Ter ampla experiência em operações de crédito e oferecer suporte técnico à equipe e aos clientes.

Concentre seus esforços nos resultados que distinguem seu papel dos outros papéis. Enfatize o que é exclusivo.

As *responsabilidades* são as tarefas que têm de ser desempenhadas e que fecharão a lacuna entre o estado atual do trabalho e os estados finais desejados (os resultados). Após identificar um resultado, sente-se a tentação de pular para as tarefas que precisam ser executadas. Contudo, é importante determinar os principais problemas e obstáculos a serem transpostos e as oportunidades surgidas a um dado momento. Com isso, as tarefas tornam-se o meio para lidar com os problemas e a forma de aproveitar as oportunidades. Pense nas respostas para as seguintes perguntas:

- Quais são as lacunas de maior prioridade?
- Quais planos precisam ser desenvolvidos, quais ações devem ser implementadas e quais recursos necessitam ser adquiridos para preencher essa lacuna?
- Quais etapas devem ser seguidas para entender e atingir os resultados necessários?
- O que um "especialista" faria para tratar desses problemas e oportunidades?

As responsabilidades por cada resultado definido para os papéis no Private Client Bank podem assumir a seguinte forma:

- *Região*

  Resultado: Elevar a fatia de mercado a 7,5% nos próximos 12 meses.

  Responsabilidade: Projetar e comercializar produtos de ponta.

- *Equipe do cliente*

  Resultado: Melhorar o índice de retenção de contas do cliente em 10% nos próximos 12 meses.

  Responsabilidade: Implementar um processo consistente de gestão de relacionamentos.

- *Departamento de crédito*

  Resultado: Oferecer carteiras e produtos que atendam a todos os padrões de risco.

  Responsabilidade: Desenvolver um programa de treinamento sobre questões relativas a crédito para todos os gerentes de relacionamento.

- *Especialista em crédito*

  Resultado: Possuir ampla experiência e oferecer suporte técnico à equipe e aos clientes.

  Responsabilidade: Disponibilizar consultoria com base nas informações mais recentes sobre produtos e o setor em termos de empréstimos, renovações e questões tributárias.

A Figura 3-12 ilustra a descrição do papel de um representante de vendas no exemplo do Private Client Bank. Utilize a Ferramenta 3-3 para identificar os resultados e as responsabilidades de todos os papéis em sua organização. Após, utilize a Ferramenta 3-4 para caracterizar os pontos de possível tensão entre os papéis em sua organização.

Papel: Representante de vendas

Resultados	Responsabilidades
Novos negócios gerados a partir de indicação interna e externa — aumento no número de novos negócios de 20% das receitas totais.	Desenvolvimento de fontes de referência que gerem novos negócios. Aumento e administração do canal principal.
Aumento nas receitas de investimentos para atingir taxas de crescimento acima da média de mercado.	Assistência aos gerentes de relacionamento para continuarem com as vendas para a base de clientes existente.
Vendas cruzadas para aumentar a carteira atual da equipe.	Relatórios de vendas (com dados iniciais de venda) para fins de acompanhamento de vendas.

FIGURA 3-12 Exemplo de descrição de papel.

2. Interface

A etapa seguinte do alinhamento de papéis é a definição das expectativas em comum entre os papéis interdependentes e os pontos de contato. Essas interdependências talvez exijam que os papéis colaborem uns com os outros na condução do trabalho. Além disso, elas indicam a probabilidade de um papel depender da qualidade e da execução em tempo adequado das tarefas de outro papel, à medida que o trabalho é repassado entre esses papéis.

Essas interfaces são as áreas de indefinição que, se não forem caracterizadas ou administradas com eficiência, podem facilmente ser percebidas pelo cliente como indicação de que a organização não está operando como equipe integrada. Uma das maneiras de identificar essas interdependências requer a consideração, em primeiro lugar, da perspectiva dos processos centrais de negócios. Para cada processo, mapeie os volumes de trabalho e o repasse de tarefas. A Figura 3-13 mostra um processo essencial no Private Client Bank. Um dos principais pontos da interface está entre o papel de vendas e os papéis de especialistas, durante o desenvolvimento de uma oferta ao cliente. Um segundo ponto importante é visto quando a venda é fechada e repassada ao gerente de relacionamentos para a preparação da conta e execução dos serviços necessários.

Após pensar sobre os processos essenciais e pontos de contato, o papel de vendas pode identificar as informações necessárias e os padrões de desempenho esperados dos outros papéis (Figura 3-14). Quando os outros papéis fazem o mesmo, com base na própria perspectiva, é possível gerar uma discussão proveitosa que, por sua vez, resulta em uma série de pontos de concordância que podem ser monitorados e relembrados quando ocorrerem problemas. Esses pontos de concordância são usados como base para um sistema *feedback* de desempenho com base em avaliações cruzadas, descrito no Capítulo 6.

Outra forma de gerar expectativas recíprocas consiste em trabalhar com cenários em comum que gerem atrito na organização atual ou que sejam capazes de fazê-lo na nova organização, se os papéis não estiverem definidos com clareza. O exemplo dado na Figura 3-15, o cenário de papéis do Private Client Bank, ilustra um problema comum

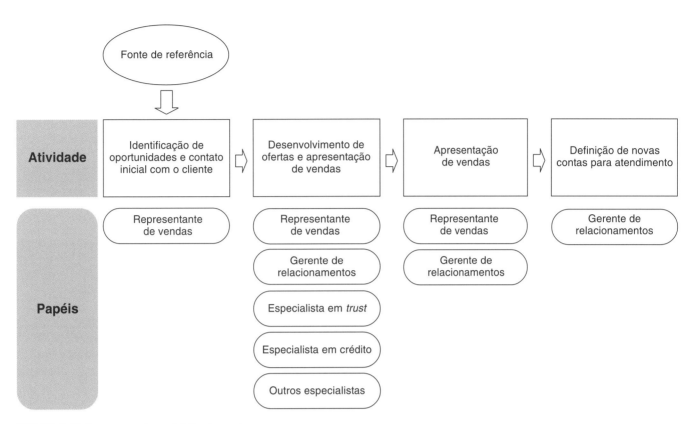

FIGURA 3-13 O processo de aquisição de vendas.

Papel: Representante de vendas

Relacionamento principal	O que tem de ser fornecido para meu papel?	O que eu preciso oferecer com meu papel?
Especialista em crédito	Reações rápidas a pedidos de avaliação de empréstimos. Acompanhamento do representante de vendas durante os contatos de venda, quando solicitado.	Documentação do perfil do possível cliente 24 horas antes do pedido ser necessário.

FIGURA 3-14 Os pontos de contato.

visto em empresas organizadas em regiões geográficas. Via de regra, os clientes não permanecem em uma única localização geográfica. Quando isso ocorre, a organização tem o desafio de coordenar esforços para evitar a perda de oportunidades. O mapea-

106 PROJETO DE ORGANIZAÇÕES DINÂMICAS: UM GUIA PRÁTICO PARA LÍDERES DE TODOS OS NÍVEIS

Cenário

Recentemente, um gerente de relacionamentos do Private Client Bank alocado na região leste foi informado que haveria uma grande participação nos lucros na empresa Acme Company. Um dos executivos da Acme tem um fundo familiar administrado pelo Private Client Bank. Esse executivo telefonara, na semana anterior, para tratar de outro assunto e durante a conversa mencionou, informalmente, que sua situação financeira mudaria por conta de uma grande quantia em dinheiro que estava para receber. Ele deixou no ar a sugestão de que outros altos executivos receberiam bônus da ordem de $5 a $10 milhões cada um. A matriz da Acme e os outros executivos atuam na região oeste. O que o gerente de relacionamentos tem de fazer para efetuar a venda individual e garantir a oportunidade de negócios maiores para o Private Client Bank?

Papel	Venda ao cliente existente	Capitalização sobre oportunidades maiores
Gerente de relacionamentos	<ul><li>Informa o líder de equipe e o gerente regional de vendas sobre a oportunidade de venda.</li><li>Determina as necessidades do cliente.</li><li>Desenvolve a estratégia e a abordagem para expandir o relacionamento.</li><li>Define o suporte necessário para enriquecer o relacionamento; prepara a apresentação de venda e os respectivos materiais.</li><li>Visita o cliente.</li></ul>	<ul><li>Informa o gerente regional de vendas da região leste e o líder de segmento acerca da oportunidade de negócios para que possam entrar em contato com seus colegas nas outras regiões.</li></ul>
Gerente de vendas da região leste	<ul><li>Trabalha com o líder de segmento para definir qual representante de vendas da equipe fornecerá o suporte (se necessário).</li></ul>	<ul><li>Informa o gerente de vendas da região oeste sobre a oportunidade.</li><li>Avalia a oportunidade e identifica o representante de vendas que tentará concretizar essa oportunidade corporativa.</li><li>Oferece suporte ao representante de vendas da região oeste no desenvolvimento da estratégia para a abordagem ao cliente.</li><li>Informa os gerentes de mercado sobre as oportunidades de vendas regionais.</li></ul>
Líder de segmento	<ul><li>Oferece suporte ao gerente de relacionamentos para formar a equipe e desenvolver uma estratégia e uma abordagem que enriqueça o relacionamento.</li><li>Mantém o gerente de mercado informado sobre a evolução do negócio.</li></ul>	<ul><li>Antes de realizar a venda, trabalha com o representante de vendas para definir o gerente de relacionamentos que cuidará da melhoria do relacionamento.</li><li>Pode ser convidado pelo representante de vendas a participar da equipe de vendas.</li></ul>
Representante de vendas	<ul><li>Trabalha com o assistente do gerente de relacionamento, quando necessário.</li></ul>	<ul><li>Monta a equipe de vendas para tratar da oportunidade, com base na experiência necessária.</li><li>Coordena a equipe para preparar as atividades conduzidas na reunião com o cliente, desenvolve a estratégia de vendas e produz a apresentação de venda.</li><li>Conduz a apresentação para o cliente.</li><li>Antes de realizar a venda, trabalha com o líder de segmento para definir o gerente de relacionamentos que cuidará da melhoria do relacionamento.</li><li>Após a realização da venda, apresenta o gerente de relacionamentos e os outros integrantes da equipe ao cliente.</li></ul>

FIGURA 3-15 O cenário dos papéis.

mento das responsabilidades de cada papel no cenário da linha de frente facilita a resposta com mais eficiência sempre que essa situação ocorrer.

Utilize a Ferramenta 3-5 para identificar as expectativas recíprocas entre papéis em sua organização.

3. A Definição dos Papéis e Limites Organizacionais

A etapa final no alinhamento dos papéis organizacionais é a identificação de questões relativas a limites. Em uma organização, os conflitos ocorrem quando as pessoas têm visões diferentes sobre autoridade acerca de uma decisão a ser tomada ou de quem tem responsabilidade por uma ação.

Quando as pessoas têm diferenças acerca do processo de tomada de decisão ou sobre alguém que deva tomar uma decisão em particular, então o conflito é improdutivo e desperdiça tempo e energia valiosos.

Uma das técnicas comumente adotadas para identificar onde um papel termina e outro começa é o mapeamento de responsabilidades.[2] As principais decisões são listadas na coluna esquerda de uma tabela. Essas principais decisões são aquelas que envolvem diversos papéis e onde a clareza é importante. Elas podem ser reproduzidas do trabalho com processos e cenário de negócios feito com a Ferramenta 3-5. Os papéis na organização estão listados na linha superior da tabela. Cada decisão recebe um código:

R = Responsabilidade	Tem **R**esponsabilidade e autoridade para tomar a decisão.
O = Obrigação	Talvez não tome a decisão, mas tem **O**brigações relativas a ela (na maioria das vezes é de um papel de funcionário mais antigo).
V = Veto	Pode **V**etar ou impedir a decisão. Não se trata do mesmo poder de veto de um papel de chefia ou papel em posição elevada na hierarquia. Esse veto refere-se a um papel que reserva o direito a veto para uma decisão específica.
C = Consulta	Precisa ser **C**onsultado e gerar uma opinião antes de a decisão ser tomada.
I = Informado	Precisa ser **I**nformado sobre a decisão após ela ter sido tomada.

Algumas regras para a execução do mapeamento de responsabilidades são dadas abaixo:

- Toda decisão deve ter um R. Uma pessoa precisa ser incumbida de tomar a decisão.
- Somente pode haver um R para uma dada decisão.
- Toda decisão deve ter um O, que pode ser a mesma pessoa que recebeu o papel de I.
- O V deve ser adotado com parcimônia. Muitos Vs indicam que a incumbência está sendo dada ao papel errado ou que questões relativas à confiança e competência precisam ser examinadas.
- Garanta que os Cs representem uma diversidade de pontos de vista relativos a decisões importantes.

A Figura 3-16 mostra um mapa de responsabilidades para os integrantes da equipe do exemplo do Private Client Bank. O representante de vendas tem a incumbência de buscar novas oportunidades no mercado, mas o gerente de vendas tem a responsabilidade final pela tarefa. O líder de segmento seria consultado, mas os outros papéis precisam apenas ser informados.

108 PROJETO DE ORGANIZAÇÕES DINÂMICAS: UM GUIA PRÁTICO PARA LÍDERES DE TODOS OS NÍVEIS

	Papéis					
Principais decisões	Representante de vendas	Líder de segmento	Gerente de relacionamentos	Especialista em *trust*	Especialista em crédito	Gerente de vendas
Busca de mercados	R	C	I	I	I	O
Precificação de produtos	R	O	C	C	C	I
Desenvolvimento de ofertas	O	C	C	C	C	I

FIGURA 3-16 O mapa de responsabilidades.

O poder desta ferramenta é revelado quando as pessoas completam os mapas individualmente ou em pequenos grupos e então os comparam e utilizam as diferenças como base para discussão. Os pontos de concordância e diferença nas hipóteses sobre a responsabilidade de cada papel ficam claros e podem ser negociados e resolvidos antes de os conflitos ocorrerem no local de trabalho. Além disso, quando esses conflitos acontecerem, os mapas de responsabilidade se tornarão úteis como fonte de linguagem neutra para a discussão de responsabilidades e do processo de tomada de decisão. Utilize a Ferramenta 3-6 para esclarecer os limites dos novos papéis de sua organização.

Diversos papéis organizacionais se sobrepõem com papéis individuais e cargos. O trabalho de esclarecer os papéis organizacionais facilita a tarefa de criar descrições e especificações de cargos individuais. Isso é a base para a contratação de novos funcionários pela organização, discutida no Capítulo 6.

OS PAPÉIS DE LIDERANÇA

Os papéis de liderança e gerência na nova organização merecem atenção especial. Responda às quatro perguntas apresentadas a seguir:

1. Quantos níveis de gerência são necessários?

A tendência atual vista para a criação de organizações mais ágeis consiste em "eliminar níveis" ou "horizontalizar" a organização, com a remoção de níveis hierárquicos e a delegação de mais responsabilidade às equipes da linha de frente na administração e coordenação de suas próprias atividades. A remoção de níveis de gerência aproxima as decisões e as comunicações dos clientes, desenvolve autonomia e obrigações em esferas inferiores da organização, além de diminuir custos. Em contrapartida, um número maior de cargos de gerência dá às pessoas a oportunidade de desenvolver habilidades de supervisão, permite a coordenação mais personalizada da condução do trabalho e libera os gerentes em níveis superiores para concentrarem-se em prioridades mais estratégicas.

O número de níveis de gerência de que você precisa depende do nível de controle de cada gerente — isto é, as pessoas que um gerente tem a capacidade de supervisionar e desenvolver com eficiência. O nível do controle depende da natureza do trabalho. Conforme resume a Figura 3-17, se o trabalho é complexo e requer um alto grau de atenção e controle gerenciais, então o nível do controle será estreito. Contudo, se o trabalho é simples ou se as equipes desenvolveram um alto grau de habilidades para trabalhar com autonomia, então os gerentes têm a possibilidade de dar suporte a um grupo maior de funcionários ou a um leque mais amplo de atividades.

O nível do controle pode variar com o tempo. Se o projeto requer que as pessoas trabalhem em equipes interfuncionais, será necessário mais tempo de gestão no início, enquanto as equipes estiverem aprendendo a administrar seus próprios processos e conflitos. À medida que amadurecem e se desenvolvem em autonomia, as equipes deixam de precisar de esforços de gestão expressivos.

2. Você Criou um Excesso de Papéis Gerenciais?

Entre os novos papéis em sua organização, quantos são cargos de "administração" pura? A tendência de nivelar organizações não se limita a aumentar o nível do controle de cada gerente. As responsabilidades de um gerente precisam ser transformadas em elementos de um papel mais amplo. Por exemplo, uma empresa de serviços de profissionais liberais tem diretores regionais, diretores de área e diretores de filial. Esses diretores, embora sejam sócios da empresa, não interagem com os clientes, limitando-se a administrar seus domínios em tempo integral. Após uma reestruturação, esses cargos foram eliminados. Todos os sócios com cargos mais elevados tinham responsabilidades relativas aos clientes. Alguns tinham também responsabilidades administrativas. No exemplo

Curto	Longo
(Os gerentes supervisionam um número pequeno de pessoas)	(Os gerentes supervisionam um número grande de pessoas)
O trabalho é complexo.	O trabalho é simples.
Os ciclos de trabalho são imprevisíveis.	Os ciclos de trabalho são rotineiros.
Os processos de trabalho requerem coordenação intensiva.	Os processos de trabalho dependem de regras e procedimentos de coordenação.
Os funcionários não são hábeis nem experientes em seu trabalho.	Os funcionários são altamente capacitados.
Os funcionários não têm habilidades nem experiência na "autogestão" (horários, solução de conflitos, elaboração de planos de projeto, etc.)	Os funcionários têm algumas habilidades e experiências relativas à autogestão e ao trabalho em grupos autônomos.

FIGURA 3-17 O nível das considerações sobre controle.

do Private Client Bank, os líderes de segmento e os gerentes regionais de vendas tinham algumas responsabilidades de atendimento ao cliente, além de seus papéis de gestores. Reavalie as descrições de papel que você criou para seus gerentes e averigue quanto valor cada um está agregando.

3. Você Incluiu as Responsabilidades da Equipe de Lideranças Como uma Parte Explícita do Papel?

Além da identificação da contribuição de cada papel em termos de administração da própria unidade, você tem de definir essa contribuição com base na equipe de lideranças da organização. Os gerentes precisam usar dois chapéus — o chapéu de líder da unidade e o de integrante da estrutura de lideranças da organização. Os cargos de liderança aumentam a carga de demanda sobre esses indivíduos. Cada um tem de oferecer sua própria contribuição, liderar sua parte da organização e ser um integrante da equipe de lideranças. Muitas pessoas sentem dificuldade em deixar de ver o mundo sob uma ótica funcional. Deixar de ser um chefe de função para se tornar um integrante da equipe de lideranças em tempo integral requer uma alteração de perspectivas. Alguns gerentes precisam de orientação para entender que além da visão funcional existe agora a expectativa de que representem uma visão empresarial. Essa visão empresarial inclui:

- Averiguar os *trade-offs* para otimizar a carteira, em vez de se concentrar apenas nas estratégias de negócios individuais.
- Tomar as decisões considerando o "bem corporativo", não os interesses menores de cada função.
- Concentrar esforços nos resultados dos negócios (conseguiremos ganhar dinheiro?), não nas preocupações com o negócio (como faremos isso?).

Torne essas expectativas parte do papel e você não terá surpresas quanto a desempenhos futuros.

4. Você Criou Uma Equipe Executiva Viável?

Quantas pessoas se reportam diretamente ao líder na nova estrutura? Como regra, equipes executivas viáveis são formadas por entre 5 e 10 pessoas. Imagine-se coordenando uma reunião de uma equipe executiva. Você deixou claro quem deveria comparecer? Você pode realmente confiar nessas pessoas em busca de conselhos e orientação? Elas representam uma gama de perspectivas na organização? É sempre mais fácil convidar um número maior de pessoas do que ter de dispensar algumas que acreditam fazer parte da equipe executiva, porque ela é muito grande e difícil de administrar. Defina os papéis que têm de fazer parte da equipe executiva e aqueles que devem participar de uma equipe mais ampla de lideranças.

O TESTE DO PROJETO

A terceira etapa principal no desenvolvimento de uma nova estrutura consiste em testar o projeto em um cenário real, a partir da perspectiva das competências organizacionais, do poder de decisão, do fluxo de trabalho, do impacto do comércio eletrônico, da complexidade e da consistência.

1. A estrutura satisfaz os critérios de projeto?
2. A estrutura gera desequilíbrio de poder?
3. A estrutura dá suporte ao fluxo de trabalho?
4. Você levou em conta diferentes canais de distribuição, sobretudo o impacto do comércio eletrônico?
5. Você está com o nível correto de complexidade?
6. A cultura organizacional é condizente com o projeto?

1. A Estrutura Satisfaz os Critérios de Projeto?

O primeiro teste avalia se o projeto proposto satisfaz os critérios de projeto e ajuda você na capacidade de construir competências organizacionais essenciais à sua estratégia. Consulte os critérios de projeto que você desenvolveu usando a Ferramenta 2-3, no Capítulo 2.

2. A Estrutura Gera Desequilíbrio de Poder?

MATRIZ FORTE *VERSUS* FUNÇÕES DISTRIBUÍDAS

- Você criou um modelo de escritório para matriz e escritórios de campo em seu projeto?
- Existem oportunidades para transferir algumas funções da matriz para as unidades de negócio?
- Quais são as vantagens em considerar a transferência de funções (custos, competências, etc.)?

Se sua organização está dispersa em diversas localizações geográficas, você talvez tenha criado algo semelhante a uma matriz com os escritórios de "campo". Atividades necessárias por todas as pessoas na organização são conduzidas na matriz. Esse arranjo permite obter escala, evitar a duplicação e conservar uma visão ampla de empresa. Contudo, você consegue prever os prováveis conflitos que ocorrerão quando essas atividades centralizadas forem vistas como muito distantes das realidades e interesses das unidades de operação.

Com frequência, o RH é configurado de acordo com essa modalidade. Os generalistas do RH ficam alinhados a locais ou negócios específicos. Os setores especializados de RH, como bônus, benefícios e treinamento, estão localizados na matriz. Tensões previsíveis ocorrem com relação a quem trabalha para quem. Os generalistas têm de implementar sozinhos os programas desenvolvidos pela matriz ou os funcionários especializados estão a postos para auxiliar os generalistas? Além disso, as unidades de campo muitas vezes sentem que os serviços e produtos disponibilizados pela matriz não são customizados o bastante para elas. Em vista disso, essas unidades passam a recriar atividades na organização em que atuam. Com frequência, a etapa seguinte consiste em iniciar a descentralização, isto é, dividir uma atividade em partes e conferir autonomia à organização local outra vez.

Essa tendência à descentralização, embora desloque a tomada de decisão para esferas mais próximas ao cliente, leva à duplicação que a centralização e o compartilhamento de serviços têm como objetivo evitar. Como alternativa a essa situação é possível adotar uma *estrutura distribuída* (Figura 3-18). A distribuição delega uma atividade completa a uma unidade local para atender às próprias necessidades e as de outras unidades. A responsabilidade cai onde está a competência. A função, ou serviço, é descentralizada, mas não necessariamente em uma matriz ou sede corporativa.

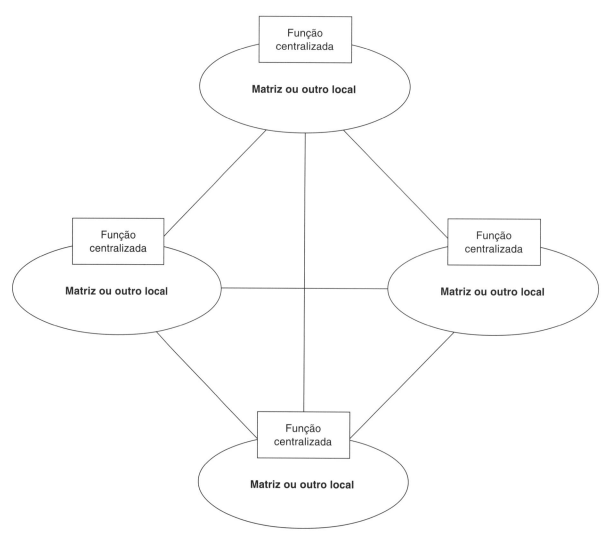

FIGURA 3-18 A estrutura distribuída.

Em sua maioria, as grandes empresas de consultoria são organizadas dessa maneira. O centro do poder e do conhecimento relativos a uma atividade está localizado junto ao cliente, não centralizado em uma matriz. Assim, atividades financeiras podem estar localizadas em Nova York, atividades automotivas em Detroit, de entretenimento em Los Angeles e de energia em Dallas.

A estrutura distribuída é menos hierárquica que o modelo tradicional definido com base em uma matriz. As unidades locais recebem responsabilidades que abrangem toda a companhia, o que estabelece um elo mais robusto entre elas e a direção geral da organização. Quando diferentes unidades têm responsabilidades, define-se um interesse em comum para impedir que interesses locais tomem o lugar de necessidades mais gerais. Uma unidade se incumbe de treinamentos, enquanto outra executa serviços de gestão de projeto, ao passo que uma terceira desenvolve aplicações. O interesse de cada unidade é fornecer serviços de qualidade às outras unidades.

A organização distribuída depende de uma equipe de funcionários experientes capazes de trabalhar juntos, de igual para igual.

LIMITAÇÕES E VERIFICAÇÕES

- Onde está localizado o poder na nova organização?
- Quais papéis, processos ou outros mecanismos geram o equilíbrio para esse novo centro de poder?

A estrutura da organização simboliza as relações de poder e autoridade entre funções. Na verdade, assim que a estrutura tenha sido determinada, as diferenças entre funções ficam visíveis. A escolha da estrutura faz com que algumas áreas fiquem subordinadas a outras em termos de poder, influência e papel que desempenham no processo global de tomada de decisão no negócio.

Na ânsia de implementar o foco no cliente ou de atender a outros critérios de projeto, este talvez acabe entregando muito poder a um papel organizacional, enquanto outros saem enfraquecidos. Embora essas limitações e verificações possam ser conduzidas por meio de processos, medidas e gestão, o projeto talvez exacerbe problemas em potencial. Por exemplo, se a gerência de contas, mais focada nas vendas do que na execução do serviço, tiver muitos representantes nas esferas mais elevadas da organização, é possível que a tomada de decisão seja influenciada. Com isso, as vozes das unidades operacionais e de infraestrutura são sufocadas — o que gera problemas de controle quando o crescimento ultrapassa a capacidade de produção da organização.

3. A Estrutura dá Suporte ao Fluxo de Trabalho?

- As unidades e funções foram configuradas para facilitar o fluxo lógico de trabalho?
- O trabalho é executado, do começo ao fim, em uma única unidade, quando possível?

Examine como o trabalho flui na organização. Se as pessoas estão agrupadas de maneira a ter controle sobre um processo em toda sua extensão, é possível identificar e interferir em gargalos e pontos nevrálgicos com facilidade. Com um gerente responsável por um processo completo é mais fácil vencer a resistência à mudança quando um

PROJETO DE ORGANIZAÇÕES DINÂMICAS: UM GUIA PRÁTICO PARA LÍDERES DE TODOS OS NÍVEIS

processo se espalha por diversas funções e é conduzido por gerentes com diferentes perspectivas e interesses.

Contudo, na maior parte das situações, o trabalho flui por um grande número de diferentes unidades. Em uma organização, a maior parte dos processos se insere em outros processos ou faz parte de processos maiores. O ponto em que um processo termina e outro começa nem sempre está bem definido. Por essa mesma razão, o trabalho não flui em uma única direção o tempo todo. O que parece um processo completo na verdade pode parecer um processo maior dividido em partes mais facilmente administráveis. Nesses casos, o esclarecimento dos papéis e limites da organização ganha importância ainda maior, conforme discutido na seção sobre papéis organizacionais, neste capítulo.

4. Você Levou em Conta Diferentes Canais de Distribuição, Sobretudo o Impacto do Comércio Eletrônico?

- Quais são seus canais de distribuição?
- Todos os seus canais têm poder idêntico na organização?
- O que precisa ser feito para garantir que a competição interna não distraia a atenção sobre os concorrentes externos?

Os canais de distribuição podem ser filiais ou lojas, a Internet, correio, representantes de vendas ou catálogos. Muitas organizações utilizam canais simples para vender os mesmos produtos sem mudar preços. Hoje, as iniciativas focadas no comércio eletrônico não são somente um novo canal, mas um negócio concorrente.

Por exemplo, a Barnes and Noble, em um esforço para concorrer com a Amazon, criou um serviço *online* completo. Nele, os livros são precificados de forma diferente em comparação com as lojas físicas. Embora esteja competindo com eficiência com a Amazon *online*, a Barnes and Noble na verdade está canibalizando alguns de seus próprios negócios. As pessoas que antes se deslocariam até a loja para comprar um livro, agora fazem suas compras *online*, a preços mais baixos. A pergunta é: "É melhor fazermos isso por conta própria, já que alguém vai fazer isso por nós de qualquer maneira?" As lojas da Barnes and Noble sobrevivem porque o *design* atraente e confortável e a inclusão de cafeterias nas livrarias da rede formam um destino e um ambiente que transcendem a compra de livros. Além disso, embora algumas vendas das lojas físicas sejam perdidas, o canal de comércio eletrônico atinge um novo mercado de compradores em potencial.

Uma conhecida empresa seguradora norte-americana está enfrentando o mesmo desafio. Recentemente ela lançou uma estratégia de comércio eletrônico que compete de forma direta com sua grande e tradicional equipe de vendas. O canal via Internet chegará às pessoas que nunca haviam tido acesso ou que não desejavam contato com representantes de venda. Além disso, esse canal atrairá pessoas que já tenham efetuado alguma transação por meio de um representante. Mais e mais empresas estão utilizando o *clicks and mortar*[*] para ganhar vantagem competitiva, acomodando modelos de negócio

---

[*] N. de T.: Jogo de palavras com a expressão *bricks and mortar*, que se refere às instalações físicas de uma loja (do inglês, *bricks*, "tijolos" e *mortar*, "argamassa").

concorrentes em uma mesma estrutura corporativa. Apesar de ser cedo para conhecer o impacto total que o comércio pela Internet terá na organização, o impacto em potencial em sua empresa deve ser levado em conta em seu projeto.

5. Você Está com o Nível Certo de Complexidade?

- A nova estrutura organizacional é muito complexa? É possível obter os mesmos resultados com uma estrutura mais simples?
- Você fez simplificações à custa de seus critérios de projeto?

O nível de complexidade da organização precisa estar dentro dos limites suportados pela empresa. Embora os gerentes prefiram conservar a simplicidade, o projeto da organização precisa ser simples para apenas duas das partes envolvidas: o cliente e os funcionários da linha de frente que precisam atendê-lo. É tarefa do gerente lidar com a complexidade interna, se a empresa assim exigir.

Se você tem uma empresa simples e estável, é possível que você tenha uma organização que opera sem entraves e que não precisa de um alto grau de complexidade. No entanto, se você está tentando criar uma organização reconfigurável antes de uma mudança futura, é provável que necessite de relacionamentos internos complexos. Se você tem operações em todo o mundo, com clientes globais e diversos produtos, não resta dúvida de que você precisará de uma estrutura que permita operar global e também localmente, e que possa reagir a diversas oportunidades e demandas, ao mesmo tempo.[3]

Em contrapartida, você pode ir além do necessário no projeto e introduzir complexidade onde ela não é necessária, o que drena tempo e atenção dos gerentes. Há vezes em que o projeto complexo é exigido pela estratégia do negócio, mas as pessoas que no momento trabalham na organização não têm as habilidades ou a experiência necessárias para administrar essa complexidade com sucesso. Talvez você tenha de ajustar o projeto para levar esses aspectos em consideração. É possível que você tenha também de concentrar esforços em recrutamento, treinamento e desenvolvimento, além do tempo de transição necessário para a nova estrutura. Projete o cenário ideal, em primeiro lugar, determine como você preparará a organização para seguir com esse objetivo e reflita sobre a necessidade de um projeto temporário.

6. A Cultura da Organização é Condizente com o Projeto?

- Quais valores ou normas culturais podem ser desafiados pela organização tal como projetada?

Uma das vantagens de projetar uma organização desde o princípio é que não há uma cultura existente que precise ser alterada. Os projetistas da organização e os líderes determinam o tipo de cultura que desejam criar. Porém, é raro alguém começar da estaca zero. Com uma organização existente, toda a questão da reestruturação converge para a mudança — reconhecer que aquilo que pode ter funcionado no passado já não bastará no futuro. No entanto, o esforço de reestruturação tem de reconhecer a organização como um todo, considerando sua história, seus valores e sua cultura enraizados em sua existência e que lhe deram sua forma atual. Algumas empresas são capazes de ter divisões altamente ativas do ponto de vista empresarial, em meio a uma cultura tradicional e rígida. Muitas vezes essas divisões são muito isoladas, como a pesquisa e o desenvolvimento ou as iniciativas no comércio eletrônico conduzidas sem muita divulgação. Na maioria dos casos, as pessoas em sua organização terão de permanecer como parte de um todo maior. Cuidado com os prováveis desafios impostos por normas e valores, sobretudo se você for novo na empresa. Essas normas e valores nem sempre são explícitas, e podem formar uma barreira no momento da implementação. Essa situação é ilustrada por dois exemplos:

A proteção para funcionários com muito tempo de empresa. A companhia de seguros orgulhava-se de seus 150 anos de história. Muitos de seus funcionários passaram toda a carreira com a empresa. Alguns faziam parte da segunda ou mesmo terceira geração de pessoas que haviam trabalhado na companhia. A empresa tinha como política fornecer estabilidade no emprego para os funcionários com maior tempo de casa. Os gerentes que demitiam funcionários antigos não eram bem vistos. O diretor de controle financeiro, que estava trabalhando na empresa há apenas nove meses, estava reconsiderando a extensão da reestruturação planejada para sua organização quando percebeu que as mudanças em questão não teriam o apoio da cultura da companhia. Se os funcionários existentes em sua organização não forem capazes de efetuar as alterações necessárias em habilidades e conhecimentos, mas precisarem ser conservados ou realocados, talvez você enfrente limitações semelhantes, em termos do nível de mudança possível ou da velocidade em que você poderá conduzi-la.

A história hierárquica. Na última empresa em que você trabalhou, todos os funcionários trabalhavam em equipes, em uma estrutura horizontal, não hierárquica, com equipes originais. Em sua nova companhia, embora "trabalho em equipe" seja jargão, como em qualquer outra empresa, na verdade não existem equipes, a não ser aquelas formadas para uma força-tarefa ocasional. As pessoas raramente se comunicam com seus colegas antes de uma reunião com os gerentes. Se sua nova estrutura e seus novos papéis forem construídos em torno de seus pressupostos anteriores relativos a equipes, então você terá de reconhecer que a mudança será maior e mais difícil de implementar. Você terá de considerar a adoção de etapas temporárias na construção desta competência e precisará de maiores investimentos em treinamento e desenvolvimento.

Utilize a Ferramenta 3-7 para avaliar as opções que você gerou, levando em conta os critérios de projeto, as descobertas feitas pela avaliação do estado atual e as considerações apresentadas acima.

A ADOÇÃO DE UM PROCESSO PARTICIPATIVO: O MAPEAMENTO DA ESTRUTURA

As seções anteriores apresentaram as etapas iniciais no desenvolvimento de uma nova estrutura organizacional: a consideração das opções, o projeto e a definição de papéis e o teste do projeto em potencial na prática. Resta discutir o modo como as opções estruturais e um novo projeto são desenvolvidos na prática. Como é que você descobre o que pode funcionar?

O projeto de uma nova estrutura e de novos papéis é o fórum de participação, conforme vimos no Capítulo 1. Se há questões conhecidas relativas à estrutura atual, as pessoas ficarão ansiosas para criar algo melhor. As pessoas que trabalham na organização conhecem os problemas envolvidos e são surpreendentemente criativas na hora de gerar alternativas para solucioná-los. Mais importante do que isso é o envolvimento, pois ele se torna uma forma de educação. As pessoas que participam entendem por que as mudanças estão sendo conduzidas e utilizam uma linguagem otimista para comunicar-se com seus colegas que não estão diretamente envolvidos no projeto. O desafio do líder da empresa e do líder de RH (que muitas vezes está administrando o processo de envolvimento) consiste em estruturar a participação de forma a oferecer alternativas fortes, bem planejadas e em fazer com que as pessoas sintam-se empoderadas pelo processo.

Esta seção descreve um processo participativo envolvendo a equipe de lideranças para gerar e avaliar novas estruturas organizacionais utilizando as ferramentas descritas neste capítulo.

O Projeto das Lideranças Fora da Empresa

Muitas vezes sugerimos aos nossos clientes que o processo de projeto pode ser acelerado com o agendamento de reuniões com a equipe de lideranças, com duração de três ou quatro dias, fora da empresa. Esse tipo de reunião tem diversas vantagens:

- As pessoas sentem-se mais livres quando ausentes de seus locais de trabalho e das distrações inerentes a estes. Nesse tipo de reunião, elas estão menos inclinadas a simplesmente reordenar algumas posições no organograma da companhia ou apresentar uma "solução velha com roupa nova".

- O ritmo conseguido em uma reunião fora do ambiente da empresa, na hipótese de ser bem estruturada e conduzida, parece compelir as pessoas a gerar mais ideias do que fariam se tentassem efetuar as atividades de projeto pouco a pouco, em um ambiente onde têm de atender às demandas de suas rotinas diárias.

- O projeto conduzido em outro ambiente concentra as pessoas na colaboração e nos preceitos que compartilham como integrantes de uma mesma organização.

- O investimento em uma reunião longe do ambiente da companhia sinaliza a importância da mudança.

O projeto conduzido fora da sede da empresa é uma excelente maneira de "dar a partida" no processo de mudança. Durante o processo de projeto, você deve agendar a reunião com base na sua percepção sobre quando um número maior de pessoas gerará resultados mais representativos. Há dois pontos no processo favoráveis fora da empresa:

- O arranjo estratégico foi definido e o líder deseja gerar alternativas relativas à estrutura.

- O líder já definiu uma nova estrutura e deseja envolver a organização na definição e no refinamento dos papéis organizacionais.

O Escritório das Nações Unidas para Serviços de Projetos (*United Nations Office for Project Services*, UNOPS) ilustra como uma organização utilizou o projeto feito pelas lideranças fora das instalações da empresa para criar uma estrutura organizacional nova e iniciar o processo de mudança.

ESTUDO DE CASO

O UNOPS é uma entidade da Organização das Nações Unidas, composta por 500 pessoas, que fornece serviços de gestão de projeto e obtenção em todos os campos em que a ONU tem autoridade. Os projetos atendidos variam, desde proteção ambiental até remoção de minas terrestres e erradicação da pobreza. Por exemplo, quando o Banco Mundial empresta dinheiro a um país para a construção de escolas, às vezes, a instituição solicita ao UNOPS que administre todo o projeto, incluindo a contratação de arquitetos e de eletricistas, a compra de cimento, a licitação de contratos de construção e o pagamento de fornecedores. O UNOPS é uma entidade especial dentro da ONU, pois seu orçamento é totalmente financiado pelas taxas cobradas pelos serviços prestados. Como organização sem fins lucrativos, o UNOPS precifica seus projetos de forma a cobrir suas despesas, não de acordo com as possibilidades do mercado. A exigência por trás da condição de se autossustentar indica que o UNOPS funciona mais como uma empresa e menos como um órgão governamental ou sem fins lucrativos.

O principal cliente do UNOPS é o Programa de Desenvolvimento das Nações Unidas (*United Nations Development Program*, UNDP), que concentra atividades em projetos de desenvolvimento. Em 1999, 74% do orçamento do UNOPS veio de projetos feitos com o auxílio do UNDP. Diversas tendências que apareceram no final da década de 1990 forçaram a liderança do UNOPS a reconsiderar sua estratégia de dependência de um único cliente:

- O financiamento gerado pelo UNDP estava diminuindo, com impactos previsíveis nos orçamentos do UNOPS. O UNOPS precisava diversificar sua base de clientes se quisesse continuar viável.

- O UNOPS tinha uma atitude muito passiva frente à aquisição de novos trabalhos. Em vista disso, a instituição estava assumindo uma série de projetos pequenos com altos custos de aquisição e que não levavam a relacionamentos de longo prazo com o cliente. Não havia parâmetros estratégicos que definissem o tipo de trabalho a ser almejado nem sobre projetos que teriam de ser recusados. Poucos recursos haviam sido alocados para o *marketing* ou o desenvolvimento de competências relativas à aquisição de novos negócios.

- A concorrência vinda do setor privado crescia. Embora a condição de instituição sem fins lucrativos do UNOPS permitisse gerar serviços a taxas menores do que a concorrência, sua falta de experiência em *marketing* e licitações, aliada à sua incapacidade de gerar respostas prontas e customizadas, representava uma desvantagem para a instituição.

CAPÍTULO 3 • COMO PROJETAR A ESTRUTURA **119**

- Os clientes estavam se tornando mais e mais sofisticados, exigindo velocidade, valor para seu dinheiro, menores custos e maior flexibilidade do UNOPS e de outros prestadores de serviços de gestão de projetos e obtenção de materiais.

Contudo, as oportunidades eram grandes. A fatia de mercado do UNOPS não passava de 25% nos cinco países que mais recebiam recursos da ONU. No outono de 2000, Reinhart Helmke, Diretor Executivo do UNOPS, começou a desenvolver uma nova estratégia como resposta a essas tendências. A estratégia estava focada no desenvolvimento de novos mercados, no aprofundamento dos relacionamentos com o cliente e na construção de uma organização global com uma cultura voltada para serviços forte (Figura 3-19).

Durante o desenvolvimento dessa estratégia, uma avaliação do estado atual foi conduzida e revelou problemas em todas as áreas da organização. Os principais problemas encontrados estão resumidos na Figura 3-20.

Novos mercados

- Crescimento
- Diversificação da base de clientes
- Presença proativa no mercado

Parcerias com o cliente

- Construção das principais competências para ganhar a preferência do cliente
- Escalada na cadeia de valor, gerando soluções totais
- Criação de uma organização focada no cliente

Cultura de serviços globais

- Descentralização e atuação global
- Alinhamento da arquitetura organizacional
- Eliminação da competição interna destrutiva

FIGURA 3-19 A estratégia do UNOPS.

VISÃO E ESTRATÉGIA
- Uma conexão entre a estratégia atual e a tomada de decisão cotidiana está ausente.
- A concordância entre planos de negócios e estratégia pretendida é pequena.
- A proposição de valor do UNOPS não foi totalmente esclarecida.

LIDERANÇA
- Papéis, responsabilidades e obrigações das lideranças não estão claros.
- Os grupos de lideranças não atuam como equipe.

PROCESSOS DE GESTÃO
- Os papéis e responsabilidades relativos à tomada de decisão não estão definidos com clareza.
- Os níveis hierárquicos inferiores da organização não participam na tomada de decisão.
- Há uma carência de processos de planejamento de gestão de processos.

ESTRUTURA ORGANIZACIONAL
- A estrutura atual perpetua a confusão nas linhas de reportamento e obrigações.
- Os papéis das divisões atuantes por escopo de projeto e por área geográfica não são diferenciados.
- Foram criadas novas unidades sem que seus valores para a organização tenham sido definidos.

SISTEMAS DE CONTROLE
- As métricas de desempenho não enfatizam a qualidade nem a obtenção de recursos.
- Os sistemas de gestão de desempenho apresentam fraquezas.
- É necessário adotar padrões idênticos para as áreas de operações e de serviços.

COMPETÊNCIAS E CONHECIMENTO
- A gestão em ambientes de equipe não é competência inserida no UNOPS.
- Os gerentes carecem de competências de marketing.

FIGURA 3-20 O resumo dos problemas atuais do UNOPS.

As questões relativas à estrutura organizacional eram particularmente críticas para o UNOPS. A organização estava estruturada em duas áreas: suporte e operações.

As funções de suporte incluíam serviços centralizados, como jurídicos, financeiros, tecnologia da informação e RH. As divisões de operação estavam estabelecidas em áreas geográficas ou em termos de escopos de projeto. As áreas geográficas executavam serviços para regiões definidas, algumas localizadas na matriz do UNOPS em Nova York, enquanto outras foram descentralizadas e passaram a operar em escritórios locais em diferentes regiões. As divisões definidas por escopo de projeto estavam também espalhadas entre Nova York e outros países, estando concentradas em tipos específicos de segmentos de mercado, como programas ambientais, projetos de reabilitação e desenvolvimento ou programas de avaliação (Figura 3-21). Quando comparada com os critérios de projeto presentes na nova estratégia, a estrutura erguia uma série de barreiras, resumidas na Figura 3-22.

Reinhart Helmke chamou um facilitador de projetos e agendou um encontro longe das instalações do UNOPS, que duraria quatro dias e meio, para apresentar a nova direção estratégica e começar a envolver a equipe de lideranças na reestruturação da organiza-

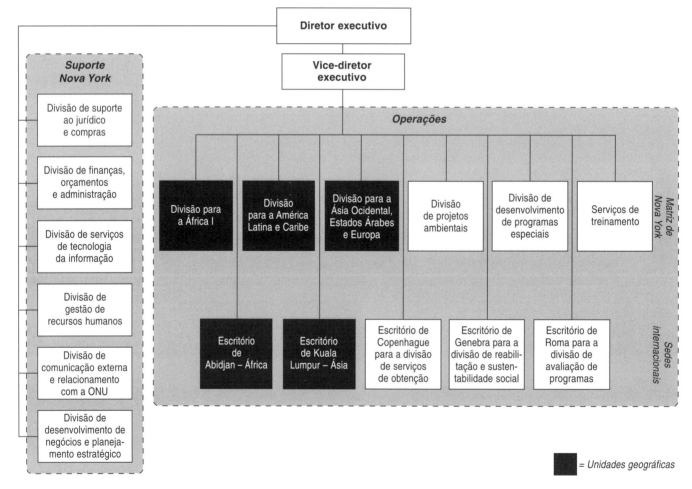

FIGURA 3-21 A estrutura organizacional do UNOPS antes da reestruturação.

Barreiras estruturais atuais	Novas exigências para a estratégia (critérios de projeto)
Regiões geográficas e escopos de projeto não refletem o modo como os clientes fazem negócios. • Os clientes têm operações globais, mas seus projetos são definidos localmente.	Organizadas em função do cliente.
Competição interna por clientes. • As divisões geográficas e em escopo de projeto competem pelos mesmos clientes e têm diferentes capacitações de execução de serviços. • Cada divisão tem seu próprio orçamento sem mecanismos de divisão de receitas.	Os clientes são designados às divisões com clareza.
Diversos pontos de contato com o cliente.	Coordenação dos contatos com o cliente.
O centro das atividades localizado em Nova York e os escritórios em outros países geram uma relação de matriz com filiais, sem perspectiva global.	A organização global está localizada próximo aos clientes e às atividades.
Um foco interno — diversos gerentes e níveis gerenciais.	Menor número de cargos de gerência focados nas atividades internas — mais pessoas engajadas no atendimento a clientes.
As funções são duplicadas.	Existe um conjunto de recursos compartilhados.
Funcionários essencialmente imóveis, "propriedade" das unidades geográficas, escopos de projeto ou funções.	Alocação flexível de recursos em todo o mundo.
Status definido com base na ascensão a posições cada vez mais elevadas na hierarquia gerencial, com limitações no avanço das carreiras.	Status definido com base nos resultados obtidos para os clientes, com oportunidades para administrar projetos de complexidade crescente.
Desequilíbrio de poder na equipe executiva. • As funções de apoio se reportam diretamente ao diretor executivo, mas as funções de operações (isto é, que geram receitas) reportam-se a um vice-diretor. • Os 17 chefes de divisão entendem que têm direitos idênticos na contribuição com decisões, o que torna o processo de tomada de decisão ingerenciável e contencioso.	Uma equipe executiva, de porte gerenciável, representa as principais perspectivas da organização.

FIGURA 3-22 As exigências da nova estratégia do UNOPS.

ção que atendesse aos critérios de projeto estratégico. O planejamento do encontro contemplou três áreas:

- *Envolvimento*: Quem deve comparecer ao encontro?
- *Agenda*: O que precisa ser discutido no encontro?
- *Processo*: Como o processo de projeto deve ser administrado?

O Envolvimento

Mesmo que você esteja convencido da necessidade de mudança e tenha desenvolvido algumas ideias sobre a transformação de sua organização, é provável que essa reestruturação deixe sua equipe de lideranças nervosa. Embora manifestem seu apoio à mudança, os integrantes dessa equipe creem que são aqueles que têm mais a perder. Eles se preocupam com a possibilidade de suas áreas serem incorporadas por outra função e de seus cargos de liderança serem extintos, ou de terem sua autoridade diminuída. A participação dos funcionários de um ou dois níveis hierárquicos inferiores é necessária, pois cria uma pressão ascendente pela mudança. As pessoas nesses níveis estão menos preocupadas com questões relativas a poder e cargo, sendo que seus interesses se voltam para fazer tudo funcionar melhor.

A equipe de lideranças ampla, formada pela equipe de lideranças propriamente dita e por um ou dois funcionários de destaque, selecionados em suas organizações, contribui com participação e ideias mais dinâmicas e consistentes. Na maioria das vezes, essa equipe maior acaba contabilizando entre 20 e 25 integrantes.

Por exemplo, Reinhart Helmke decidiu convidar 25 pessoas para o encontro sobre o projeto do UNOPS. Além dos 17 chefes de divisão, ele escolheu também um ou dois de seus funcionários imediatos como fontes de outras perspectivas para as discussões.

Utilize a Ferramenta 3-8 para definir os participantes para sua reunião fora do ambiente de trabalho da organização.

A Agenda

O encontro em local diferente da sede da organização é um fórum para discussões sobre educação, tomada de decisão e trabalho em rede. Essa reunião precisa ser planejada para atingir esses três objetivos. A Figura 3-23 mostra uma visão geral de agenda para o projeto do UNOPS conduzido longe da sede da organização. A agenda desse encontro deve ser preparada de acordo com três critérios:

1. *O fluxo é lógico? Existe um elo entre as atividades?* A agenda começa contemplando o panorama geral, passando a tratar de questões específicas de forma gradual. Os participantes precisam entender e concordar com as alterações no ambiente externo que estão motivando uma mudança na estratégia, antes de poder projetar novas estruturas e papéis ou chegar a um acordo sobre comportamentos desejados. Na agenda do UNOPS, o tema de discussão em um dado dia é baseado nos trabalhos do dia anterior. No primeiro dia, metade do tempo é para desenvolver uma compreensão do ambiente competitivo. No segundo dia, os participantes esclarecem a nova estratégia e chegam a um acordo sobre ela. É somente a partir desse instante que os participantes estão preparados para gerar opções para a estrutura organizacional, no terceiro dia. As atividades do quarto dia se concentram em papéis e comportamentos. Na última manhã do encontro, os participantes finalizam o trabalho e decidem como divulgar os resultados obtidos para a organização, que agora espera ansiosa por sua volta.

2. *O desfecho das atividades está claro?* No Direito existe um ditado que diz que um advogado presente no tribunal nunca deve fazer uma pergunta cuja resposta já conheça. O mesmo desejo de evitar surpresas desagradáveis deve orientar a agenda do projeto. Perguntas generalizadas, sem uma finalidade clara, devem ser evitadas. Do

	Dia 1	Dia 2	Dia 3	Dia 4	Dia 5
	Compreensão do ambiente competitivo dos negócios: quais são as forças e tendências de mercado que têm impacto em nossa empresa?	Compreensão da nova direção a tomar: quais são as implicações da estratégia?	Antevisão sobre a nova organização: qual é a melhor maneira de concretizar a estratégia?	Definição de papéis e de responsabilidades: quais papéis precisam estar a postos e como assumimos nossas responsabilidades?	A criação de um plano de transição: quais são a estratégia e os planos de transição de que precisamos para avançar no futuro?
Manhã		Revisão Apresentação: definição da nova estratégia da empresa (líder) Mesa redonda: identificação das principais mensagens, perguntas, preocupações e discordâncias Discussão	Revisão Apresentação: como construir uma organização de serviços (palestrante convidado) Sessão de perguntas e respostas Resumo: o que podemos aprender com esse exemplo? Apresentação: os parâmetros de projeto de uma organização (líder)	Revisão Apresentação do projeto integrado ao líder Discussão	Revisão Verificação do processo de mudança Planejamento da transição Definição de novas etapas
Tarde	Boas vindas e apresentações: Agenda, objetivos e orientações Resumo e discussão dos resultados da avaliação do estado atual	Trabalho em grupo: como compreender uma estratégia 1. Estratégia principal 2. Recursos estratégicos 3. Interface com o cliente 4. Rede de valor Apresentação dos resultados e discussão	Trabalho em grupo: o desenvolvimento de alternativas organizacionais Apresentação dos resultados dos grupos e discussão	Definição dos papéis de lideranças e responsabilidades / discussão Trabalho em grupo: como construir uma cultura de serviços globais Apresentação dos resultados dos grupos e discussão Comportamentos de liderança e obrigações Discussão e perguntas	Desenvolvimento de planos de comunicação e envolvimento Encerramento
Noite	Apresentação: o mercado em mudança (palestrante do setor) Mesa redonda: perguntas e fatos Sessão de perguntas e respostas	Livre	A integração de projetos e a preparação de apresentações (dois representantes de cada grupo)	Livre	

FIGURA 3-23 Um exemplo de uma agenda de reunião fora da sede da organização.

contrário, você verá sua reunião dominada por questões secundárias que interessam apenas a um pequeno grupo de pessoas. O objetivo de cada atividade deve estar claro. A atividade deve:

- Trazer informações?
- Melhorar a compreensão?

- Formar opiniões?
- Avaliar alternativas?
- Resumir opções, questões ou decisões?

3. *Você tem uma combinação de modalidades?* Todos compareceram às reuniões que não passaram de uma série de apresentações seguidas de sessões de perguntas e respostas. Como você explica o fato de que as pessoas têm diferentes estilos de aprender e discutir um assunto? Utilize pequenos grupos de tamanhos e composições diferentes para que as pessoas possam compreender e discutir o que ouviram antes de responder a uma apresentação. Peça às pessoas para utilizarem *flip charts* para desenhar e diagramar suas ideias. Forneça materiais que permitam a criação de representações tridimensionais. Às vezes, pequenas encenações que ilustram os novos papéis na organização ou os novos comportamentos necessários são uma forma eficiente de envolver toda energia e criatividade de um grupo.

Considere incluir os seguintes componentes em sua agenda para preparar o grupo para o trabalho de projeto:

- *Tendências do setor/Informações sobre a concorrência.* Não pense que todas as pessoas concordam sobre o caminho que seu setor de atuação tem de seguir ou sobre as forças externas que motivam a necessidade de um redirecionamento estratégico ou de uma empresa reestruturada. Garanta que haja um consenso já no começo do encontro. Envolva o grupo em uma discussão das implicações dessas tendências e na identificação dos fatos mais relevantes em seus negócios. Essa discussão pode ser relembrada, no futuro, para reconduzir o foco das pessoas, caso percam uma noção do panorama geral.

O UNOPS convidou o chefe de uma empresa do setor privado com operações no mercado em que a instituição pretendia entrar. Como empresa do setor privado, ela tinha acesso limitado ao mercado da ONU e estava interessada em formar uma aliança com o UNOPS. A maior parte dos concorrentes não demonstra grande disposição em compartilhar suas opiniões sobre o setor em que atuam. Porém, um palestrante vindo de um grupo setorial, um professor universitário ou um consultor propicia essa perspectiva externa. Se sua organização faz parte de uma empresa maior, essa perspectiva pode ser apresentada por um alto executivo de outra área da companhia, que discutirá o modo como a empresa reage às mudanças no ambiente. Se não for possível encontrar um palestrante apropriado, envie aos participantes algumas cópias de artigos sobre o assunto como fonte de leitura preliminar. Durante a preparação para o projeto conduzido fora da sede da empresa, você deve se perguntar:

— Em sua opinião, quais são as principais tendências e fatos em seu setor que todos os participantes no encontro precisam entender e concordar?

— Quem poderá apresentar o "panorama geral" de seu setor?

— Quais relatórios ou artigos recentes podem complementar ou substituir a apresentação de um palestrante?

- *As boas práticas.* É interessante ter um modelo em mente, uma organização que você admire, que atue em seu setor e que esteja enfrentando os mesmos desafios. Como

alternativa, convide alguém de outro setor que tenha passado por transição semelhante. Os relatos de uma jornada parecida, feita por outra empresa, já no começo do
encontro mostra aos participantes que, embora árdua, muitas empresas passam por
essa mudança com sucesso. Se questões estratégicas ou estruturais dessa companhia
forem semelhantes às da sua empresa, melhor ainda. Essas comparações promovem
o surgimento de noções novas. Mais uma vez, solicitar que os participantes leiam
artigos antes do encontro e então discutir os assuntos tratados durante as reuniões
também é eficiente.

Reinhart Helmke convidou um antigo colega da Ernst & Young Consulting Services
para falar no encontro do UNOPS. Embora as empresas e mercados fossem muito
diferentes, ambas as organizações utilizam os mesmos modelos operacionais. Na década
de 1990, a E&Y passou de uma organização relativamente pequena, de atuação em
regiões geográficas limitadas e receitas que dependiam de seus serviços de consultoria e
assessoria tributária para grandes clientes, a uma das cinco maiores empresas de consultoria do mundo, no final da década. A necessidade de aperfeiçoar e eliminar níveis na
organização, de criar uma relação rentável com clientes, e não com regiões geográficas, ao
lado da obrigação de criar indicadores e sistemas de recompensa que dessem suporte a uma
cultura de serviços, foram fatores que fizeram sentido para os ouvintes do UNOPS. O grupo
participante do evento não demorou a compreender que sua situação não era única e passou
a explorar as possibilidades de aplicar as lições dadas pela E&Y em sua própria organização.

— Quais são os problemas enfrentados por sua organização que as pessoas acreditam
ser "exclusivos"?

— Quais as organizações que enfrentaram desafios semelhantes aos da sua e que
poderiam revelar as lições aprendidas?

- *Os resultados da avaliação do estado atual.* Revele os resultados da avaliação atual. Essa
avaliação coloca os problemas na mesa. Em vez de passar tempo pensando sobre por
que as coisas não vão bem, dedique mais tempo da agenda do evento à solução de
problemas. O reconhecimento de todas as questões atuais e a demonstração de que
os problemas das pessoas foram ouvidos facilitam redirecionar o foco dos participantes sobre o futuro.

- *A estratégia.* Os participantes precisam ter uma boa compreensão da estratégia e de
como a organização precisa dar suporte a ela. Você pode executar essa tarefa sozinho
ou com a ajuda da equipe executiva, e precisará apresentá-la no encontro. A estratégia é a base desse evento. Certifique-se de que seja apresentada de modo a facilitar
aos participantes entendê-la, lembrá-la e comunicá-la a seus funcionários quando
retornarem ao trabalho.

— O que mudou no ambiente?

— Quais são os novos desafios e oportunidades?

— Entre os pontos da nova estratégia que precisam ser lembrados, quais são os três
ou quatro mais importantes?

- *Os parâmetros de projeto.* Os parâmetros de projeto definem os limites do processo, os
itens inegociáveis e os critérios de julgamento do projeto. Esses parâmetros devem incluir:

1. Os indicadores de sucesso, os limites e premissas que você gerou no Capítulo 2 como parte da *Definição da Estrutura do Projeto*.

2. O processo de tomada de decisão e o papel que os participantes do encontro desempenham nele.

3. Se há possibilidade de você se comprometer a aceitar um projeto estrutural sobre o que o grupo concordou ou se você acha que o trabalho do grupo deve ser visto como etapa inicial a ser mantida em observação. (Veja a Ferramenta 1-5, "A Definição da Participação".)

4. O horizonte de tempo. Peça ao grupo que projete uma estrutura ideal, para daqui a 12 ou 18 meses. Isso evita que seus integrantes adotem a mentalidade que diz "não conseguiremos fazer isso hoje", que estreita o modo de pensar.

Reinhart Helmke apresentou um conjunto bem definido de parâmetros de projeto na reunião do UNOPS. Esses parâmetros indicaram a direção do projeto, sem prescrever como a organização deveria ficar no futuro. Ele se comprometeu a aceitar a nova estrutura e o projeto, desde que representasse o consenso do grupo e satisfizesse todos os critérios e parâmetros de projeto. Além disso, ele reconheceu que tudo o que fora apresentado no encontro deveria ser reconsiderado de forma bastante ampla, antes de poder ser visto como recomendação final. Os parâmetros de projeto do UNOPS estão apresentados na Figura 3-24.

— Quais são seus critérios de projeto?

— Quais são os critérios de julgamento do sucesso de um projeto?

- *As opções estruturais.* A maior parte das pessoas não está acostumada a pensar formalmente sobre estruturas. É interessante disponibilizar material de leitura preliminar ou propor uma atividade em que os participantes comparem cenários e estruturas organizacionais para apresentar a linguagem do projeto estrutural e os papéis organizacionais.

Utilize a Ferramenta 3-9 para determinar os componentes de seu projeto elaborado durante o encontro longe da sede de sua organização.

- Considere todas as atividades atuais, mas não leve em conta a forma em que são conduzidas.
- Elimine zonas de sobreposição e concorrência interna.
- Favoreça a utilização equilibrada de recursos.
- Crie uma organização verdadeiramente global — considere a necessidade de transferir atividades de Nova York para outras localidades.
- Integre a gestão do relacionamento com o cliente ao desenvolvimento de negócios.
- Permita a geração de soluções, não apenas de produtos e serviços, a nossos clientes.
- Facilite a nossos clientes a execução de negócios conosco e nos ajude a construir relacionamentos de longo prazo com eles.
- Permita reagir com rapidez a novas oportunidades.
- Aumente o compartilhamento de conhecimento e a transferência de sucesso.

FIGURA 3-24 Os parâmetros de projeto do UNOPS.

O Processo

Como você envolve as pessoas na tarefa de reestruturar sua organização no sentido de aumentar as chances de desenvolver opções apropriadas? Conforme discutimos antes, a estruturação da agenda feita com antecipação é essencial para gerar as informações necessárias. A segunda etapa consiste em disponibilizar um processo que oriente o trabalho do grupo. A seguir, citamos alguns pontos a serem considerados:

- *A estruturação das equipes.* Divida o grupo em equipes de 8 a 10 pessoas de diferentes funções e locais, mas de mesmo nível hierárquico. Uma vez que a estruturação pode se tornar uma questão pessoal para as pessoas com cargos de liderança, essas pessoas podem sentir-se tentadas a exercer o poder para influenciar funcionários em níveis hierárquicos inferiores. Mantenha os líderes juntos, em uma ou duas equipes, e deixe os outros participantes trabalharem com colegas de mesmo nível. Essas diferentes equipes contribuirão com alternativas bastante distintas.

- *A participação das lideranças.* Por regra, como líder você não deve participar do processo de projeto. Sendo a pessoa que tomará a última decisão, seus comentários têm peso muito alto. Talvez seja necessário ficar de fora das reuniões durante o trabalho dos grupos, para não influenciá-los ou limitar sua criatividade.

- *O espaço.* As equipes trabalham em salas separadas ou em divisões da sala principal, se ela for grande o suficiente. Observar o trabalho dos outros grupos permite gerar uma competição positiva, mas se os grupos trabalharem em uma mesma sala, ela precisa ser ampla o bastante para que um grupo não distraia os outros.

- *A facilitação.* A facilitação desempenha um papel muito importante no projeto conduzido fora da sede da empresa. Recorra a um facilitador de projeto, que tenha alguma experiência no projeto de organizações, se possível. A estrutura organizacional é assunto de disputa, e as pessoas podem perder o foco de questões mais amplas de objetivos gerais com facilidade. Na situação ideal, cada equipe tem seu próprio facilitador, que a mantém no rumo certo.

- *As ferramentas.* Em nosso trabalho, descobrimos duas ferramentas particularmente úteis para a geração de ideias.

    1. *Notas autoadesivas Post-It®.* As notas Post-It permitem explorar as opções de reconfiguração visual da organização diversas vezes, sem a necessidade de redesenhá-la toda vez que for analisada. Uma folha de papel *craft* tamanho grande presa na parede pode ser utilizada para fixar as notas autoadesivas de diferentes formas e cores para representar funções, papéis e relacionamentos. Se os componentes organizacionais permanecem os mesmos (por exemplo, se o departamento financeiro deve continuar como o único setor com essa função), então as notas autoadesivas podem ser nomeadas com antecedência. Porém, se for necessária alguma flexibilidade na reconfiguração das partes da organização, as equipes poderão nomear as notas por conta própria.

    2. *Estudos de caso.* Forneça às equipes uma curta descrição de caso (de um ou dois parágrafos) que ilustre um cenário comum e problemático na organização. Conforme elaboram o projeto, peça aos participantes que considerem o modo como

suas soluções resolveriam as questões levantadas no estudo de caso específico. Esse recurso oferece um modo concreto de examinar como as novas estruturas e papéis em potencial funcionarão.

- *O exame dos resultados.*
  1. *Reveja todas as alternativas.* Uma das opções para examinar os resultados consiste em solicitar que cada equipe apresente seu projeto sugerido ao líder e ao restante do grupo. Você pode apresentar algumas perguntas para esclarecer áreas de concordância e discordância entre os projetos. O exame de todos os projetos permite identificar os melhores elementos em cada um. A desvantagem dessa abordagem é que ela não gera consenso entre os participantes. Além disso, você pode sofrer acusações de favoritismo, se escolher um projeto em detrimento dos outros.
  2. *Peça ao grupo que chegue a um consenso.* Esta alternativa pede que cada grupo apresente seu próprio projeto e o respectivo embasamento aos outros grupos antes de você retornar à sala. Cada grupo seleciona um ou dois participantes para atuarem como delegados em uma nova equipe, que integrará os projetos de todos os grupos, identificando os pontos de concordância e de diferença em termos de abordagem ou de questões não resolvidas. Quando esse projeto combinado for apresentado a você, será necessário expressar suas preocupações e apontar os elementos que devem ser considerados em detalhe. A vantagem dessa abordagem é que o grupo encerrará o encontro com um projeto que, embora incompleto, ao menos representa a nova direção e reflete as preocupações de todos. Um grupo de trabalho de acompanhamento pode ser formado para continuar a trabalhar com as questões pendentes após o encontro terminar.

- *O tempo.* As equipes precisam de ao menos três horas de trabalho propriamente dito e de 15 minutos adicionais para apresentarem seus projetos e responderem às perguntas. Se você pedir que combinem seus projetos, o encontro deverá ser planejado de maneira que o trabalho de projeto seja efetuado no período da tarde e a combinação dos projetos seja conduzida à noite. Os representantes encarregados da combinação dos elementos de projeto precisam estar preparados para trabalhar até mais tarde na noite, pois é necessário um expressivo intervalo de tempo para negociar as diferenças e concordar sobre a apresentação do projeto integrado.

ESTUDO DE CASO

O grupo de funcionários do UNOPS passou a tarde do terceiro dia do encontro trabalhando como quatro equipes. Duas dessas eram formadas por funcionários de níveis hierárquicos inferiores. Essas quatro equipes geraram soluções de projeto bastante diferentes. Conforme esperado, os funcionários de níveis inferiores foram mais ousados e demonstraram maior disposição para abolir a estrutura em divisões e chefes. Uma equipe encarregada da combinação dos elementos de projeto (formada por dois representantes de cada uma das quatro equipes iniciais) trabalhou até tarde da noite para combinar os pontos de concordância e gerar um projeto integrado.

A proposta final satisfez os critérios de projeto mostrados na Figura 3-25. A estrutura orientada para o cliente incluiu gerentes de conta aptos a atender aos clientes com recursos alocados pela ONU e também aos governos locais e nacionais a quem o UNOPS prestava serviços. As regiões retiveram sua importância na estrutura, para facilitar a execução dos serviços e construir relacionamentos e uma presença local. Contudo, os elementos da estrutura que dependessem da geografia ficariam estritamente subordinados à dimensão do cliente. Os gerentes de contas globais coordenariam as aquisições, o que eliminaria a concorrência interna existente no momento. Quatro questões pendentes foram identificadas como necessitando de avaliação adicional:

- A necessidade de desenvolver critérios de tomada de decisão e processos para a alocação de clientes, de contas e a definição de novos escritórios regionais.
- A necessidade de redefinir quem integraria a equipe executiva de forma a garantir a representação equilibrada de todas opiniões.
- A preocupação de que muito poder pode ficar concentrado nas mãos dos gerentes de contas globais.

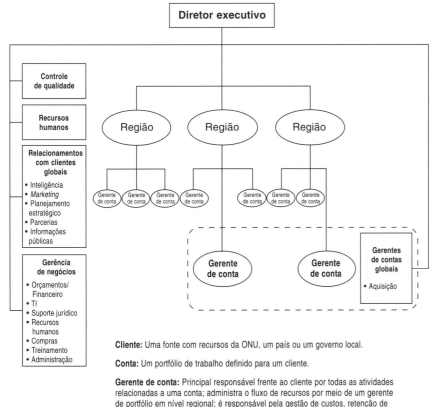

FIGURA 3-25 A estrutura proposta para o UNOPS (gerada pelos participantes da reunião para o projeto conduzida fora da sede da empresa).

- A falta de mecanismos e competências adequadas para compartilhar conhecimento em toda a organização.

Quatro grupos de trabalho foram formados para executar o projeto: estrutura, gestão do conhecimento, RH e comunicações.

Você não pode contar com um produto finalizado, ao término do encontro, para o desenvolvimento do projeto fora da sede da empresa. Esse é o momento de definir grupos de trabalho para levar o processo adiante. Um grupo pode prosseguir com o trabalho estrutural enquanto os outros começam a abordar questões organizacionais identificadas na avaliação do estado atual ou na reunião de elaboração do projeto. Se você tem ao menos um projeto estrutural pronto, o restante do trabalho pode ser continuado com base em um contexto e pontos de referência em comum.

A GOVERNANÇA DE PROJETO E IMPLEMENTAÇÃO: A ELABORAÇÃO DOS DETALHES

Uma das maneiras de prosseguir com o planejamento da implementação consiste em criar uma estrutura de governança. Uma *estrutura de governança* é um conjunto de papéis e processos utilizados para garantir que os planos sigam em frente, que as atividades sejam coordenadas e que o processo de mudança não seja prejudicado por demandas existentes de negócios. Essa estrutura atua como um grupo de planejamento para a organização que gera consistência durante o processo de transição e dá forma a novos comportamentos (trabalho em equipe, cooperação entre departamentos, etc.) que demonstram evidências visíveis e tangíveis de um compromisso com a mudança. Ela é utilizada para criar um senso de propriedade, de participação e de envolvimento na organização.

A estrutura de governança combate a inércia que talvez se instale quando acaba o entusiasmo inicial do projeto elaborado no encontro realizado longe da sede da organização e se dilui todo o processo criativo da etapa do projeto. Pela mesma razão que a intensidade e a empolgação de uma reunião conduzida fora da sede da empresa podem concentrar e acelerar a mudança, existe o perigo de que tão logo as pessoas retornem a seus empregos esse ímpeto se perca. Os planos de acompanhamento são deixados de lado quando todas as pessoas recuperam o trabalho que deixaram parado e lidam com as necessidades imediatas dos negócios. O trabalho duro de elaborar os detalhes recebe prioridade baixa. As experiências positivas de trabalhar em conjunto com diferentes linhas organizacionais abrem caminho para o retorno dos velhos padrões de comportamento.

A estrutura de governança compreende um conjunto paralelo de papéis externos à hierarquia atual responsável pelos negócios cotidianos. Essa estrutura paralela reúne um subconjunto de pessoas na organização e deve assumir o controle do processo de projeto, conduzindo a evolução do trabalho. O envolvimento no processo, via de regra, ocorre como esforço adicional às tarefas do cargo, embora você possa liberar algumas pessoas das responsabilidades de seus cargos para que tenham a chance de receber apoio extra, o que faz com que a participação não ganhe ares de punição. A Figura 3-26 mostra como a estrutura paralela é comumente configurada.

A seguir são dadas as definições de alguns dos papéis mais comuns e das responsabilidades típicas na estrutura de governança. O modo como as responsabilidades são distribuídas entre os papéis não é tão importante quanto a definição explícita de cada papel. A demarcação de papéis no processo evita a repetição de esforços ou a ocorrência de conflitos de autoridade entre as pessoas envolvidas.

O Patrocinador

Quando a organização faz parte de um todo maior, muitas vezes é útil ter um patrocinador em nível hierárquico elevado. Esse patrocinador pode ser o chefe do líder ou mesmo um funcionário mais antigo que tenha seus próprios interesses na organização. O patrocinador:

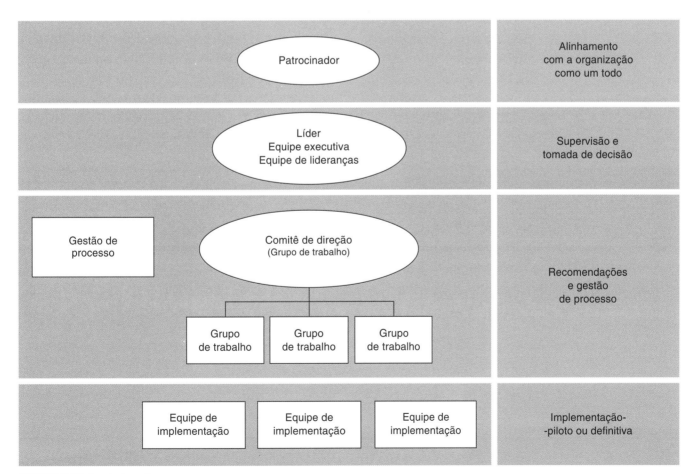

FIGURA 3-26 A estrutura de governança

- Gera *feedback* e consultoria sobre as opções de projeto.
- Garante que a reestruturação esteja alinhada à estratégia organizacional ampla.
- Garante recursos para o processo de reestruturação que estão fora do alcance do líder.
- Garante a cooperação e a participação de outras partes da organização maior e que sofrem algum impacto da reestruturação e precisam ser envolvidas.

O Líder

O líder é o chefe da organização. Um líder pode ser o CEO, o diretor de uma função ou o chefe de uma linha de negócios. O funcionário mais antigo na organização em reestruturação é que será o líder, não importa quem seja ele. Esse líder:

- Decide que a organização precisa ser reestruturada.
- Determina os parâmetros de processo, incluindo o modo como as decisões são tomadas e quem deve ser envolvido.

A Equipe Executiva

Na maioria dos casos, os integrantes da equipe executiva reportam-se diretamente ao líder. Se a equipe atual for preservada durante a reestruturação, a maioria dos líderes a utilizam como grupo de tomada de decisão. Há vezes em que não existe uma equipe executiva em operação. Cargos importantes podem estar desocupados ou talvez você não confie na competência das pessoas disponíveis. Se você pensa em efetuar grandes mudanças na equipe executiva, elas devem ser feitas o mais breve possível, pois assim os novos papéis podem ser distribuídos e o grupo começa a trabalhar como uma unidade que orienta o restante da organização no processo de mudança.

A equipe executiva:

- Define os limites da reestruturação — o que pode ser alterado e o que está fora de questão.
- Expressa os indicadores de sucesso — a meta da reestruturação.
- Define a duração total do processo.
- Toma as decisões com base no comitê de direção e das recomendações do grupo de trabalho.
- Faz a supervisão do processo.

Equipe de Lideranças

Em uma organização pequena, a equipe de lideranças pode ser formada pelos mesmos integrantes que compõem a equipe executiva. Em organizações maiores, ela tem cerca de o dobro do número de membros da equipe executiva e inclui pessoas que podem ou não ser subalternos diretos do líder e que tenham papéis essenciais e influentes na organização. A equipe de lideranças talvez não esteja envolvida nas mesmas atividades da equipe executiva. Além disso, a equipe de lideranças:

- Define os componentes básicos do projeto da organização para serem desenvolvidos pelas equipes de trabalho.

Grupos de Trabalho

Assim que os limites do processo de projeto forem estabelecidos e as ações de maior prioridade estiverem definidas, os grupos de trabalho podem ser formados para desenvolver opções, pesquisar as boas práticas e preparar recomendações. Os grupos de trabalho concentram-se nos detalhes. Eles revelam a estrutura do projeto e as decisões desenvolvidas pela equipe de lideranças. Se o trabalho for complexo, pode ser organizado em linhas de trabalho, com diversos grupos atuantes em cada linha.

Na maioria das vezes, o líder de cada grupo de trabalho é definido por indicação. Os líderes dos grupos de trabalho não devem limitar-se a refletir a atuação da equipe de lideranças. Liderar um grupo de trabalho é uma excelente oportunidade para os funcionários de maior potencial em uma organização obterem visibilidade. Dependendo do porte de sua organização, é provável que você precise escolher pessoas dois ou três níveis hierárquicos abaixo de você.

Um dos problemas possíveis durante a composição dos grupos de trabalho está no fato de o trabalho se sobrepor às obrigações de um grupo funcional. Por exemplo, uma área de trabalho identificada no processo de projeto pode estar desenvolvendo um novo plano de recompensas para as equipes que estão sendo introduzidas no projeto. Sem dúvida, se você tem especialistas em sistemas de recompensa em sua organização, eles devem ser envolvidos ao longo do trabalho, com representantes de outras partes da organização. Esse trabalho deve também se tornar parte do plano de recompensas do grupo de trabalho. Contudo, criando um grupo de trabalho que trate desse problema você garante que um tópico essencial ao sucesso das novas equipes, papéis e estrutura não seja negligenciado.

O tamanho ideal de um grupo de trabalho fica entre 8 e 10 integrantes. Embora um grupo menor seja mais fácil de administrar, na verdade as necessidades diárias de uma empresa variam, dependendo do tempo que os participantes têm disponível para dedicar a ele. Um maior número de integrantes garante uma maior disponibilidade de pessoas para a condução de reuniões e para a manutenção do ritmo do trabalho. Os integrantes do grupo devem refletir uma gama de opiniões existentes dentro da organização. Conforme dissemos anteriormente, representantes oferecem uma garantia de que os participantes em uma equipe tenham o apoio de seus colegas. Os grupos de trabalho:

- Desenvolvem planos de projeto, metodologias e cronogramas, definindo os recursos requeridos para atingir as metas de projeto.
- Pesquisam as boas práticas internas e externas.
- Geram e avaliam opções de projeto.
- Elaboram recomendações para o comitê de direção.
- Finalizam todas as atividades necessárias à execução do trabalho (isto é, executam o trabalho).

- Identificam todas as implicações que surgem como resultado da implementação do projeto e apresentam-nas ao comitê de direção.
- Comunicam-se e trabalham com outros grupos de trabalho para integrar e alavancar esforços.

Comitê de Direção

A estrutura do comitê de direção é essencial para garantir que os planos sigam em frente, que as atividades sejam coordenadas e que o processo de projeto e implementação não seja dominado pelas necessidades existentes do projeto.

O comitê de direção inclui os líderes de grupos de trabalho e o gerente de processo (se ele estiver atuante). Ele tem a responsabilidade de listar as opções e recomendações desenvolvidas pelos grupos de trabalho para a avaliação da equipe de lideranças. O comitê é o grupo de planejamento que gera consistência durante o processo de transição e dá forma aos novos comportamentos (trabalho de equipe, cooperação entre funções, etc.) que dão prova visível e tangível de compromisso com a mudança. O comitê de direção é incumbido da liderança e da administração diária do esforço de projeto. O comitê de direção:

- Oferece orientação e direção gerais para os grupos de trabalho.
- Examina e aprova as metas, metodologias, planos e cronogramas dos grupos de trabalho e garante a consistência destes.
- Oferece orientação e *feedback* e desempenha o papel de "advogado do diabo" para os grupos de trabalho.
- Elabora recomendações unificadas para a equipe de lideranças, representando os grupos de trabalho.

Gerente de Processo

O gerente de processo monitora o plano de projeto como um todo. Enquanto os outros integrantes do comitê de direção estão concentrados no conteúdo (as recomendações de projeto), o gerente de projeto foca seus esforços no modo como o trabalho está sendo conduzido. Este papel compreende muito mais do que demarcar pontos de referência em uma planilha. O gerente de processo precisa ser uma pessoa com grande influência e boa competência de comunicação, que se sinta confortável no contato com todos os níveis hierárquicos da organização. O gerente de processo mantém o andamento do processo, promove o entusiasmo e defende a mudança. Além disso, essa pessoa ajuda a identificar os recursos de que os grupos precisam para operar sem problemas e constrói os mecanismos que garantem que a informação seja compartilhada entre os grupos de trabalho e a organização como um todo.

A necessidade de uma gestão exclusiva de processo depende da extensão da mudança. Essa gestão pode integrar o papel do comitê de direção ou ser responsabilidade de um cargo de meio turno ou de turno integral que atue durante o processo de projeto e implementação. Se a organização já está focada no projeto, então o gerente de processo pode trabalhar em um escritório de gestão de processo existente, como um departamento relativo à tecnologia da informação. O gerente de processo:

- Acompanha o processo e identifica as restrições relativas aos recursos.
- Garante que os planos do grupo de trabalho sejam integrados e coordenados.
- Monitora e reporta os planos de projeto para garantir que os padrões sejam atendidos.
- Efetua atualizações regulares para a equipe de lideranças sobre o progresso global do trabalho.
- Presta *feedback* ao comitê de direção.
- Mantém um plano de projeto integrado com base nas informações geradas pelo comitê de direção; atua como "armazenador" dos planos de projeto e atas de reunião.
- Compartilha informações entre os grupos de trabalho; captura e resume os principais resultados.

Equipes de Implementação

Para organizações de maior porte, na maioria das vezes é melhor utilizar equipes "de frente" ou "piloto" que implementem as mudanças na estrutura e no projeto pouco a pouco, sem efetuar mudanças radicais em toda a organização de uma única vez. As equipes de implementação:

- Lideram a implementação de novas estruturas e processos.
- Concentram recursos, treinamento e atenções de forma eficiente.
- Testam e refinam as novas práticas, ferramentas e sistemas operacionais.
- Geram conhecimento e competências internas passíveis de serem transferidos.
- Documentam o aprendizado a partir da experiência, antes da implementação em toda a organização.

As equipes de implementação podem também possibilitar a implementação mais rápida com menor nível de interrupção na empresa como um todo, ao mesmo tempo em que identificam as diferenças regionais que precisam ser levadas em conta. Embora as equipes de frente e piloto sejam semelhantes no sentido de permitirem a adoção das mudanças em locais ou unidades de negócios específicas, a terminologia faz diferença. A adoção de equipes de frente significa que alguns locais passarão por mudanças antes de outros. O uso de equipes-piloto significa que a mudança está sendo testada e que pode ser alterada ou mesmo descartada.

Utilize a Ferramenta 3-10 para definir quem deve ocupar esses papéis.

RESUMO

Neste capítulo, examinamos as diversas opções de estruturação de uma organização e detalhamos a definição e o esclarecimento dos papéis organizacionais. Além disso, apresentamos um processo participativo para a geração e avaliação de alternativas. Qualquer estrutura que seja a escolhida apresentará desvantagens. Embora alguns dos critérios de projeto sejam satisfeitos por completo, alguns destes não serão atendidos. Essas desvantagens podem ser sanadas com o projeto de uma organização lateral — as redes, processos, equipes e mecanismos integradores que atuam na organização na forma de uma entidade única e ajudam as pessoas a trabalhar entre os limites organizacionais. O projeto desses processos e a construção de competências laterais são discutidos no Capítulo 4.

NOTAS

1. P. Burrows, "The Radical: Carly Fiorina's Bold Management Experiment at HP,"*Business Week,* February 19, 2001, pp. 70–80.
2. Adaptado de R. Beckhard and T. H. Reuben, *Organizational Transitions: Managing Complex Change* (Reading, Mass.: Addison-Wesley, 1977).
3. Para mais informações sobre como projetar organizações globais complexas, veja J. Galbraith, *Designing the Global Corporation* (San Francisco: Jossey-Bass, 2000).

CAPÍTULO 3 • COMO PROJETAR A ESTRUTURA **137**

FERRAMENTA 3-1 A avaliação da estrutura existente.

Finalidade:	Você já conhece os vários tipos de estruturas organizacionais e o modo como funcionam. Utilize esta ferramenta para avaliar a estrutura existente de sua organização.
Esta ferramenta é utilizada por:	Equipe de lideranças.

1. Desenhe os três níveis mais altos da estrutura existente de sua organização.

2a. Qual é a principal estrutura de sua organização adotada hoje em nível hierárquico mais elevado (os funcionários que se reportam diretamente a você)?

❏ Função

❏ Geografia

❏ Produto

❏ Cliente

❏ Híbrido de linha de frente e operações internas

b. Descreva a estrutura. Explique a justificativa para a adoção dessa estrutura e o modo como foi desenvolvida.

Descrição da estrutura	Justificativa/ Modo como foi desenvolvida

(continua)

138 PROJETO DE ORGANIZAÇÕES DINÂMICAS: UM GUIA PRÁTICO PARA LÍDERES DE TODOS OS NÍVEIS

FERRAMENTA 3-1 A avaliação da estrutura existente. *(continuação)*

3. Como cada um dos funcionários que se reportam a você estrutura suas respectivas organizações?

4a. Qual a taxa de crescimento e as alterações esperadas para sua organização nos próximos 12 a 18 meses? Em que áreas essas alterações ocorrerão com maior probabilidade?

b. Se existe a probabilidade de crescimento de sua organização, o que deve ser considerado na nova estrutura?

Responda às seguintes perguntas com base nas definições dadas neste capítulo e nos resultados da avaliação do estado atual relativas à estrutura da organização.

5. Quais vantagens e benefícios são gerados pela estrutura atual para sua organização?

6. Quais desvantagens e problemas surgem em função da estrutura atual?

As informações constantes nesta ferramenta devem orientar suas decisões à medida que você preencher a Ferramenta 3-2, *O Projeto da Nova Estrutura*. Certifique-se de ter considerado todas as questões acima à medida que você avançar, para não reproduzir os problemas atuais.

CAPÍTULO 3 • COMO PROJETAR A ESTRUTURA **139**

FERRAMENTA 3-2 O projeto da nova estrutura.

Finalidade:	Utilize esta ferramenta para considerar as possíveis opções estruturais para sua organização. Examine os resultados gerados nas ferramentas anteriores, sobretudo aqueles relativos a seus critérios de projeto, premissas e avaliação do estado atual. Utilize a avaliação do estado atual para interrelacionar as questões levantadas sobre as diferentes opções estruturais.
Esta ferramenta é utilizada por:	Equipe de lideranças.

1. Quais ideias surgiram com a avaliação do estado atual em relação à alteração da estrutura?

2. Considere as estruturas organizacionais que melhor atendem às necessidades de sua organização. Utilize os critérios e os temas da avaliação do estado atual para identificar os possíveis benefícios e desvantagens para sua organização.

Tipo de estrutura	Vantagens	Desvantagens
1.		
2.		
3.		

3. Desenhe uma ou mais estruturas novas para os três níveis mais altos de sua organização.

140 PROJETO DE ORGANIZAÇÕES DINÂMICAS: UM GUIA PRÁTICO PARA LÍDERES DE TODOS OS NÍVEIS

FERRAMENTA 3-3 A definição de papéis.

Finalidade:	Utilize esta ferramenta para definir as responsabilidades e os resultados esperados para cada papel.
Esta ferramenta é utilizada por:	Equipe de lideranças.
Instruções:	Para cada papel identificado em sua nova estrutura, concentre-se nos atributos que devem ser atingidos. Se há papéis existentes com o mesmo nome de papéis novos presentes em sua reestruturação, saliente o modo como esses papéis serão diferentes. Reproduza esta página para utilização na definição de diversos papéis. Utilize as seguintes definições para orientar seu pensamento:

- *Resultados*: Um resultado é um estado final almejado, um desfecho que deve ser atingido. Sempre que possível, defina medidas de comparação e pontos de referência.
- *Responsabilidades*: Responsabilidades são tarefas a serem executadas e que preenchem a lacuna entre o trabalho em execução e os resultados esperados para a nova organização.

Papel	
Resultados	**Responsabilidades**

Papel	
Resultados	**Responsabilidades**

Papel	
Resultados	**Responsabilidades**

Papel	
Resultados	**Responsabilidades**

CAPÍTULO 3 • COMO PROJETAR A ESTRUTURA **141**

FERRAMENTA 3-4 A identificação dos papéis organizacionais.

Finalidade:	Utilize esta ferramenta para obter uma dimensão do que é exclusivo a cada papel em sua nova organização e para descobrir os papéis com que cada um pode desenvolver tensões.
Esta ferramenta é utilizada por:	Equipe de lideranças.
Instruções:	Liste os papéis em sua nova organização. Identifique-os em todos os níveis — divisões, funções, equipes e setores, além dos cargos individuais. Para cada papel, resuma a perspectiva, a meta ou o *driver* exclusivo inerente à respectiva posição na organização. Após, identifique os outros papéis que podem ter diferentes perspectivas capazes de gerar alguma tensão. Um exemplo é dado na tabela abaixo.

Papel	A perspectiva exclusiva é...	As tensões prováveis serão com...
Marketing	Promoção de vendas e crescimento	Financeiro e operações

142 PROJETO DE ORGANIZAÇÕES DINÂMICAS: UM GUIA PRÁTICO PARA LÍDERES DE TODOS OS NÍVEIS

FERRAMENTA 3-5 A definição de interfaces, interdependências e expectativas.

Finalidade:	Utilize esta ferramenta para definir as expectativas em comum que cada papel tem dos outros papéis a partir de duas perspectivas — processos e cenários de negócios — para identificar as "áreas cinzas" as interfaces entre papéis e as tarefas repassadas.
Esta ferramenta é utilizada por:	Equipe de lideranças.

A. Os processos de negócios

1. Identifique os processos mais importantes que envolvem diversos papéis na organização.

_____

_____

_____

Para cada papel, descreva o processo e identifique os papéis envolvidos em cada ponto. Utilize a Figura 3-14 como guia.

2. Comece com a perspectiva do principal papel em cada processo. Liste os outros papéis envolvidos no processo na coluna esquerda na tabela abaixo. Para cada relacionamento, identifique as expectativas em cada direção.

Processo: _____   Principal papel: _____

Outros papéis envolvidos no processo...	O que precisam fornecer ao papel principal?	O que precisam receber do papel principal para executar seu trabalho?

3. Compare as expectativas entre papéis. Esclareça os pontos de diferença nas expectativas e as questões que podem gerar conflitos.

(continua)

CAPÍTULO 3 • COMO PROJETAR A ESTRUTURA **143**

FERRAMENTA 3-5 A definição de interfaces, interdependências e expectativas. *(continuação)*

B. Cenários

1. Identifique uma situação na organização que cause atrito e confusão entre papéis. Escolha uma destas situações que envolva clientes internos e externos e que traga consequências se não forem tratadas de modo adequado.

_____

_____

_____

_____

2. Liste todos os papéis envolvidos e identifique a responsabilidade que cada um tem neste cenário. Compare o cenário futuro ao modo como as responsabilidades são tratadas no presente, discutindo o que precisa ser alterado.

Papel	Responsabilidade no cenário — Como deveria ser

Utilize os resultados gerados com esta ferramenta como base para iniciar o processo de mapeamento de responsabilidades na Ferramenta 3-6.

144 PROJETO DE ORGANIZAÇÕES DINÂMICAS: UM GUIA PRÁTICO PARA LÍDERES DE TODOS OS NÍVEIS

FERRAMENTA 3-6 A definição de papéis: o mapeamento de responsabilidades.

Finalidade:	Utilize esta ferramenta para esclarecer os níveis de responsabilidade nas principais decisões de cada papel.
Esta ferramenta é utilizada por:	Equipe de lideranças.
Instruções:	Liste as decisões principais na coluna esquerda. Liste os papéis na organização ao longo da linha superior. Para cada decisão designe um código conforme mostrado abaixo.

R = Responsabilidade	Tem a **R**esponsabilidade e a autoridade de tomar a decisão.
O = Obrigação	Talvez não tome a decisão, mas tem **O**brigações com ela (na maioria das vezes é papel de um funcionário mais antigo).
V = Veto	Pode **V**etar ou impedir a decisão. Não se trata do mesmo poder de veto de um papel de chefia ou papel em posição elevada na hierarquia. Esse veto refere-se a um papel que reserva o direito a veto para uma decisão específica.
C = Consulta	Precisa ser **C**onsultado e gerar uma opinião antes de a decisão ser tomada.
I = Informado	Precisa ser **I**nformado sobre a decisão após ela ter sido tomada.

Papéis						
Principais decisões						
1.						
2.						
3.						
4.						
5.						
6.						
7.						

Adaptado de R. Beckhard e T.H. Reuben, *Organizational Transitions: Managing Complex Change* (Reading, Mass.: Addison-Wesley, 1977).

CAPÍTULO 3 • COMO PROJETAR A ESTRUTURA **145**

FERRAMENTA 3-7 O teste do projeto.

Finalidade:	Utilize esta ferramenta para avaliar a estrutura, os papéis e a equipe executiva da organização.
Esta ferramenta é utilizada por:	Equipe de lideranças.

1. Reproduza os critérios de seu projeto da Ferramenta 3-2. Atribua uma nota, de 1 (improvável) a 5 (muito provável) para a possibilidade de a estrutura e os papéis propostos satisfazerem os critérios de projeto.

Os critérios de projeto (Ferramenta 3-2)	Nota para o projeto proposto				
	1	2	3	4	5
1.					
2.					
3.					
4.					
5.					

2. Avalie sua proposta de projeto em comparação com as características de uma organização reconfigurável.

Os elementos reconfiguráveis (Ferramenta 1-1)	Nota para o projeto proposto				
	1	2	3	4	5
Liderança ativa					
Gestão do conhecimento					
Aprendizado					
Flexibilidade					
Integração					
Compromisso dos funcionários					
Disposição de mudar					

(continua)

146 PROJETO DE ORGANIZAÇÕES DINÂMICAS: UM GUIA PRÁTICO PARA LÍDERES DE TODOS OS NÍVEIS

FERRAMENTA 3-7 O teste do projeto. *(continuação)*

3. Avalie os papéis de liderança do projeto proposto e de gestão.

Papéis de liderança e gestão	Nota para o projeto proposto				
	1	2	3	4	5
A extensão do controle da gestão reflete a natureza do trabalho?					
Você diminuiu os papéis puramente "administrativos"?					
Você incluiu as responsabilidades da equipe de lideranças como parte definida dos novos papéis de liderança?					
A equipe executiva é pequena o bastante para ser administrável e capaz de gerar todas as perspectivas necessárias?					

4. Avalie sua proposta de projeto em comparação com estes elementos adicionais.

Outros elementos	Nota para o projeto proposto				
	1	2	3	4	5
A estrutura gera equilíbrio de poder?					
A estrutura dá suporte ao fluxo de trabalho?					
Você considerou o impacto do comércio eletrônico?					
Você tem o nível de complexidade correto?					
A cultura organizacional é condizente com o projeto?					

5. Quais são as possíveis questões que não podem ser resolvidas com essas novas estruturas?

_____

_____

_____

_____

_____

Mantenha a lista de itens a que você deu nota 3 ou menor para concentrar suas decisões conforme evolui o trabalho nos Capítulos 4 a 6.

CAPÍTULO 3 • COMO PROJETAR A ESTRUTURA **147**

FERRAMENTA 3-8 A decisão sobre quem deve ser envolvido.

Finalidade:	Utilize esta ferramenta para definir quem deve ser envolvido no projeto elaborado fora da sede da organização.
Esta ferramenta é utilizada por:	Líder.

1. Qual é o foco principal do projeto elaborado fora da sede da organização?

    ❑ Gerar opções estruturais.

    ❑ Apresentar uma nova estrutura e desenvolver os papéis organizacionais.

2. Liste os integrantes da equipe executiva. Para cada um, identifique uma ou duas pessoas em suas respectivas organizações capazes de contribuir com o equilíbrio de perspectivas.

Integrante da equipe executiva	Um ou dois subalternos para cada um

3. Identifique outras pessoas importantes dentro ou fora da organização para participarem (parceiros internos, clientes, fornecedores) que ofereçam uma contribuição exclusiva com base em suas posições, perspectivas, conhecimentos ou algum outro fator.

Nome/Papel	Contribuição esperada para a reunião

4. Verifique a lista e identifique quaisquer desequilíbrios em função, gênero, tempo de empresa, localização, história, raça ou outros atributos importantes em sua organização.

Utilize esta ferramenta não apenas para definir quem deve comparecer ao encontro para a elaboração do projeto, como também identificar as contribuições que elas podem oferecer. Esses resultados serão úteis quando você configurar pequenos grupos no encontro.

148 PROJETO DE ORGANIZAÇÕES DINÂMICAS: UM GUIA PRÁTICO PARA LÍDERES DE TODOS OS NÍVEIS

FERRAMENTA 3-9 O desenvolvimento de uma agenda para o encontro fora da sede da empresa.

Finalidade:	Utilize esta ferramenta para garantir que elementos importantes sejam tratados na agenda do encontro.
Esta ferramenta é utilizada por:	Equipe executiva.

	Incluído?	Notas
Parâmetro de projeto		
Fluxo e estrutura lógicos	❏	
Os resultados das atividades estão claros	❏	
A combinação das modalidades de aprendizado utilizadas	❏	
Itens da agenda		
Tendências do setor	❏	
Informações sobre a concorrência	❏	
As boas práticas no setor	❏	
A avaliação do estado atual	❏	
A apresentação da nova estratégia e discussão	❏	
Parâmetros de projeto	❏	
Opções estruturais	❏	
O processo da reunião		
Pequenos grupos misturados de forma adequada	❏	
O nível de participação do líder e o papel na tomada de decisão estão claros	❏	
O espaço de reuniões é apropriado	❏	
O tempo dado às discussões é adequado	❏	

Compartilhe os resultados desta ferramenta com os profissionais de RH ou com o facilitador/consultor externo que ajudará você na condução do encontro.

CAPÍTULO 3 • COMO PROJETAR A ESTRUTURA **149**

FERRAMENTA 3-10 A estrutura de governança.

Finalidade:	Utilize esta ferramenta para esclarecer os papéis que cada grupo presente na estrutura de governança terá na manutenção do ritmo do processo de projeto e implementação.
Esta ferramenta é utilizada por:	Equipe de lideranças.

Grupo	Participantes	Papéis na implementação e no projeto
Líder		
Equipe executiva		
Equipe de lideranças		
Patrocinador		
Comitê de direção		
Grupo de trabalho 1		
Grupo de trabalho 2		
Grupo de trabalho 3		
Grupo de trabalho 4		
Gerente de processo		

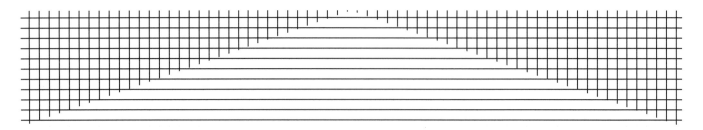

CAPÍTULO 4

OS PROCESSOS E A COMPETÊNCIA LATERAL

No Capítulo 3, vimos que o CBC completou seu trabalho inicial de estruturação de projeto após projetar sua nova estrutura. A equipe executiva estava ansiosa para começar a alocar as pessoas em seus novos papéis e a implementar as mudanças. Embora George se sentisse confortável com a nova estrutura, ele reduziu a velocidade da implementação. O trabalho de projeto não estava concluído. Ele acreditava que havia uma série de questões importantes levantadas na avaliação do estado atual que precisavam ser sanadas de imediato. Esses problemas incluíam decisões sobre:

- O alinhamento da equipe executiva em torno de prioridades.
- O compartilhamento do aprendizado e do conhecimento em toda a organização.
- A alocação de recursos nas atividades de compra e venda e de crédito — não importa se forem distribuídos entre divisões ou reunidos e utilizados com flexibilidade — e o modo como conflitos relativos ao uso e à alocação desses recursos são resolvidos.
- A utilização eficiente dos papéis de *marketing* e informações, que provavelmente necessitariam de novas contratações que elevariam os custos.

Assim como ocorreu com a equipe executiva do CBC, é tentador partir do projeto e entrar na fase de implementação com muita rapidez. Contudo, uma nova organização implica novas maneiras de trabalhar em equipe. Explicitar esses relacionamentos e construir a competência que permita às pessoas trabalharem juntas com eficiência é uma etapa essencial nesse processo. Todos os dias as empresas pedem às pessoas que trabalhem em sincronia e canalizem suas energias para o bem da organização. Para isso ocorrer, essas pessoas precisam ter à disposição o mecanismo mais eficiente possível, no sentido de dar forma a essas energias.

A *organização lateral* compreende todos os mecanismos coordenadores que aumentam a estrutura vertical para criar um projeto estrutural completo (Figura 4-1). Ela inclui as redes, os processos laterais, os papéis, equipes e relacionamentos hierárquicos que transmitem informações e trabalham nos "espaços em branco" entre os retângulos do organograma da organização e além de seus limites. A organização lateral:

- Permite que o trabalho seja feito no nível hierárquico em que ele ocorre; as pessoas interagem e se comunicam diretamente, sem se deslocar pela hierarquia por meio de seus gerentes.
- Reúne os atores mais importantes e que têm as perspectivas adequadas para resolver problemas, tomar decisões e coordenar o trabalho.

A *competência lateral* de uma organização é definida como sua capacidade de construir, administrar e reconfigurar esses vários mecanismos coordenadores para atingir suas metas estratégicas.

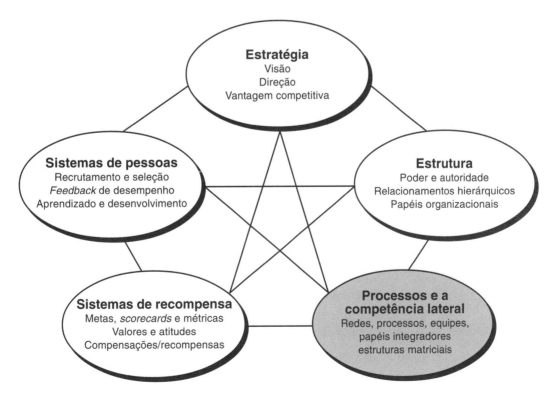

FIGURA 4-1 O modelo estrela.
Fonte: Jay R. Galbraith, *Designing Organizations: An Executive Briefing on Strategy, Structure, and Process* (São Francisco: Jossey-Bass, 1995).

O projeto de uma organização lateral garante que os esforços de cada papel sejam maiores do que a soma das partes. Ele também é essencial para a criação de uma organização dinâmica e reconfigurável. Uma vez que a organização reconfigurável é mais flexível e é alterada com maior facilidade do que uma estrutura vertical, um foco em seu projeto permite à companhia reagir com rapidez às alterações na estrutura, sem ter de reestruturar toda a organização.

A estrutura vertical gera a clareza e a noção de estabilidade de que as pessoas precisam para trabalhar em organizações de grande porte. Ela fornece uma "base" para a definição de metas, as relações hierárquicas e a gestão de desempenho. Contudo, a estrutura vertical não necessariamente gera flexibilidade. Cada opção estrutural reúne um grupo definido de pessoas em departamentos orientadas por função, focadas no cliente, no produto ou em alguma outra dimensão. Porém, a maioria das organizações precisa estar focada no cliente e ser uma líder de produto *e* apresentar excelência operacional. As empresas lutam para construir competência de projeto de produtos globais ao mesmo tempo em que comercializam esses produtos em diferentes mercados locais. Essas empresas sofrem pressão para crescer por meio das vantagens relativas à escala sem perderem de vista a flexibilidade e o empreendedorismo necessários para competir com as entrantes. A verdade é que a maioria das empresas compete em um mundo complexo e multidimensional.

O dilema está no fato de que, quando uma organização melhora sua capacidade de reagir a um grupo específico de clientes ou a uma força do mercado, sua habilidade de lidar com outros grupos ou forças pode perder fôlego com mais facilidade. Nesse sentido, é a organização lateral que permite a você somar capacidades com a otimização de múltiplas competências.

Após definir *competência lateral* em detalhe, este capítulo apresenta uma orientação para construir cinco tipos de competência lateral:

1. As *redes* são os relacionamentos interpessoais e os conjuntos de práticas que formam a base de todos os outros tipos de competência lateral e que servem para coordenar o trabalho de modo informal.

2. Os *processos laterais* deslocam as decisões e as informações ao longo da organização por meio de um fluxo formal.

3. As *equipes* são estruturas presentes em toda a organização e que reúnem pessoas de maneira a trabalharem de forma interdependente e a compartilharem responsabilidade coletiva pelos resultados.

4. Os *papéis integradores* são cargos de gerência, coordenação ou de extensão de fronteiras responsáveis pela orquestração do trabalho entre unidades.

5. As *estruturas matriciais* criam relacionamentos hierárquicos recíprocos que permitem administrar as necessidades conflitantes de forças focadas em funções, clientes, produtos ou geografias.

A última seção, *A Construção da Competência Lateral*, apresenta alguns pontos que devem ser considerados durante a escolha das opções.

Esses cinco tipos de competências laterais podem ser dispostos em um *continuum* de complexidade ou das chances de tomarem forma por conta própria ou serem desenvolvidas com finalidades específicas (Figura 4-2). As redes e os processos laterais tendem a ocorrer de modo espontâneo e são os mais fáceis de elaborar e administrar. As pessoas desenvolvem e utilizam relacionamentos para executar seu trabalho. Deliberadamente ou não, o trabalho, as informações e as decisões fluem por meio de processos entre unidades organizacionais. Contudo, a eficiência desses processos depende da qualidade de seu projeto e implementação.

Equipes, um número alto de papéis integradores e estruturas matriciais são mecanismos eletivos. Eles existem como resposta à complexidade do ambiente dos negócios, e quando são utilizados, introduzem um grau próprio de complexidade que precisa ser administrada. Eles requerem mais tempo de gestão e habilidades dos funcionários para permitir a utilização total de suas potencialidades e evitar o surgimento de comportamentos e relacionamentos inadequados. A competência lateral é cumulativa. Você não terá equipes nem estruturas matriciais eficientes se sua organização não dispor de redes fortes e processos projetados de forma adequada. O segredo está em utilizar apenas os mecanismos laterais exigidos pela estratégia e pela estrutura para minimizar a complexidade e que possam ser construídos sobre bases sólidas.

A COMPETÊNCIA LATERAL

O projeto de uma organização é um campo de estudo em desenvolvimento. Em vista disso, a terminologia utilizada por diferentes observadores é variável e imprecisa. O que neste livro definimos como organização lateral e competências laterais é, por vezes, chamado por outros autores de organização horizontal, achatada, em rede ou baseada em processos. Aqui, organização e competências laterais são chamadas também de mecanismos integradores ou coordenadores. Todos esses termos

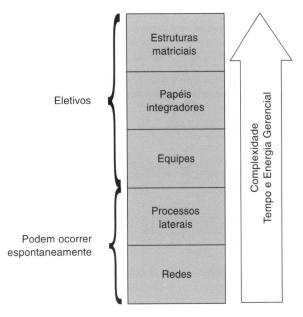

FIGURA 4-2 O *continuum* da competência lateral.

traduzem uma noção importante: a organização opera em diversas direções e dimensões que precisam ser unidas.

O projeto estrutural não está completo sem o projeto da organização lateral. Você descobrirá que ele é a única parte da estrutura em que você pode exercer alguma influência. Por exemplo, imagine que você acabou de ser indicado chefe do setor de desenvolvimento de produto em sua divisão. A empresa está organizada em funções. Seus colegas de cargo são os chefes de operações, de vendas, de *marketing*, de finanças, etc. (Figura 4-3).

O gerente geral deixou claro que a crescente velocidade de lançamento de novos produtos no mercado é uma das principais metas da companhia. Talvez você não será capaz de alterar a estrutura total, porém será possível influenciar a criação de equipes interfuncionais de desenvolvimento de produto aptas a vencer as barreiras erguidas pela estrutura funcional.

Outra maneira de examinar a necessidade de competência lateral consiste em considerar o que pedimos às pessoas todos os dias, quando vêm para o trabalho. Nós as contratamos individualmente, uma por uma, e na maioria das vezes pagamos seus salários de acordo com suas realizações individuais. Além disso, esperamos que elas trabalhem em equipes e que colaborem com as pessoas em outras funções da organização, ou até mesmo do outro lado do mundo.

É muito comum vermos a organização erguer barreiras, por conta própria, contra o sucesso dessas equipes. É provável que a avaliação do estado atual de sua organização revele diversos exemplos dessa situação, como:

- As pessoas desconhecem quem detém conhecimento ou experiência fora de seu próprio departamento, ignoram a pessoa que tem a capacidade de lhes oferecer apoio.

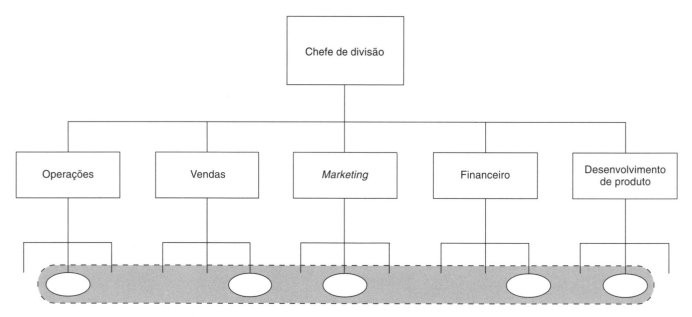

Equipe definida em termos de segmento de clientes

FIGURA 4-3 A equipe lateral interfuncional.

- As pessoas não conhecem seus colegas de outras áreas da organização, o que lhes impede de desenvolver relacionamentos.

- As políticas inibem a mobilidade interna que daria aos funcionários as oportunidades de trabalhar em outras áreas da companhia e alargar suas perspectivas.

- Os processos geram conflitos, porque ninguém está certo de quem tem a autoridade para tomar uma decisão.

- Os membros das equipes carecem de habilidades de processo em grupo, o que aumenta o tempo que gastam analisando as dinâmicas desses grupos e desenvolvendo resultados.

- Os relacionamentos matriciais são desenvolvidos, mas os "dois chefes" não têm uma base em comum nem as aptidões necessárias à negociação de soluções colaborativas.

O desenvolvimento de competências laterais traz diversas vantagens:

+ *Melhores retornos sobre o tempo gerencial.* O maior fator de influência no projeto de uma organização robusta é a limitação de tempo gerencial. Se todas as decisões precisam obedecer à hierarquia, a gestão torna-se um gargalo e uma barreira. Se considerarmos o fato de que a maioria das organizações enfrenta mudanças contínuas e que o número de decisões a serem tomadas aumenta em proporção geométrica em função da velocidade da mudança, a tomada de decisão precisa ser transferida para níveis hierárquicos inferiores na organização. Os mecanismos de coordenação projetados para funcionar dentro da organização lateral aumentam a capacidade de tomar decisões. As pessoas mais próximas à linha de frente e aos clientes tomam as decisões diárias, liberando a alta gerência para se concentrar em questões estratégicas de longo prazo. De mais a mais, as informações que ascendem pela hierarquia são normalmente maquiadas, pois as pessoas evitam divulgar notícias ruins. O desenvolvimento de competências para lidar com questões nos níveis em que aparecerem possibilita a tomada de decisões e a adoção de ações com maior precisão.

+ *Velocidade.* Com frequência, as pessoas mais próximas ao cliente, ao produto e aos processos de negócios são as mais capacitadas para tomar decisões calculadas, em comparação com os gerentes que passam seu tempo examinando relatórios dos sistemas de informação para a gestão. A competência lateral gera velocidade. Sem dúvida, algumas decisões são tomadas com maior rapidez e de modo categórico em níveis gerenciais mais altos. No entanto, os gerentes gastam expressivas quantidades de tempo e energia na comunicação de decisões e justificativas em toda a hierarquia da organização, até chegarem àqueles que têm de implementá-las. A colaboração entre gerentes de níveis hierárquicos idênticos aumenta a adesão às decisões e diminui o tempo transcorrido entre a decisão e sua implementação.

+ *Flexibilidade.* A organização lateral é multidimensional. Ela permite concentrar esforços em qualquer problema que exija atenção. Portanto, a empresa desenvolve a aptidão de responder a diversas clientelas e de lidar com problemas repentinos, sem precisar se reorganizar. A competência lateral aumenta a capacidade de adaptação. Embora a estrutura organizacional esteja focada na maximização da habilidade de executar a estratégia atual, os elementos da organização lateral podem ser configurados de modo a prever a estratégia futura. Por exemplo, as equipes de clientes atuantes em uma estrutura funcional podem representar uma etapa temporária na reorientação de toda a organização para o cliente.

+ *A perspectiva da gerência geral.* Diversos líderes de empresas vêm tentando fazer com que seus funcionários pensem como donos do negócio, que tomem as decisões como se fosse o seu dinheiro que estivesse em jogo. Os mecanismos de integração ajudam os funcionários a pensar mais abertamente e a entender e incorporar outras perspectivas em suas próprias decisões e ações.

Para tornar a organização lateral eficiente, você também precisará estar ciente dos desafios em potencial a serem enfrentados:

— *Interesses menores.* Os mecanismos laterais muitas vezes permitem a transferência de decisões não apenas para baixo na hierarquia, como também ao longo das fronteiras organizacionais. Talvez seja difícil, para algumas pessoas, tomar decisões que conflitem com seus próprios interesses, a menos que elas sejam recompensadas pelas decisões que reflitam as visões da companhia.

— *A maior necessidade de informações.* Tal como ocorre com uma decisão transferida, a qualidade do resultado será tão boa quanto:

- As informações fornecidas.

- As habilidades e a capacidade de julgamento dos tomadores de decisão.

- O suporte e o monitoramento pela pessoa ou grupo que transfere a decisão.

Para tomar boas decisões, as pessoas precisam entender a estratégia e estar aptas a traduzi-la em critérios diante dos quais podem testar suas decisões. Elas precisam também compreender os negócios de forma ampla e o modo como suas decisões influenciam outras pessoas e outros sistemas.

— *Mais tempo e mais reuniões.* Muitas competências laterais não podem ser ordenadas de cima para baixo. Por exemplo, as pessoas na organização têm de se envolver no projeto e no desenvolvimento de processos ou na preparação de acordos sobre o funcionamento das equipes. Tudo isso toma tempo, e é uma atividade desenvolvida no interior da organização. Embora exista a expectativa de que o esforço compense na forma de produtos e serviços para o cliente, se não forem administradas, as discussões sobre o modo como o trabalho em equipe deve ser conduzido podem reduzir o tempo efetivamente gasto na geração de resultados.

— *Mais conflitos.* Os mecanismos de coordenação na organização lateral reúnem pessoas de diferentes partes da organização com a meta de tratar de um problema ou tomar decisões. Os participantes continuarão representando suas respectivas partes da organização e é natural que tenham diferentes pontos de vista. O conflito resultante dessas diferentes opiniões deve contribuir para a tomada de decisões mais eficientes, mas isso nem sempre ocorre. É possível que uma área tente intimidar outras, forçando-as a aceitar o ponto de vista que ela apresenta. Nesse caso, estamos diante de um resultado negativo. Pior seria a situação em que as pessoas assumem posicionamentos que preservam seus relacionamentos e que, contudo, não resolvem os problemas encontrados. As equipes laterais precisam estar aptas a administrar suas reuniões e discussões, resolvendo conflitos com sucesso.

– *A exigência de novos comportamentos das lideranças.* A competência lateral está intimamente relacionada ao poder de decisão dos funcionários. A liderança da organização precisa estar disposta a delegar decisões que já não podem ser tomadas pelas esferas hierárquicas superiores e que precisam ser executadas nas linhas de frente, por pessoas trabalhando em diferentes linhas da unidade. O sucesso desse mecanismo depende não apenas dos novos projetos, como também das novas habilidades e mentalidades desenvolvidas pelos gerentes.

O desenvolvimento de competências laterais exige um investimento inicial em termos de tempo e energia. Se as pessoas receberem o poder de tomar uma decisão, elas precisarão:

- Dispor de ferramentas e sistemas de informação que disponibilizem o acesso aos dados necessários.

- Ter as aptidões necessárias para administrar conflitos, trabalhar em equipe e concretizar soluções ótimas, em vez de soluções comprometedoras.

- Ter tempo para mais comunicação e maior número de reuniões.

- Ser recompensadas pelo trabalho em todas as fronteiras da empresa.

A competência lateral não ocorre ao acaso. Ela precisa ser projetada e receber o suporte necessário. As seções abaixo oferecem orientações sobre o modo de desenvolver cada tipo de competência lateral: redes, processos laterais, equipes, papéis integradores e estruturas matriciais.

AS REDES

As *redes* são relacionamentos interpessoais formados em toda a organização. Elas compõem a base da organização lateral e são naturalmente criadas por meio da interação com os outros funcionários em seus escritórios, com seus chefes, colegas e subordinados em seus departamentos, e com os funcionários de outras partes da organização. Essas redes são utilizadas de modo informal, espontâneo, todos os dias. Basta surgir um problema para que algumas pessoas reúnam-se para resolvê--lo. Basta ocorrer algo inesperado que logo alguém chama um colega de outro escritório, que tenha experiência no assunto.

Todos sabem que as pessoas, em empresas de grande porte, conseguem executar as coisas quando saem dos canais formais. As pessoas de sucesso recorrem à noção de *know-who** tanto quanto ao *know-how.* Essa tendência natural pode se tornar um recurso que deva ser desenvolvido como competência para a companhia. Quanto mais fortes forem as redes interpessoais, maior o número de pessoas que identificarão a pessoa certa

---

* N. de T.: "Sabe quem", em analogia a *know-how* (sabe como).

a quem recorrer. Quanto maior a disposição de ajudar, mais forte será a base para a construção da competência lateral e para romper os silos que, via de regra, se formam em qualquer organização.

As competências organizacionais são construídas sobre relacionamentos. A capacidade de ter um desempenho melhor do que o da concorrência precisa ser considerada em função do tecido social da organização. A atenção consciente às redes é importante sobretudo durante o crescimento da organização ou quando ela se dispersa em diferentes localizações. Quando todas as pessoas encontram-se juntas, as informações são trocadas no *hall* de entrada ou quando alguém procura um colega em sua sala em busca de algum conselho. Todos conhecem o nível de conhecimento das outras pessoas, suas experiências e interesses. Contudo, à medida que as pessoas são transferidas para novos escritórios e que mais pessoas juntam-se à organização em crescimento, essas redes informais podem romper-se.

Como Promover e Dar Suporte às Redes

A maioria das pessoas está ciente de que o cultivo de redes fortes é uma vantagem pessoal. Por essa mesma razão, as redes são uma vantagem para a organização. Elas abrem o caminho para a troca de informações e o desenvolvimento de ideias e soluções que beneficiam a companhia. As redes formam a base das organizações dinâmicas. Na hora de reconfigurar, um conjunto de redes permite a consolidação de novos relacionamentos com maior rapidez, acelerando a adaptação ao novo ambiente.

O incentivo às redes promove o compartilhamento espontâneo de conhecimento entre funções, empresas e regiões, além de servir como solo fértil para a inovação. Sempre que você abrir oportunidades para diferentes grupos aprenderem ou trabalharem em conjunto, o processo de interação propriamente dito se transforma em uma experiência de aprendizado: uma experiência de alargamento de perspectivas, de aprendizado com colegas, de valorização do compartilhamento do conhecimento e da colaboração, uma experiência que consolida e reforça a cultura organizacional.

Embora as interações entre pessoas que geram essas experiências não percam a espontaneidade nem a informalidade, é possível fortalecer as redes por meio de decisões de projeto predefinidas. Há situações em que não existe substituto para a interação direta, mas muitos desses esforços podem ser aperfeiçoados com o uso da tecnologia. Uma vez que uma reunião de pessoas é cara, sobretudo em empresas de atuação em territórios nacionais e globais, o desafio consiste em obter o máximo das práticas de construção de redes. Esta seção discute seis maneiras de promover as redes:

1. Coalocação
2. Comunidades baseadas em atividades práticas
3. Reuniões e encontros anuais
4. Programas de treinamento
5. Rodízio de cargos
6. Tecnologia e coordenação eletrônica

A Coalocação

A proximidade física aumenta a probabilidade de as pessoas iniciarem, construírem e alavancarem relacionamentos de forma produtiva. Embora o *e-mail,* o correio de voz e a videoconferência sejam capazes de vencer algumas das barreiras de comunicação erguidas por pessoas trabalhando remotamente, as previsões feitas há apenas alguns anos — de que o tempo e o espaço perderiam relevância com a utilização da Internet — não se realizaram. A Pixar, o estúdio de animação computadorizada associado à Apple Computers, reuniu todos os seus funcionários em um prédio em São Francisco, Califórnia, no outono de 2000. Antes, esses funcionários estiveram dispersos em quatro diferentes locais, mas o CEO Steve Jobs achava que a criatividade e a colaboração sofriam com a impossibilidade de trabalhar em um mesmo espaço físico.[1] A coalocação é importante sobretudo em organizações que dependem de equipes e de altos níveis de colaboração.

Um subproduto da coalocação são as maiores oportunidades de formar relacionamentos que permitam às pessoas lidar melhor com conflitos relativos ao trabalho. Por exemplo, os departamentos de engenharia e produção podem ser coalocados para facilitar a comunicação do fluxo de trabalho. As pessoas encontram-se na lanchonete, na cafeteria, na sala das copiadoras, no estacionamento. Relacionamentos começam com conversas sobre o campeonato de futebol, as eleições ou o novo *shopping center* da cidade. Logo, quando alguma alteração controversa no projeto precisar ser efetuada entre a engenharia e a produção, os participantes já terão desenvolvido um relacionamento capaz de promover um diálogo.

A BMW adotou a coalocação como intervenção temporária no projeto para facilitar a colaboração entre funções, quando lançou os modelos de veículos da Série 300. Durante esse período, todos os grupos responsáveis pelos esforços de reestruturação foram deslocados para a fábrica encarregada do protótipo: os engenheiros de produto, os projetistas do processo de produção, os representantes do setor de compras, os desenvolvedores de programas de treinamento, os gerentes de *marketing* de produto e os analistas financeiros. Os grupos se comunicavam à medida que o processo de projeto evoluía, passando pelos conceitos, desenhos, miniaturas, modelos e protótipo final.

A coalocação melhora os relacionamentos de serviço com clientes internos. Por exemplo, um grupo de operações em uma grande seguradora dependia de três diferentes plataformas tecnológicas para o processamento de pedidos de seguro. O departamento de tecnologia da informação (TI) que dava suporte a esses sistemas estava localizado em outra cidade e prestava esses serviços remotamente. As atualizações dos sistemas, as melhorias ou as soluções eram solicitadas por meio de ordens de serviço ao grupo de TI. Os conflitos entre as duas áreas acerca de problemas de tempo de resposta, precisão, velocidade e flexibilidade eram constantes. O novo chefe do departamento de TI decidiu coalocar um pequeno grupo pertencente ao departamento nas instalações de operação. Houve uma melhoria imediata nos relacionamentos. Os técnicos conversavam com os usuários, observavam o modo como eles utilizavam o sistema e indicavam a necessidade de treinamento, não de melhorias. Esse posto avançado de TI continuou trabalhando em contato com o departamento no sentido de elaborar mudanças para os sistemas, mas a coalocação permitiu uma melhora global nos serviços.

Sempre que você for capaz de alocar pessoas em grupos, projete o espaço de modo a promover a interação e refletir o novo espírito da organização.

- *Disponibilize espaço de uso comum.* Para poupar custos relativos a imóveis, as empresas estão reduzindo o espaço destinado a escritórios individuais. Sobretudo nos setores de consultoria, de TI e outras áreas de conhecimento em que os funcionários passam muito tempo fora do escritório ou têm a chance de trabalhar em casa utilizando computadores, uma abordagem chamada "hotelaria" vem ganhando popularidade. Em lugar de um "endereço" fixo dentro do escritório, os funcionários são alocados em um escritório completo diferente a cada dia, o que reduz o espaço desocupado ao longo do mês. Apesar das vantagens óbvias relativas aos custos, a hotelaria tem impacto negativo no moral dos funcionários. As pessoas perdem a noção de identidade gerada nos espaços personalizados, decorados com fotografias, suvenires e outros adereços que demarcam o território individual de um funcionário. Assim, o projeto de um espaço utilizado em comum ganha importância ainda maior na criação de uma identidade compartilhada com a organização e os colegas, quando as pessoas não têm a chance de recolherem-se a um espaço personalizado.

Na organização reconfigurável, o espaço utilizado em comum é uma forma de suporte essencial à flexibilidade. Esse espaço deve suplantar o conceito da sala de reuniões tradicional, que precisa ser resevada com dias de antecedência. Crie espaços de trabalho colaborativos de diversos tamanhos. Alguns espaços podem ser abertos, o que permite que outras pessoas percebam uma discussão e participem dela sem empecilhos. Se sua meta é fazer as pessoas trabalharem juntas, você terá de minimizar o esforço de encontrar, sem ter de marcar hora, espaços agradáveis e funcionais para reuniões.

- *Crie centros de integração natural.* Michael Bloomberg projetou a matriz de seu grupo de mídia com a clara intenção de permitir que o elevador do saguão parasse apenas no andar do meio entre o térreo e o sexto andar do prédio que aluga na Park Avenue. Isso obriga todos a entrar e sair pela mesma porta, cruzando e interagindo com outras pessoas na chegada aos escritórios. Uma escada em caracol central é uma sala de reuniões vertical, onde as pessoas compartilham informações antes de seguirem em direções opostas.[2]
- *Fundamente o projeto em funções, não privilégios.* Em muitas empresas, o tamanho e a localização de escritórios é sinal de *status*. Algumas empresas aboliram paredes e salas pequenas, adotando espaços abertos para reduzir a sensação de hierarquia. Porém, elas descobriram que esses espaços não são tão funcionais assim. As organizações que implementaram plantas baixas com espaços abertos — divisórias de pouca altura e escrivaninhas conjugadas em lugar de saletas e escritórios — perceberam que esse arranjo dificultava conversas privadas e discussões de assuntos delicados com clientes. Além disso, os funcionários não tinham um lugar silencioso para trabalhar. Por outro lado, os supervisores, que deveriam estar no escritório orientando suas equipes, não precisavam de escritórios fechados. Contudo, a ideia de permitir que os funcionários fiquem no campo de visão de seus colegas e de possibilitar que conversem sem ter de bater em uma porta tem seu valor. No

projeto de escritórios privados, a tendência é de utilizar paredes de vidro, quando existe a necessidade de um ambiente silencioso e a noção de abertura é desejável. Aloque e projete espaços em termos de função, não de *status.*

- *Forneça ferramentas.* *Flipcharts*, canetas marcadoras e paredes sem imagens, adequadas para a exposição de elementos visuais são essenciais em salas de reunião. Muitas companhias vão além, instalando computadores equipados com projetores, o que permite que ideias e notas sejam capturadas e compartilhadas de imediato. Além disso, essa técnica facilita a execução de videoconferências nos casos em que contatos diretos são impossíveis. Considere as necessidades de tecnologia da informação e de conectividade como parte do projeto. Isso permite às pessoas conectarem seus *laptops* e acessar informações remotamente, sem ter de ir às suas estações de trabalho.

Comunidades Baseadas em Atividades Práticas

As *comunidades baseadas em atividades práticas* são redes de funcionários com interesses organizacionais em comum. Elas permitem às pessoas aprender e compartilhar conhecimento para benefício próprio. Essas comunidades também ajudam a evitar divergências relativas a procedimentos e padrões, nos casos em que as pessoas com cargos semelhantes trabalham isoladas umas das outras. Essas comunidades podem ser redes informais iniciadas e mantidas por seus integrantes ou redes formais com orçamentos e suporte administrativo individuais.

A prática educativa na consultoria Andersen, hoje rebatizada de Accenture, criou comunidades formais de atividades práticas em meados da década de 1990 para promover o compartilhamento em rede de ideias relacionadas ao aprendizado. Os grupos são abertos a todos os funcionários. Eles são estruturados em projetos e tópicos importantes para a empresa como educação baseada na informática, questões de aprendizado em sala de aula ou aprendizado virtual. Embora a intenção seja promover a geração e a avaliação de ideias em um ambiente interno seguro antes de serem desenvolvidas como produtos para clientes, um objetivo secundário é a geração de oportunidades para a reflexão e o aprendizado no interior desses grupos. Para dar suporte a essas pessoas, os funcionários têm permissão de passar cerca de duas horas do tempo passível de cobrança por semana em atividades nessas comunidades.[3]

Os resultados das comunidades baseadas em atividades práticas podem ter impacto ainda mais direto nos negócios. Quando a Xerox conectou seus 17 mil representantes técnicos em todo o mundo a um *website* da intranet da companhia para a divulgação de ideias, conhecimento e experiências, a companhia descobriu que havia criado uma rica fonte de *feedback* direto de seus clientes em todo o mundo. O papel do representante técnico, antes um dos mais inferiores na hierarquia da empresa, passou a ser um dos mais importantes. A empresa poupou $100 milhões ao ano com as sugestões apresentadas pelos representantes técnicos. Em lugar de serem vistos meramente como pessoal de manutenção, esses técnicos tornaram-se fonte de capital intelectual para a companhia.[4]

A Fundação Ford criou uma comunidade informal de práticas para aproximar os funcionários de seu setor de tecnologia da informação. A fundação tem 13 escritórios em todo o mundo que dão suporte ao desenvolvimento de tecnologias regionais. A maior parte de sua estrutura de TI e dos especialistas em tecnologia está alocada na matriz, em Nova York. Cada escritório tem um ou dois consultores técnicos que dão suporte às necessidades locais relativas à tecnologia. Porém, houve um momento quando a empresa percebeu que, embora a comunicação entre Nova York e os escritórios fosse frequente, ela não era constante entre os escritórios. O resultado foi o compartilhamento limitado de aprendizado e experiências. Na verdade, os consultores técnicos estavam desenvolvendo soluções duplicadas para os problemas que ocorriam em diversos escritórios.

O diretor de informações reuniu todos os consultores técnicos em um encontro de cinco dias de duração. Eles passaram a maior parte do tempo examinando as competências tecnológicas e os projetos em todos os escritórios. Uma parcela de tempo foi reservada para a socialização estruturada, o que permitiria que esse grupo criasse relacionamentos pessoais. Durante o encontro, o grupo desenvolveu as especificações para um "fórum virtual" para a Internet com a finalidade de compartilhar informações, postar pedidos de ajuda e discutir questões de tecnologia da informação.

As comunidades baseadas em atividades práticas têm mais êxito quando:

- *São formadas em torno de interesses em comum.* Grupos funcionais ou pessoas formam naturalmente comunidades de práticas. Os advogados espalhados em uma estrutura focada no cliente ou orientada para o produto trabalham em diferentes linhas de negócios e têm muito a compartilhar em termos de metodologia e tipos de questões encontradas pela frente. As comunidades baseadas em atividades práticas dependem da participação voluntária de seus integrantes para serem úteis. Elas têm de ser formadas com base em tópicos com que as pessoas se preocupam e que despertam o interesse em oferecer uma contribuição.

- *Usam tecnologias e reuniões face a face.* A maior parte das comunidades baseadas em atividades práticas é mantida *online* por meio de boletins, sessões de bate-papo, fóruns de discussão, bases de dados, listas de perguntas frequentes e diretórios. Contudo, elas são promovidas também por reuniões ao vivo, em que as pessoas podem estabelecer contatos pessoais e conhecer outros participantes pessoalmente.

- *Têm um coordenador exclusivo.* As comunidades baseadas em atividades práticas de sucesso têm um coordenador ou facilitador que identifica os tópicos de interesse, define agendas de discussão ou reuniões e promove a participação no grupo. Esse papel de coordenador pode ser ocupado por uma mesma pessoa, em meio turno, ou ter caráter rotativo. No Banco Mundial, as comunidades baseadas em atividades práticas são tão valorizadas como ferramentas de aprendizado e coordenação que o orçamento de cada uma inclui fundos para o pagamento de um funcionário que deve organizar as reuniões, editar a *newsletter* e desempenhar outras tarefas administrativas para que o grupo possa se concentrar apenas em seus assuntos de interesse.[5]

Reuniões e Encontros Anuais

As reuniões e encontros anuais de sua organização provavelmente representam uma despesa em termos de transporte e hospedagem, além do custo de retirar as pessoas de suas tarefas diárias no trabalho. Utilize essas reuniões não apenas para cumprir a agenda como também para investir na construção das redes dentro da organização, na geração de compromissos e na melhoria de relacionamentos interpessoais. Por ocasião de sua próxima reunião, pense em como você poderá maximizar os elementos abaixo:

- *Participação*. Se você perceber que as mesmas pessoas estão comparecendo toda vez que ocorre uma reunião, considere as oportunidades de expandir a participação nas próximas reuniões. Convide algumas pessoas de altas potencialidades de níveis hierárquicos inferiores. Ao apresentá-las às lideranças organizacionais, você as estará ajudando a construírem suas redes. É comum vermos essas pessoas serem convidadas apenas quando ocorre algum problema relativo a serviços, um conflito ou uma questão que precisa ser negociada. Recorra a essas reuniões para construir relacionamentos com essas pessoas em um cenário neutro.

- *Grupos pequenos*. As agendas de muitas reuniões são constituídas por uma apresentação após a outra, seguidas de uma seção de perguntas e respostas. A interação entre os participantes fica limitada aos intervalos e refeições. Planeje a reunião de modo a permitir discussões em pequenos grupos. Configure as tarefas de cada grupo pensando em como maximizar o contato entre pessoas. As discussões em pequenos grupos não apenas permitem que elas reajam melhor às apresentações como também possibilitam ouvir as opiniões de outras pessoas, observar estilos de trabalho e planejar o modo como podem ser envolvidas como recursos no futuro.

- *Tempo planejado para socialização*. Os planejadores de encontros conduzidos fora da sede da empresa durante diversos dias enfrentam um dilema relativo ao tempo planejado para socialização. Você considera um intervalo de tempo para socialização, esperando que ele compense na geração de redes, ou você faz com que as pessoas trabalhem da manhã à noite, para que possam voltar para seus escritórios e famílias o mais rápido possível? De um modo ou de outro, algumas pessoas se sentirão infelizes. Se você cogitar dar uma tarde de folga ou mesmo se o tempo de contato social estiver limitado às refeições ou a uma noite livre, planeje parte desse tempo para motivar os participantes a conhecerem novas pessoas. Reserve um campo de golfe para grupos de quatro pessoas de diferentes funções jogarem uma partida. Distribua as pessoas de acordo com essas diferenças também nas mesas de jantar. Planeje alguma atividade de entretenimento em grupo para uma das noites, assim as pessoas não se limitam a se debandarem a seus quartos após o jantar. Embora seja importante prever algum tempo sem atividades programadas para os participantes, esforce-se por obter o máximo de cada parte do encontro.

Programas de Treinamento

Programas de treinamento extensivos a toda a empresa são também um fórum de união da organização. Se você preparar a participação e utilizar programas de treinamento como fórum para a discussão de valores e compreensão, você conseguirá concretizar duas metas, além dos objetivos específicos do treinamento:

- *Redes.* Os programas de treinamento que reúnem pessoas de diferentes funções são mais eficientes quando desenvolvem relacionamentos entre as interfaces de fluxo de trabalho. Em vez de apenas permitir que todos se inscrevam, é interessante designar os participantes a programas que promovam o contato com outras pessoas que lhes possam trazer vantagens.

- *Discussão de valores e compreensão.* Todo evento de treinamento, mesmo que seja tão banal como redação executiva ou gestão de tempo, é uma oportunidade de divulgar a direção da organização, as principais mensagens das lideranças e os valores da organização. A customização de programas de treinamento pode ser adotada não apenas para tornar o material mais relevante para os participantes como também criar uma cultura, uma linguagem e um conjunto de valores organizacionais compartilhados. Por exemplo, estudos de caso, narrativas curtas e dramatizações usadas para ilustrar o material do curso podem ser redigidos para enfatizar normas comportamentais. Um curso de competências administrativas pode incorporar cenários práticos que demonstrem as novas expectativas de desempenho ou os novos papéis existentes na organização. Visto desta maneira, o projeto de um curso deixa de ser uma mera questão de ensino de um tópico e passa a ser uma oportunidade para a construção de uma compreensão organizacional entre um grupo diversificado de participantes.

Rodízio de cargos

O *rodízio de cargos* desloca pessoas horizontalmente, em toda organização, em intervalos definidos. Esses rodízios são utilizados para aperfeiçoar habilidades, promover e reforçar boas práticas e a transferência de conhecimento, além de incutir uma perspectiva organizacional ampla. Muitas empresas utilizam a distribuição rotativa de tarefas entre funções como estratégia organizacional bivalente: treinar gerentes de departamento para tornarem-se generalistas, preparando-os para o próximo passo em suas carreiras, e ajudá-los a construir redes de contato e canais de comunicação que possam utilizar para alavancar o conhecimento em toda a organização.

A Dow-Corning, por exemplo, aloca os novos engenheiros químicos no departamento de desenvolvimento de produto. Após, eles acompanham os novos produtos que desenvolveram pelo setor de produção. Uma vez dentro da fábrica, os engenheiros passam para o departamento de controle de qualidade e então assumem o cargo de inspetor na unidade. A próxima etapa é o cargo de inspetor em alguma unidade europeia, para ganhar experiência internacional. As carreiras são projetadas de modo a transferir pessoas nas linhas de posição, entre as linhas de posição e cargos administrativos. Essas rotações reforçam as habilidades em papéis com que os funcionários estão familiarizados ao mesmo tempo em que novos papéis são introduzidos. A cada rotação, os engenheiros aprendem a adaptar-se com mais rapidez e eficiência. Com o tempo, eles passam períodos mais longos em diferentes funções, em diferentes empresas e diferentes regiões geográficas, tanto em papéis de linha de produção quanto em papéis administrativos. Eles aprendem a assumir responsabilidades por resultados e a influenciar outros funcionários sem necessariamente exercer autoridade.

Outra organização que utiliza a rotação é o McDonald's. Sendo uma organização com uma estratégia focada na excelência operacional, o McDonald's acha essencial que todos os funcionários mais ambiciosos passem pela rotação nas operações e desenvolvam experiência real na administração de um restaurante. Ninguém é cogitado para um cargo de alta liderança sem ter adquirido esse tipo de experiência.

Em empresas multinacionais de grande porte, o departamento de auditoria pode ser usado para construir conhecimento e redes em toda a organização. O Citigroup efetua a rotação de gerentes de altas potencialidades em cargos de auditor não apenas para desenvolver a compreensão sobre a disciplina envolvida em boas práticas de controle, como também para expor esses profissionais ao funcionamento e aos problemas típicos de diferentes linhas de negócios. As auditorias são oportunidades de aprendizado e desenvolvimento, tanto para a unidade sendo auditada quanto para os próprios auditores. Quando posicionado corretamente, esse departamento divulga as boas práticas, desenvolve talentos e constrói redes em toda a organização. Um bancário, encarregado de clientes corporativos, que esteja participando de uma equipe de auditoria internacional, incumbida de analisar os negócios de clientes malaios por três meses, acabará conhecendo outros integrantes da equipe e também outras pessoas na sucursal da Malásia. Toda experiência gera uma oportunidade de estender uma rede de contatos pessoais.

A Shell Oil utiliza o rodízio de cargos para unir uma organização que em circunstâncias normais seria altamente descentralizada. Embora as empresas com operações locais tenham autonomia para tomar quase todo tipo de decisão sobre compras, recrutamento e seleção relativa à equipe de gerentes, todas essas unidades oferecem a seus novos gerentes ao menos duas incumbências diferentes nos cinco primeiros anos no emprego. Os diretores das empresas locais conduzem uma série de trocas e negociações para gerar as melhores oportunidades de desenvolvimento possíveis para seus funcionários. A empresa com operações locais absorve os custos associados a essas trocas (por exemplo, transferir pessoas a novos cargos para abrir espaço para um gerente de altas potencialidades que esteja pronto para uma nova posição que promova seu desenvolvimento profissional). A ética no desenvolvimento interno do talento gerencial permeia toda a empresa. Muitos — senão todos — executivos seniores começaram como gerentes juniores.

Na maioria das vezes as rotações são deslocamentos horizontais que acrescentam novas habilidades e experiências, mas não necessariamente um escopo maior de responsabilidades. Para evitar que as pessoas percebam que estão perdendo oportunidades em suas carreiras, essas rotações devem fazer parte de um plano de carreira definido, com prazo para acabar e uma definição clara das próximas etapas. As pessoas que participam dessas rotações também têm de ser recompensadas de acordo, para que não sintam que teriam se saído melhor, do ponto de vista financeiro, se tivessem permanecido em um plano de carreira menor.

Tecnologia e Coordenação Eletrônica

Um dos fatores mais poderosos, atuais e futuros, de definição de tendências em redes informais é a TI. Embora ela não seja capaz de substituir a interação pessoal por completo, a tecnologia tem o potencial de reduzir barreiras de tempo e espaço na comunicação de forma considerável, além das barreiras organizacionais de hierarquia e funções. A organização se abre à comunicação praticamente ilimitada. As redes ou comunidades informais de interesse se originam de modo espontâneo em grupos de bate-papo e em listas de distribuição de correio eletrônico na intranet de uma companhia. O LotusNotes, o Microsoft Exchange e outras ferramentas de interação em grupo permitem o envio de mensagens instantâneas, a formação de grupos de discussão, a gestão e o cronograma de calendários de grupo e a gestão de documentação e de fluxo de trabalho.

A tecnologia faz parte do papel dos projetistas organizacionais, que modelam relacionamentos e redes que podem, por sua vez, ser facilitados pelas novas tecnologias disponíveis. A maior parte das organizações tem uma base de dados pessoal, acessível via intranet da companhia. Muitas vezes ela é um pouco mais do que um Rolodex eletrônico, com informações sobre nomes e contatos. A CARE International, uma das maiores organizações privadas de ajuda humanitária e desenvolvimento do mundo, aperfeiçoou sua base de dados acrescentando o tipo de informação que facilitaria o encontro de pessoas com interesses e necessidades semelhantes. As pessoas listaram suas responsabilidades e experiências passadas, suas responsabilidades atuais, competências linguísticas, conhecimentos sobre países, experiências em situações de emergência, habilidades e competências principais e interesses. Essa base de dados foi equipada com um mecanismo de busca que aumentou a capacidade das pessoas de trabalhar além das fronteiras em que se encontravam e em diferentes projetos, encontrando-se para trocar ideias, informações e soluções. O custo de criação e manutenção dessa base de dados é bastante baixo.

Contudo, mais promissores são os pacotes de tecnologia para empresas, como os sistemas de gestão de relacionamento com o cliente (CRM, *customer relationship manager*) que hoje controlam todas as informações sobre clientes dispersas em toda uma organização. Os sistemas de CRM têm a capacidade de integrar todos os dados relevantes para que uma companhia possa apresentar sua "verdadeira cara" para o cliente.

É muito provável que você concorde que a promoção de redes interpessoais, a colaboração e o compartilhamento do conhecimento sejam estratégias eficientes. No entanto, ao examinar os sistemas de recompensa e reconhecimento de sua empresa, você perceberá que eles talvez contem uma história diferente. Esses sistemas provavelmente não recompensem as pessoas por buscarem ajuda ou por auxiliarem outras pessoas, quando solicitado. Utilize a Ferramenta 4-1 para avaliar suas redes existentes e identificar os modos como elas podem ser aperfeiçoadas e apoiadas em sua organização.

OS PROCESSOS LATERAIS

Os processos laterais fornecem informações e definem as decisões para coordenar atividades espalhadas em todas as unidades da organização. Esses são processos de negócios e gestão importantes para o cliente e que permitem a execução do trabalho. Eles formam os principais fluxos de atividade e decisão vistos em toda a extensão da organização e que geram os produtos finais e serviços que, por sua vez, criam valor para o cliente. Alguns processos laterais necessários talvez não existam na organização, em seu estado atual, e terão de ser gerados na organização reestruturada. Outros processos precisarão ser reconfigurados.

Embora toda organização tenha inúmeros processos, na maioria das situações há entre três e cinco que são críticos para a empresa, pois envolvem diversas partes da organização em sua execução. No caso de uma empresa estritamente focada no produto, o desenvolvimento de novos produtos, a gestão da inovação e a pesquisa e inteligência de mercado podem ser os processos mais importantes. A Figura 4-4 lista alguns processos laterais típicos.

Processos de negócio essenciais como esses não podem ser coordenados de modo informal; ao contrário, eles devem ser formalizados e documentados. Esses processos devem ser revistos como parte do esforço de projeto. Com o tempo, os processos em todas as organizações tendem a se burocratizar, refletindo rotinas antigas e os remanescentes do "modo como as coisas costumavam ser", não as necessidades atuais da organização.

Como Projetar Processos Laterais

A equipe de lideranças precisa definir os processos laterais críticos para a organização. As pessoas que terão de fazer com que os processos funcionem, todavia, devem envolver-se no mapeamento de cada processo e na negociação da distribuição de tarefas, nos horizontes de tempo e expectativas. As principais etapas do mapeamento de um processo são:

- A definição de objetivos
- A determinação do início do processo
- A determinação do fim do processo
- O estabelecimento das principais interfaces
- A definição de medidas
- O detalhamento de atividades e subprocessos
- A criação de novas ferramentas

Um exemplo do processo de gestão de projeto da divisão de desenvolvimento de *software* ilustra o modo como um processo lateral deve ser pensado e mapeado. A Employer Services é uma divisão de uma grande empresa de gestão de ativos. Ela foi fundada no começo de 1995, após a alta gerência da companhia ter percebido que o *software*

168 PROJETO DE ORGANIZAÇÕES DINÂMICAS: UM GUIA PRÁTICO PARA LÍDERES DE TODOS OS NÍVEIS

GESTÃO E FINANCEIRO
- Planejamento e gestão de projeto
- Definição de prioridades
- Alocação e distribuição de recursos (pessoas)
- Orçamentos e previsões
- Gestão e rastreamento de ativos
- Escalada de problemas e solução de conflitos

GESTÃO DE PESSOAS
- Gestão de desempenho
- Planejamento e desenvolvimento de sucessão
- Recrutamento e seleção
- Comunicação e *feedback*
- Gestão de talentos

SERVIÇO AO CLIENTE
- Solicitação e satisfação com serviços
- Precificação de serviços
- Elaboração de contratos e monitoramento em nível de serviço
- Executivo de conta/CRM
- Desenvolvimento de soluções

OPERAÇÕES
- Gestão da mudança (infraestrutura)
- Gestão da cadeia de suprimentos
- Gestão de estoques
- Planejamento da capacidade
- Atendimento de pedidos

GESTÃO DO RISCO
- Planos de contingência
- Recuperação após desastres
- Segurança das informações
- Garantia de qualidade

TECNOLOGIA
- Desenvolvimento de padrões
- Transferência de tecnologia (desde o desenvolvimento até o teste e a produção)
- Desenvolvimento de aplicações
- Licenciamento e distribuição de *software*
- Serviço e suporte a computadores pessoais

DESENVOLVIMENTO DE NEGÓCIOS
- Projeto de serviços e produtos
- Desenvolvimento futuro e de ponta
- Aquisição de novos negócios e clientes
- Desenvolvimento de novos produtos
- Pesquisa de mercado

APRENDIZADO
- Gestão do conhecimento

FIGURA 4-4 Os processos laterais típicos.

próprio desenvolvido pela empresa, utilizado para administrar as contas de seus funcionários, poderia agregar valor e ser vendido a outras empresas de grande porte, pois possibilitava terceirizar a folha de pagamento e obter vantagens na manutenção de registros contábeis.

No outono de 1996, a Employer Services contava com 400 funcionários e vinha duplicando de tamanho a cada seis meses desde sua fundação. À medida que crescia, ficava claro que, embora viesse fazendo um bom trabalho atendendo a seu único cliente interno, a companhia fracassara na construção de uma disciplina ou competência na gestão simultânea de projetos complexos para diversos clientes. Os elos entre os desenvolvedores de produto, os analistas de negócios e as equipes de implementação eram fracos. A tomada de decisão era lenta, prazos não eram respeitados e a noção de responsabilidades era vaga. Muito tempo era gasto na tentativa de definir a culpa por erros, em vez de encontrar respostas. As pessoas sentiam que trabalhavam bastante, mas sem gerar os resultados esperados. Um trecho da avaliação do estado atual representa os sentimentos da época:

Estamos fazendo barulho, não música. Precisamos equilibrar e coordenar projetos, recursos, tudo o que é possível gerar e cronometrar. Todos aqui trabalham duro. Sempre que recebemos uma tarefa damos o melhor de nós para concluí-la. O problema é que talvez não estejamos conseguindo erguer nossas cabeças para ver se estamos mesmo fazendo a tarefa certa. Está faltando um mecanismo, uma orientação.

O chefe da Employer Services reuniu-se com sua equipe executiva e identificou seis processos laterais para a organização (Figura 4-5). Após, eles agendaram uma reunião de

---

PLANEJAMENTO E GESTÃO DE PROJETO
- Planejar e administrar projetos para entregar o que foi contratado, dentro do prazo e do orçamento, otimizando a utilização de recursos escassos em todos os projetos.

DEFINIÇÃO DE SERVIÇO
- Gerar uma metodologia padrão para a coleta e análise das necessidades do cliente, produzir e documentar as exigências do sistema e projetos que geram a funcionalidade requerida.

DEFINIÇÃO DE PADRÕES DE TECNOLOGIA E DESENVOLVIMENTO
- Identificar a necessidade de padrões corporativos e analisar, recomendar e selecionar, entre as alternativas existentes, aquela que garanta a adesão e a implementação em toda a Employer Services, considerando os padrões da companhia existentes.

RECRUTAMENTO E DESENVOLVIMENTO DE CARREIRAS
- Garantir que as melhores pessoas disponíveis sejam recrutadas pela Employer Services de modo proativo e oportuno, para garantir que o quadro de funcionários esteja pronto para realizar a estratégia e as metas estabelecidas; disponibilizar um plano de carreira e um programa de treinamento que dê suporte aos indivíduos trabalhando na Employer Services durante a transição para seus novos cargos, vistos como oportunidades de crescimento e desenvolvimento profissional.

COMUNICAÇÃO
- Garantir um fluxo regular de informações entre todos os níveis hierárquicos da Employer Services em termos da direção, da estratégia, das prioridades e dos sucessos da companhia.

GARANTIA DE QUALIDADE
- Gerar um processo que garanta que as novas aplicações transitem pelas diversas fases sem percalços, desde a coleta de exigências até a produção, e que atendam às necessidades dos clientes e satisfaçam os padrões operacionais.

CONFORMIDADE
- Garantir a conformidade a todas as exigências relativas a auditorias e regulações internas e externas.

INDICADORES DE DESEMPENHO
- Estabelecer e monitorar um conjunto de indicadores de desempenho que permitam à Employer Services, de forma proativa, melhorar os índices de satisfação do cliente e seu desempenho financeiro.

SEGURANÇA DAS INFORMAÇÕES
- Gerar os níveis adequados e predefinidos de acesso a dados e aplicativos de modo oportuno.

FIGURA 4-5 Os processos laterais dos serviços dos funcionários.

três dias com *35* pessoas da equipe de lideranças para desenvolver, em colaboração, os três processos mais importantes: a Gestão de Projeto, a Definição de Serviços e a Definição de Padrões de Tecnologia e Desenvolvimento.

A equipe de Gestão de Projeto mapeou um novo processo de planejamento de projeto e de gestão (Figura 4-6). Essa discussão gerou uma série de decisões relativas ao novo processo.

Objetivo do processo	Fornecer uma estrutura que permita aos gerentes de projeto e suas equipes cumprir seus compromissos com base em orçamentos, cronogramas e recursos predefinidos de modo organizado e bem divulgado.
Início do processo	Um processo bem definido que tenha um defensor e um gerente de processo.
Final do processo	O produto é entregue ao cliente interno ou externo; a revisão final é concluída.
Principais interfaces	Equipe de lideranças (definição de prioridades) Definição do serviço Recrutamento e seleção
Medidas de desempenho	Quantitativo — cronograma e orçamento. Qualitativo — qualidade, padrões, funcionalidade (atende às exigências do negócio, satisfação do cliente).
Nova ferramenta	Plano de projeto detalhado que não se limita a ser um diagrama de Gantt ou uma lista de atividades, mas que inclui: Avaliação do risco ou de principais produtos *Trade-offs* e análise de custo/benefício Definição clara dos elos com as necessidades e metas dos serviços dos funcionários: Problemas e limitações Avaliação de complexidade Dependências

O mapeamento de processos laterais soa como reengenharia e está relacionado a ela. As duas estratégias envolvem a criação de um sistema de trabalho baseado em processos de negócios eficientes, definidos com clareza e que acrescentam valor para o cliente. A diferença está no fato de os projetos de reengenharia começarem e terminarem com a reestruturação de um processo. Por outro lado, os processos laterais são apenas uma entre as diversas ferramentas presentes no *kit* de projeto de uma companhia. A meta do mapeamento de processos laterais não se restringe a gerar eficiência. Ele também busca identificar os nós nos processos de negócios fundamentais que unem as partes da organização.

Utilize a Ferramenta 4-2 como guia para as equipes definirem e revisarem os principais processos laterais de sua organização.

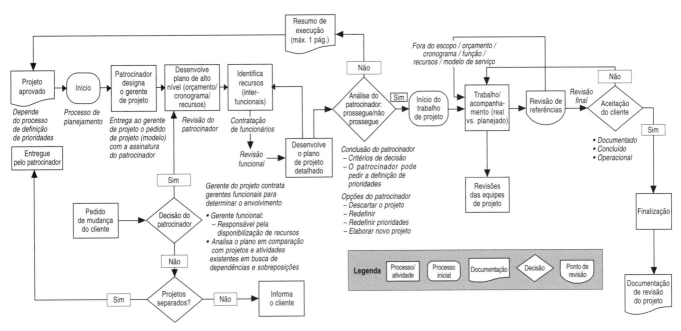

FIGURA 4-6 O planejamento de projeto e o processo de gestão da Employer Services.

AS EQUIPES

O objetivo das equipes é reunir pessoas para trabalharem de forma interdependente e compartilharem responsabilidade pelos resultados. Elas constituem um mecanismo formal de integração do trabalho. A maior parte das organizações recorre à formação de equipes, de um modo ou de outro. As equipes podem ser classificadas em três grupos:

- *Equipes responsáveis por problemas*. Essas equipes são formadas para resolver um problema específico de curto prazo, como o projeto da organização, o corte de despesas ou o desenvolvimento de uma estratégia. Embora o trabalho dessas equipes, semelhantes a uma força-tarefa, seja importante para a companhia, ele não é a finalidade desta. Apesar de a participação nestas equipes fornecer importantes oportunidades relativas à formação de redes, elas não são um mecanismo integrador propriamente dito, nem têm função integradora geral.

- *Grupos de trabalho*. Um grupo de trabalho é a reunião de funcionários que trabalham em uma mesma unidade e que fazem trabalho idêntico ou semelhante frente à necessidade de coordenar seus esforços. Nesse tipo de equipe, todos se reportam a um mesmo gerente. Embora possam ter diferentes cargos, as pessoas que integram um grupo de trabalho não representam diferentes funções ou organizações de seu trabalho. Isto é, elas não são recompensadas de modo expressivo com base nos esforços ou nos resultados alcançados pelo grupo. Os grupos de trabalho são o tipo mais comum de equipe em uma organização. Quando as descrições de cargo e as avaliações de desempenho fazem referência ao "trabalho em equipe", vemos uma descrição típica dos comportamentos de atenção, reação, oferta de suporte e respeito às opiniões alheias. As equipes de trabalho existem em culturas hierárquicas porque não alteram o papel da gestão ou o processo de tomada de decisão hierárquica ascendente.

- *Equipes globais.* As equipes globais são verdadeiros mecanismos de integração. Elas reúnem pessoas com diferentes aptidões e perspectivas organizacionais para criar produtos ou executar serviços para os clientes. O termo *global* é empregado para representar todas as equipes formadas por pessoas de diferentes áreas. Essas pessoas podem ser oriundas de diferentes funções, unidades da companhia ou regiões geográficas.

  As equipes globais reduzem a necessidade de hierarquia na tomada de decisão com a transferência das decisões para mais próximo do cliente. Elas são um componente essencial em uma organização integrada, horizontal. Quando as equipes globais se tornam a unidade básica do negócio, a organização é descrita como "baseada em equipes". A formação de equipes globais é o foco desta seção.

  Uma equipe global é utilizada para complementar a estrutura vertical e também para superar alguma desvantagem introduzida por essa estrutura. Uma equipe interfuncional é um tipo comum de equipe global. As pessoas são recrutadas de seu "lar" funcional para participarem em uma equipe orientada para o produto ou focada no cliente. O exemplo de equipe focada no cliente no Private Client Bank ilustra esse conceito (Figura 4-7).

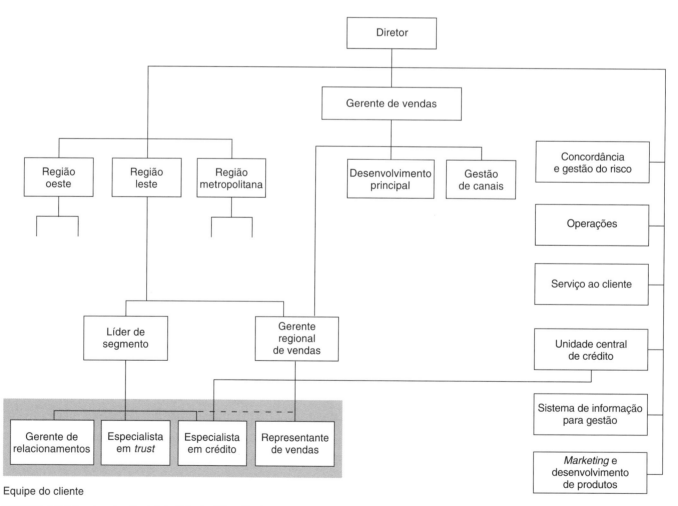

FIGURA 4-7 A "equipe do cliente" do Private Client Bank.

Toda pessoa com chances de ter de interagir com um cliente específico é candidata a se tornar integrante de um grupo funcional: a gestão de relacionamentos, *trust*, crédito ou vendas. Com a organização funcional, o Private Client Bank pôde desenvolver uma maior experiência em cada uma dessas áreas. Contudo, ninguém consegue reunir individualmente todas as informações de que um cliente precisa. Esse problema pode ser resolvido com a responsabilização de um departamento pela interface com o cliente, diz o gerente de relacionamentos. Com isso, ele teria de coordenar todos os recursos de que precisa para atender aos clientes em toda a empresa e, por carecer de autoridade formal, ele teria de contar com a cooperação de seus colegas. Se houver disputas, estas terão de ser levadas à alta gerência para serem resolvidas.

Uma alternativa melhor consiste em recorrer a representantes de cada função para formar uma equipe que atenda ao cliente, como uma unidade, conforme mostra a Figura 4-7. Essa iniciativa traz uma série de vantagens para a organização:

- *Todas as habilidades e informações relevantes são disponibilizadas ao cliente.* O cliente precisa contar com todas as competências das funções presentes no pacote integrado. Nenhuma pessoa ou função é competente o bastante para reunir todo o conhecimento ou todas as informações necessárias para oferecer o que o cliente deseja. Logo, essas pessoas precisam trabalhar como uma equipe. Desta forma, elas terão a chance de gerar soluções inovadoras em comparação a um cenário em que trabalhassem isoladamente.

- *A interface é coordenada.* O cliente pode ter certeza de que não importa quem é a "cara" da companhia, essa pessoa está representando todas as opiniões e todo o conhecimento. Ele não tem de ir a diversos lugares para obter informações. A qualidade é melhorada quando o trabalho é coordenado com mais eficiência.

- *A tomada de decisão ocorre em nível de cliente.* O conhecimento da organização é recriado em nível de equipe. Exceto em casos raros, as decisões não precisam ser levadas aos níveis mais altos da gerência e os problemas podem ser resolvidos pela própria equipe. Essa iniciativa diminui o tempo de resposta.

As equipes globais podem ser permanentes ou flexíveis. Neste exemplo, é interessante que as equipes sejam permanentes, pois assim é possível almejar segmentos específicos em mercados regionais como riqueza adquirida, empreendedores ou executivos de empresas. As equipes globais permanentes são, via de regra, estáveis, embora seus integrantes possam ser substituídos com o tempo. É possível também projetar as equipes globais para que sejam flexíveis, com configurações diferentes para cada conta, com base nas competências exigidas por clientes específicos. As equipes globais flexíveis conferem à organização a capacidade de mobilizar o tipo exato de pessoa para cada cliente ou projeto. Porém, essas pessoas podem acabar trabalhando em diversas equipes ao mesmo tempo. Isso aumenta a complexidade da gestão do trabalho das equipes internas. As equipes permanentes possibilitam que seus integrantes desenvolvam relacionamentos de trabalho eficientes com o tempo, evitando as distrações inerentes às fases iniciais que toda equipe precisa vivenciar em seu processo de consolidação.

Os Tipos de Equipes

A autonomia de uma equipe depende da natureza do trabalho, da maturidade da equipe como um todo e da necessidade de supervisão e coordenação de gestão. As pessoas designadas a participar de uma equipe precisam ter certeza de onde parte a autoridade. Uma analogia ao mundo dos esportes às vezes ajuda a entender a diferença entre *formar uma equipe*, *estar em uma equipe* e *trabalhar como equipe* (Figura 4-8).

Os jogadores de futebol *formam uma equipe*, atuando como zagueiros e atacantes, ou compõem parte de um grupo interno à equipe, semelhante aos grupos de trabalho descritos anteriormente. Essas equipes trabalham como uma unidade, avançando com jogadas calculadas com antecedência. O treinador e o zagueiro são as pessoas que tomam a maior parte das decisões.* As equipes de novos negócios, pagamentos de indenizações e de qualidade no departamento de processamento de seguros e pensões anuais são como uma equipe de futebol. As pessoas de uma mesma unidade têm papéis semelhantes. Embora as três unidades precisem coordenar seu trabalho, na maior parte das vezes elas operam de modo independente umas das outras.

Os jogadores de beisebol *estão em uma equipe*. Eles fazem parte dessa equipe, trabalhando com uma meta em comum, mas fazem suas próprias contribuições, sobretudo, como indivíduos. Isso se reflete nas estatísticas individuais de cada jogador. Os jogadores encontram dificuldade em ajudar uns aos outros, em especial quando rebatem, arremessam ou apanham a bola. Assim como ocorre com o futebol, a tomada de decisão depende, em grande parte, do administrador. O modelo da equipe de beisebol lembra uma equipe de projeto em que cada pessoa oferece sua contribuição, mas em essência é independente dos outros integrantes.

Os jogadores de basquete *trabalham como equipe*. Suas habilidades e ações precisam estar integradas e ser interdependentes. Muitas vezes as decisões são tomadas de modo espontâneo; o ponto de chegada da bola depende de quem está livre para recebê-la e de quem tem as melhores chances de marcar uma cesta. Embora existam jogadas ensaiadas, quem quer que tenha a posse de bola desfruta da liberdade de alterar essas jogadas para adaptá-las às circunstâncias, à medida que essas se desdobram. Essas são as equipes que muitas organizações gostariam de formar.

Os times de basquete, apesar de terem reservas no banco, não têm recursos duplicados. Os integrantes jogam na defesa e no ataque, na mesma partida. Todos estão envolvidos e contribuem todo o tempo. Ninguém fica parado na quadra esperando que suas habilidades sejam requisitadas. Os jogadores comunicam-se o tempo todo, uns com os outros, e aproveitam suas decisões ao máximo. O treinador desenvolve as habilidades da equipe e encoraja os integrantes, mas é ela quem toma todas as decisões na partida. O sucesso de um integrante depende de suas habilidades individuais e do quanto ele conhece das habilidades dos outros jogadores. Um jogador que faz a assistência é tão valorizado quanto aquele que faz cestas. É necessário muito tempo para despertar a confiança necessária ao desenvolvimento de uma equipe de alto desempenho dessa cate-

---

* N. de T.: Nesse caso, trata-se do *futebol americano,* em que o zagueiro passa a bola para trás, ao jogador da linha média.

	Futebol 	Beisebol 	Basquete 
Definição	*Formar uma equipe*	*Estar em uma equipe*	*Trabalhar como equipe*
Tarefas	■ Programadas ■ Trabalho paralelo	■ Em série ■ Independentes	■ Integradas ■ Interdependentes
Decisões	■ Centralizadas	■ Combinação de centralizadas e descentralizadas	■ Espontâneas
Foco pessoal	■ Hierárquico	■ Experiência individual	■ Flexibilidade imediata
Foco de gestão	■ Ter respostas	■ Liderança distribuída	■ Coordenado e participativo
Pontos fracos	■ Falta de flexibilidade ■ Tempo gasto para as decisões serem tomadas em esferas superiores	■ Os indivíduos não podem ajudar uns aos outros quando focados no papel que desempenham	■ Requer tempo para desenvolver familiaridade e confiança

*(Coluna à esquerda: **Elementos da equipe**)*

FIGURA 4-8 Os tipos de equipes.

goria. No setor de negócios, um exemplo é dado por uma equipe de consultores trabalhando em equipe para executar uma tarefa. Nessa equipe, a contribuição de todas as pessoas depende da prontidão e da qualidade do trabalho dos outros integrantes.

A Gestão de Equipes

Quando equipes verdadeiramente globais existem na organização, o papel de gerente passa por uma evolução e, assim, uma nova classe de liderança é necessária (Figura 4-9). As responsabilidades de supervisão tradicionais são assumidas pouco a pouco pela equipe, conforme evolui a confiança entre os integrantes e progridem as competências para administrar seu próprio processo de grupo. Essas responsabilidades incluem atividades como a coordenação do trabalho, as funções administrativas, a facilitação dos processos de grupo, a orientação e o treinamento, a introdução de melhorias e a gestão de desempenhos. O estilo de liderança de um gerente também precisa ser alterado quando as equipes são introduzidas e passam a fazer parte da organização. Os gerentes deixam de lado o estilo de supervisão baseado em instruções dadas às outras pessoas, adotam um estilo de equipe voltado para a orientação e, por fim, seguem uma abordagem de lide-

Gerente

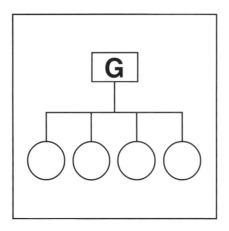

A estrutura hierárquica tradicional em que o gerente está no centro da tomada de decisão. A equipe tem responsabilidade, mas não tem autoridade.

Líder de equipe

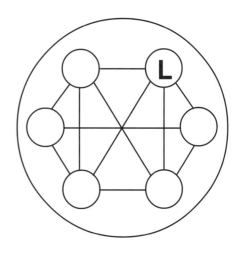

O líder de equipe compartilha a tomada de decisão com a equipe e ocupa posição de líder e integrante. O líder de equipe atua como facilitador do crescimento da equipe.

Facilitador

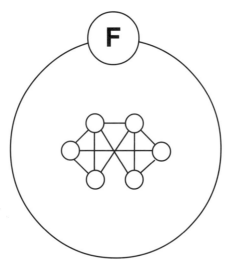

A tomada de decisão principal é distribuída de forma equilibrada entre os integrantes da equipe, que têm o mesmo nível de poder e autoridade. O facilitador dá suporte ao processo de chegada a um consenso, mas raramente impõe opiniões ou decisões.

Orientador

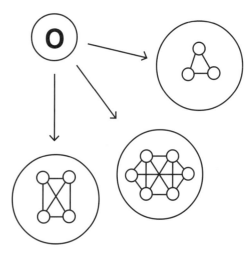

Os integrantes da equipe são capazes de assumir o papel de facilitador e de líder da equipe. O orientador funciona como gerente de fronteira entre as equipes e a organização como um todo. Ele fornece consultoria e suporte, garantindo os recursos necessários às equipes.

FIGURA 4-9 A evolução do papel de gerente.

rança facilitadora focada no desenvolvimento de competências compartilhadas (Figura 4-10).

Os gerentes são capazes de aumentar o nível do controle conforme as equipes se tornam menos dependentes do envolvimento gerencial na tomada de decisão. Os papéis de facilitador e de consultor são papéis essencialmente integradores, não adminis-

LIDERANÇA SUPERVISORA	LIDERANÇA DE EQUIPE	LIDERANÇA FACILITADORA
Comanda pessoas	Orienta pessoas	Gera confiança e inspira o trabalho em equipe
Explica decisões	Utiliza o trabalho da equipe na tomada de decisão	Facilita e dá suporte às decisões da equipe
Treina indivíduos	Desenvolve o desempenho individual e coletivo	Expande as competências da equipe
Administra em nível individual	Coordena o esforço de grupo	Desenvolve uma identidade de equipe
Controla conflitos	Resolve conflitos	Motiva e utiliza as diferenças em uma equipe
Reage à mudança	Implementa a mudança	Prevê e influencia a mudança

FIGURA 4-10 A evolução dos estilos de liderança.

trativos. Eles substituem os supervisores e gerentes tradicionais, permitindo que a organização se horizontalize sem o acréscimo de níveis ou de funcionários. Em virtude disso, os outros gerentes são capazes de se concentrar em interesses mais estratégicos.

As equipes também abrem novos planos de carreira e geram novas oportunidades de desenvolvimento para seus membros. Os papéis de liderança no interior da equipe não precisam ser hierárquicos. As tarefas podem ser distribuídas de acordo com as capacidades técnicas ou então podem ser efetuadas em regime de rotação. Ao assumirem essas tarefas, os integrantes das equipes desenvolvem competências que os valorizam e elevam o nível geral de habilidade gerencial na organização.

As Condições para o Sucesso das Equipes

Embora sejam populares, nem todas as necessidades são satisfeitas com a criação de equipes. Para tirar proveito do poder inerente às equipes, as lideranças organizacionais precisam estar preparadas para dar suporte a elas e aceitar o modo como outros sistemas, papéis e procedimentos têm de mudar para acomodá-las. Apesar de as pessoas serem criaturas sociais, as habilidades relativas ao trabalho em cooperação não se manifestam naturalmente. Muitas preferem trabalhar de forma independente mesmo quando percebem a necessidade premente de cooperar no negócio. O melhor funcionamento das equipes é obtido quando as condições a seguir, que atendem tanto às necessidades da empresa quanto às das pessoas, são verificadas:

- *Existe uma finalidade em comum.* Para uma equipe multifuncional agregar valor, a necessidade de as pessoas trabalharem juntas precisa ser convincente. Seus integrantes devem acreditar que o esforço envolvido no trabalho direto com colegas em todas as linhas organizacionais gerará resultados melhores do que no caso de trabalharem em sua unidade de negócios apenas. As pessoas compartilham um senso de finalidade comum quando precisam receber informações no momento certo para executarem suas tarefas e quando essas informações não podem ser informatizadas. Suas tarefas são interdependentes e o que uma pessoa faz terá impacto nas ações e decisões de outras pessoas.

- *Os integrantes da equipe influenciam as metas.* Quando as pessoas têm a oportunidade de moldar uma meta, elas desenvolvem um compromisso maior no sentido de realizá-la. Isso é observado sobretudo em equipes cuja a realização de uma meta em comum talvez exija que alguns de seus integrantes abram mão de atingir metas pessoais.

- *As prioridades são claras.* Na maioria das vezes, uma equipe é uma estrutura secundária. Seus integrantes continuam fazendo parte de sua unidade "natal" (grupo funcional, unidade de negócios, região geográfica, etc.) e passam uma boa parcela de tempo contribuindo com a equipe. Os conflitos ocorrem quando as metas ou atividades da equipe contradizem as prioridades ou necessidades relativas aos recursos da unidade base de uma pessoa ou quando o trabalho da equipe sai dos padrões normais. Por exemplo, um especialista em TI é solicitado a instalar uma nova plataforma de processamento para atender às necessidades de um cliente específico. Essa decisão talvez divirja das metas do departamento de TI, que recomendam utilizar uma plataforma única para todos os clientes, o que permite aplicar melhorias e características dessa plataforma a todos eles. A alocação de tempo, as atividades prioritárias e a solução de conflitos envolvendo prioridades são problemas a serem resolvidos pelos integrantes da equipe de gestão encarregada das equipes e dos departamentos. Nas situações em que existe dependência de níveis hierárquicos inferiores para sanar esses problemas, o resultado pode ser o aparecimento de muita confusão e raiva.

- *Existe o nível e a combinação certos de habilidade.* As equipes dependem da confiança entre seus integrantes. Essa confiança nasce da crença de que as outras pessoas podem e que, de fato, cumprirão suas promessas. Se a equipe não tiver sido projetada para ter o nível certo de habilidade e a combinação ótima de aptidões para atingir suas metas, veremos o fracasso em atender às expectativas geradas e a frustração dos integrantes. Nem todas as competências precisam estar disponíveis para a equipe executar seu trabalho, mas seus membros não podem prescindir de um plano de desenvolvimento e contratação das competências adequadas.

- *As obrigações da equipe.* As equipes de trabalho atuantes em organizações hierárquicas têm a responsabilidade pelo trabalho que executam, mas não têm obrigações. Uma equipe multifuncional inserida em uma organização baseada em equipes, a obrigação cai em nível de equipe. Isso exige não apenas que ela esteja preparada para assumir e aceitar as obrigações relativas ao seu próprio desempenho como também requer que o gerente delegue e resista à tentação de interferir e assumir o controle quando algo dá errado. Os gerentes precisam ser competentes na orientação, no ensino e na facilitação para que a equipe possa começar a resolver seus próprios problemas de desempenho.

- *Os critérios para os cargos de liderança estão claros.* Conforme as atividades administrativas são transferidas para a equipe, o modo como estas atividades de liderança de

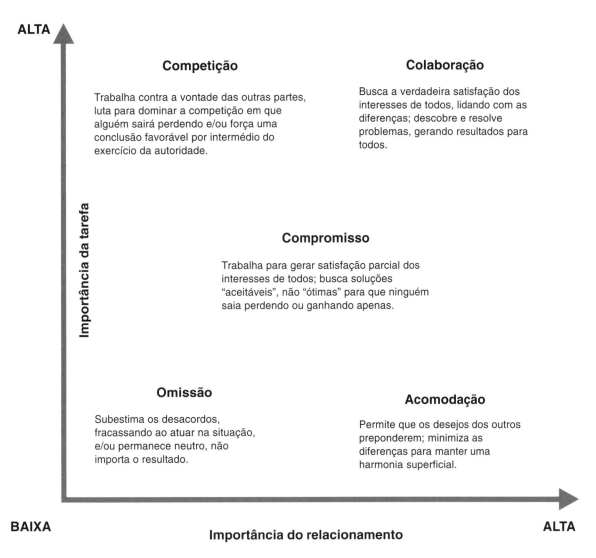

Adaptado de *Kilmann Conflict Mode Questionnaire* (Xicom, 1974).

FIGURA 4-11 O equilíbrio entre tarefas e relacionamentos na gestão de conflitos.

grupo são distribuídas pode acarretar atritos. É possível que alguns papéis sejam mais cobiçados do que outros. Com critérios claros, o tempo passado no debate sobre a distribuição dos papéis de liderança é reduzido e a resistência à aceitação por parte de colegas ocupando posições de liderança diminui.

- *Existem normas de decisão.* Se as equipes forem utilizadas como unidade organizacional do negócio, então elas precisam ser capazes de tomar decisões com eficiência. Os integrantes de equipes multifuncionais não apenas trazem consigo suas diferentes bases de conhecimento como também contribuem com valores, estilos e normas distintos de tomada de decisão. Algumas pessoas de setores operacionais, em que alterações nos sistemas têm um alcance muito maior, talvez exibam uma capacidade deliberativa mais pronunciada em comparação a um especialista em *marketing* independente acostumado a mudanças de curso rápidas e recorrentes. Sempre que ocorrerem diferenças entre os integrantes das equipes, as pessoas terão de decidir sozinhas se vale a pena ou não forçar os resultados que desejam obter, considerando o prejuízo que pode afetar seus relacionamentos com os outros integrantes. A Figura 4-11 ilustra os passos a seguir em situações de conflito. Um razoável volume de trabalho é necessário nos primeiros estágios do desenvolvimento de uma equipe para conscientizar as pessoas acerca dos possíveis desfechos das decisões, no sentido de garantir que a "colaboração" seja o resultado final, quando a equipe se dedicar à tomada de decisão em grupo.

- *A informação flui.* A comunicação e a informação precisam ser distribuídas de forma ampla e uniforme a todos os integrantes das equipes. A adoção de equipes na organização pode alterar o modo como informações são administradas e controladas. Uma vez que o trabalho está sendo executado e coordenado tanto lateral quanto verticalmente, as informações precisam fluir em todas as direções. As informações antes monopolizadas pelos gerentes e compartilhadas apenas em casos de "necessidade" ou sob pedido passam a ser compartilhadas de maneira ampla. Além disso, a responsabilidade pela transferência de informações em toda a organização aumenta. As pessoas precisarão se acostumar com o compartilhamento proativo de informações em suas ou em outras equipes. A caracterização dessas necessidades e das novas rotas de informação, ao lado da determinação das alterações nos sistemas de tecnologia da informação necessárias para dar suporte ao fluxo de informações são aspectos essenciais das equipes de suporte.

- *Existem indicadores de desempenho e recompensas.* Uma importante fonte de resistência à introdução de equipes em uma organização pode ter origem no temor de que alguns indivíduos percam o controle sobre o modo como seus desempenhos são mensurados e recompensados. A definição de sistemas de mensuração e recompensa que motivem e premiem a realização de metas de equipes e empresa, além de resultados individuais, é fundamental para a garantia de que ações e esforços estejam alinhados. Indicadores e recompensas deixam claros os valores da organização e ajudam a construir a responsabilidade coletiva que, em última análise, alterará comportamentos.

Utilize a Ferramenta 4-3 para avaliar a disposição de sua organização de apoiar uma estrutura em equipes.

OS PAPÉIS INTEGRADORES

Os papéis integradores são cargos de gerência, coordenação ou de atuação em toda a organização com a incumbência de orquestrar o trabalho nas unidades organizacionais, sem autoridade formal. Líderes e gerentes devem desempenhar um papel integrador na organização, garantindo que o trabalho de cada componente se encaixe nas metas globais do negócio e que os recursos disponíveis na organização — pessoas, conhecimento, tempo, etc. — sejam otimamente mobilizados e coordenados entre as unidades. Em uma organização de pequeno porte, talvez a única coisa necessária seja um líder. Em uma organização de grande porte, um líder não tem condições práticas de coordenar o trabalho, a não ser nos níveis hierárquicos mais elevados. Outros papéis são necessários para unificar o trabalho, compartilhar informações e manter os componentes da organização alinhados uns aos outros. Sempre que possível, é importante mobilizar os recursos existentes em vez de aumentar o número de pessoas envolvidas na coordenação.

Os Papéis Gerenciais Expandidos

Na perspectiva da organização, o aumento da competência dos gerentes no sentido de pensar de acordo com uma perspectiva empresarial, além da perspectiva funcional de seus papéis, eleva o nível de pensamento lateral da organização e aperfeiçoa as competências de adaptação, de modo geral. Todos nós alguma vez já testemunhamos uma pessoa assumindo um papel integrador. Essas pessoas são curiosas e interessadas no modo como outras partes da organização funcionam, buscando contato com seus colegas para aprender mais com eles. Elas são rápidas em perceber as complexidades de situações e em ajudar outras pessoas a reunirem-se em solo neutro para resolver problemas. Essas pessoas são as primeiras a ser consideradas quando um líder é necessário para assumir um projeto que envolva um número grande de partes com interesses divergentes. Os cientistas sociais chamam isso de "comportamento extrapapel", isto é, um comportamento que ultrapassa as expectativas relativas ao papel de modo benéfico para a organização.[6] Existem determinadas maneiras de motivar gerentes a assumirem o comportamento extrapapel como parte integrante de seu trabalho.

- *Comunicar e reforçar as expectativas do comportamento extrapapel.* É raro ver a integração como parte explícita do papel de um gerente. O primeiro passo é aumentar a conscientização entre gerentes sobre a expectativa de que servirão como catalisadores para a melhoria e a eficiência organizacional.

- *Fornecer oportunidades para a geração de experiência e confiança laterais.* A ferramenta mais poderosa para a geração de confiança é a experiência prática. Para os gerentes, as oportunidades de geração de confiança com base no rodízio de cargos, ao lado da chance de administrar equipes multifuncionais, aumenta a receptividade, a iniciativa e o desempenho gerencial lateral.

- *Identificar os indivíduos que pensam e atuam como integradores de forma natural, utilizando-os como modelos de atuação.* Até mesmo dentro de uma mesma organização, alguns indivíduos apresentam uma maior inclinação para tomar uma iniciativa, efetivando os elos entre o que fazem e o que as outras pessoas fazem, no sentido de identificar novas oportunidades. Esse tipo de comportamento deve ser reconhecido e servir como exemplo. Promova essas atitudes, instruindo as pessoas a fazer o que fazem, mas de modo mais intuitivo.

Os Coordenadores

Os papéis de coordenador são cargos exclusivos cuja função é integrar o trabalho de outras pessoas. Em algumas situações, o objetivo do papel de ligação é garantir que as informações essenciais sejam transferidas com regularidade entre funções ou equipes que tenham metas ou fluxos de trabalho interdependentes. Em outras, a função principal de um papel de ligação é monitorar atividades de modo proativo em outras funções ou equipes, garantindo que as oportunidades sejam aproveitadas ou que as questões que afetem um número maior de unidades sejam discutidas.

Os gerentes de produto, serviço, projeto ou qualidade são típicos coordenadores da integração. Eles não controlam recursos, mas podem chefiar um conselho ou uma equipe que identifica áreas cujas estratégias funcionais e necessidades relativas a produtos ou clientes estejam em conflito, com a meta de chegar a uma solução. Em empresas cujas atividades são fundamentadas no conhecimento, o principal papel integrador envolve a alocação de pessoas em projetos e a gestão da distribuição desses talentos. Por exemplo, a Ernst & Young Consulting Services dispõe de coordenadores de contratação que têm como única tarefa coordenar recursos em projetos, para maximizar o conhecimento setorial, funcional e organizacional.

Os Papéis Abrangentes

Recentemente, houve uma proliferação de um novo tipo de cargo em organizações, com nomes que variam desde "diretor de conhecimento", "diretor de aprendizado" e "diretor de inovação"*. Esses cargos surgiram em resposta a uma necessidade empresarial que não se encaixava nos moldes tradicionais. Por definição, esses são os chamados "papéis abrangentes", especificamente criados para integrar trabalho e conhecimento. Muitas vezes as pessoas nesses cargos têm poucos funcionários à disposição e dependem das informações, do conhecimento e dos recursos gerados por outras unidades. Três exemplos ilustram o papel abrangente:

- *Comércio eletrônico*: O interesse nos negócios via Internet gerou um leque de desafios para a empresa tradicional em relação ao modo como ela conceitualiza o mercado e define limites externos com fornecedores e clientes. A Textron, uma empresa de atuação diversificada com negócios no ramo de helicópteros, equipamentos de golfe e gramado, além de serviços financeiros para clientes corporativos, desenvolveu o papel de presidente executivo para a inovação, que lida com as investidas da organização no comércio eletrônico. O CIO chefia um conselho de comércio eletrônico encarregado de ajudar as unidades da Textron a incubar ideias, lançar novas empresas e desenvolver alianças externas. De acordo com o CEO, o papel: "Ressalta a importância de desafiar nossa percepção do comércio eletrônico — que deixa de ser focado na tecnologia para se concentrar por completo na redefinição de nosso modelo de negócios".[7] A Internet é uma força inerentemente integradora. As unidades organizacionais que nunca coordenavam suas atividades agora precisam descobrir maneiras de produzir repostas integradas a clientes e fornecedores.

---

* N. de T.: *Chief Knowledge Officer* (CKO), *Chief Learning Officer* (CLO) e *Chief Innovation Officer* (CIO), respectivamente.

- *A gestão do conhecimento.* É cada vez maior o número de executivos responsáveis pela informação alocados na identificação de oportunidades para a ampliação de conhecimentos que gerem valor para a empresa ou na coordenação do compartilhamento desses conhecimentos. As atividades mais comuns desses executivos são a definição do capital intelectual que diferencia a empresa e a criação de sistemas de captura, compartilhamento e utilização do conhecimento detido pelos funcionários. Por exemplo, na Ernst & Young, o CKO tem a responsabilidade de organizar, capturar e catalogar o conhecimento coletivo existente na companhia, além de motivar os funcionários a dividir e utilizar informações. Um estudo feito com esses executivos descobriu que eles descrevem a si próprios como agentes da mudança, incumbidos não apenas de supervisionar o desenvolvimento de sistemas de gestão de conhecimento como também de criar um ambiente e uma cultura que estimulem o uso comum de uma base de conhecimentos.[8] Em todos os níveis, esses executivos tentam romper as barreiras entre divisões para permitir encontrar as pessoas com experiência em áreas específicas, com rapidez.

- *A gestão de projetos.* As organizações que passam por esforços de mudança em larga escala (por exemplo, a conversão de sistemas de tecnologia própria) muitas vezes recorrem a um setor responsável pela gestão de projetos para supervisionar e integrar as diversas iniciativas sendo executadas. As pessoas que trabalham nesse setor podem exercer impacto significativo, se definirem seus papéis além do mero monitoramento de planos de projeto e da manutenção do ritmo de trabalho. O papel é abrangente quando atua na descoberta de prazos irreais, na identificação de necessidades de treinamento, na detecção de oportunidades para mobilizar ou realocar recursos.

Na maioria das vezes os papéis abrangentes são cargos da alta gerência, que com frequência se reportam ao líder da organização, o que lhes confere o *status* necessário para poder "se intrometer" em outras áreas dos negócios. Nem todos os papéis abrangentes têm de se reportar diretamente ao CEO. Os funcionários administrativos em todos os níveis de uma organização têm papéis abrangentes natos, que no entanto são com frequência subutilizados.

O departamento de recursos humanos (RH) é um bom exemplo desse cenário. Nos últimos 10 anos, os profissionais de RH vêm se esforçando para deixarem de ser percebidos como processadores de trabalho administrativo e ser vistos como "parceiros estratégicos" na linha de negócios a que dão suporte. Com a introdução de centros de serviço baseados em tecnologia que reduzem o componente administrativo de seus cargos, muitos funcionários de RH desenvolveram a capacidade de dedicar tempo ao diagnóstico e ao tratamento de questões organizacionais sistêmicas e ao aconselhamento dos líderes de negócios acerca do impacto das escolhas estratégicas. Em muitas empresas, o RH se tornou um membro em tempo integral da equipe executiva, contribuindo com as decisões de negócios de forma ativa.

Os funcionários de RH coletam um grande número de informações, mas muitas vezes elas não são repassadas para além dos limites de seu departamento. Quando essas pessoas se reúnem, elas não falam sobre negócios; falam sobre RH. As oportunidades de polinizar outros negócios, de gerar elos acima e além dos processos de RH e até mesmo a chance de "sair em vantagem no jogo" e descobrir o que ocorre em outros departamentos são perdidas. Além do prejuízo à organização quando as funções administrativas não atuam como papéis integradores, os indivíduos perdem parte de sua influência com a limitação da definição de seus papéis. Os departamentos de TI, de finanças e de auditorias, entre outros, têm oportunidades semelhantes para abranger áreas de atuação maiores, pois suas atividades os levam a todas as áreas dos negócios, senão como indivíduos, então como representantes de seus departamentos.

A Seleção e o Suporte às Pessoas nos Papéis Abrangentes

Os papéis integradores são de difícil implementação, pois geram conflitos internos por natureza. Em termos de uma estrutura organizacional tradicional, a maior parte das pessoas se identifica com uma especialidade em particular, e a representam. O papel de integrador desses diversos grupos na organização, que vê essas questões sob uma ótica voltada para os próprios interesses, não é simples. Os papéis integradores, não importa o tipo, dependem muito das habilidades interpessoais do titular para gerar credibilidade. As pessoas com papéis integradores, via de regra, não gerenciam recursos nem têm a autoridade inerente à supervisão de um departamento de geração de receitas. Uma pessoa precisa ser capaz de convencer e motivar outras a trabalhar entre as linhas de negócios, a buscar soluções mesmo que "o problema não seja seu" e a desenvolver a capacidade de ver tudo sob diferentes perspectivas. Para ter sucesso no papel, a pessoa precisa exercer seu poder por meio da formação de redes, da persuasão e da influência. Ao projetar e contratar pessoas para papéis integradores é preciso:

- Selecionar e desenvolver pessoas capazes de exercer influência sem autoridade formal.
- Selecionar pessoas que tenham sucesso em espaços, papéis e processos que não estejam definidos com clareza.
- Selecionar pessoas que se sintam confortáveis acessando e mobilizando os recursos de outras pessoas, em ter de gerar ou possuir seus próprios recursos.
- Sempre que possível, fazer com que o papel integrador se reporte a uma pessoa com mais tempo de empresa, senão o líder, para legitimar sua importância.
- Disponibilizar ao papel integrador o acesso aos fatos e ao conhecimento utilizável para influenciar outras pessoas.

AS ESTRUTURAS MATRICIAIS

Na situação ideal, todos os problemas em sua organização seriam tratados de forma holística. As pessoas empregam suas experiências pessoais e têm o conhecimento e as perspectivas necessárias para avaliar os *trade-offs* e garantir que todas as ações tomadas sejam para o bem da organização, desprovidas de interesses localizados e estreitos, de questões de ordem política ou preocupações pessoais. Aspectos positivos e RH seriam compartilhados com facilidade e distribuídos sempre que necessário. Infelizmente, isso não ocorre. O local em que as pessoas estão alocadas dá forma às suas visões de mundo. Elas defendem posições representativas dos cargos específicos que ocupam na organização. Nos casos em que essas visões colidem, a solução de problemas fica nas mãos dos gerentes, na maioria das vezes.

Porém, o que aconteceria se você precisasse que as pessoas e unidades da organização incorporassem uma perspectiva funcional e uma perspectiva do cliente, ao mesmo tempo? E se fosse necessário combinar o foco no produto e o foco em regiões geográficas? Nesses casos, você precisa projetar a organização em que o poder seja compartilhado igualmente entre duas ou mais dimensões. Com frequência, essas dimensões são funções, regiões, clientes ou produtos. A Figura 4-12 ilustra como diferentes mecanismos laterais transferem poder de uma dimensão para outra. O lado esquerdo do diagrama

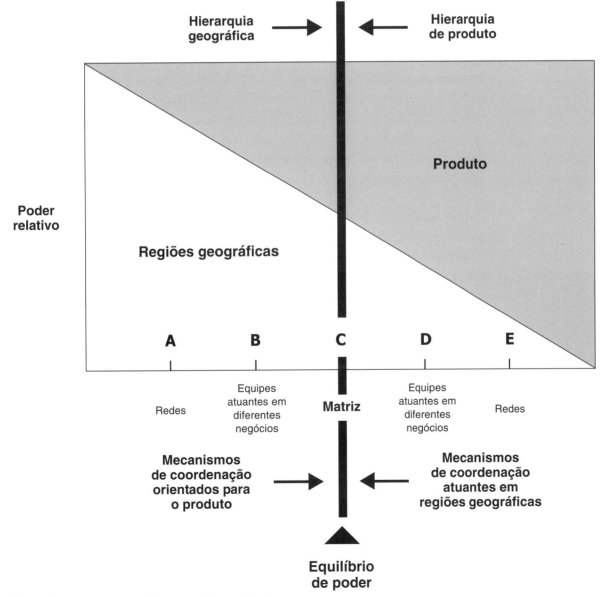

FIGURA 4-12 O deslocamento de poder na organização lateral.

representa uma organização reestruturada por centros de lucro baseados em regiões geográficas. O Ponto A representa a coordenação flexível dos interesses relativos a produtos em regiões ou países. Essa coordenação depende de redes e de contatos informais. Todo o poder recai sobre os gerentes que chefiam as unidades regionais de negócios.

Conforme você se desloca para a direita no diagrama e introduz equipes atuantes em diferentes negócios (Ponto B), aumenta a união entre as atividades relativas ao produto em todas as regiões geográficas, mas a estrutura de poder continua sendo comandada pelas regiões. Um gerente de produto pode estar em uma equipe global de produto e mesmo assim se reportar por meio da estrutura gerencial local, no país ou região em que está alocado. É somente quando você chega ao Ponto C que ocorre um equilíbrio de poder entre as organizações baseadas em regiões e aquelas orientadas para o produto. Nesse ponto, o gerente de produto teria dois chefes — um gerente de mercado local e um gerente de produto global. À direita do Ponto C, o poder passa para a organização orientada para o produto. Nos Pontos D e E, você tem uma estrutura com mecanismos de coordenação baseados em regiões geográficas.

O Ponto C no diagrama representa uma matriz de relacionamentos. Uma matriz permite que a organização se concentre em duas ou mais dimensões ao mesmo tempo. Em um relacionamento matricial, uma pessoa tem dois chefes, cada um representando dimensões estratégicas de igual importância. Na Figura 4-13, o gerente regional de vendas está em uma posição matricial. Esse gerente se reporta ao gerente de mercado da região leste (região geográfica) e ao diretor de vendas (departamento). Os relacionamentos matriciais forçam todas as partes presentes na matriz — os dois "chefes" e as pessoas que administram — a dar peso idêntico a diversas perspectivas. O gerente regional de vendas tenta maximizar as vendas totais (uma meta da organização funcional de vendas) sem deixar de almejar às vendas mais rentáveis no mercado da região leste (uma meta das regiões geográficas). A matriz obriga a adoção de uma visão multidimensional.

Os relacionamentos matriciais introduzem complexidade. As decisões relativas à seleção são mais complexas, as metas têm de ser definidas em conjunto e as avaliações são conduzidas por diversos gerentes. O equilíbrio tem de ser mantido entre ambas as dimensões. A organização e seus indivíduos não podem prescindir da habilidade de trazer à tona e administrar conflitos de modo produtivo, sem a necessidade de levá-los às esferas superiores para serem solucionados. Na situação ideal, a matriz é uma estrutura de transição — um modo de desenvolver "um pensamento matricial". As pessoas que desenvolvem essa forma de pensar não têm qualquer problema em atuar em dois ou mais mundos diferentes, sem ter de se reportar formalmente a duas esferas distintas.

É somente com a aptidão de pensar de modo intuitivo, com uma mentalidade matricial, que os relacionamentos matriciais podem reforçar essa pluralidade de pensamento. As estruturas matriciais geram dois comportamentos necessários:

1. *Focos simultâneos em diversas perspectivas.* Uma matriz permite que uma pessoa ou unidade aumente a capacidade de resposta a duas ou mais forças de mercado ao mesmo tempo. Essa introdução de múltiplas perspectivas melhora a qualidade das decisões, como ocorreria com uma equipe. A matriz permite que um gerente intermediário avalie os *trade-offs* a partir de uma "perspectiva geral de gestão" com maior

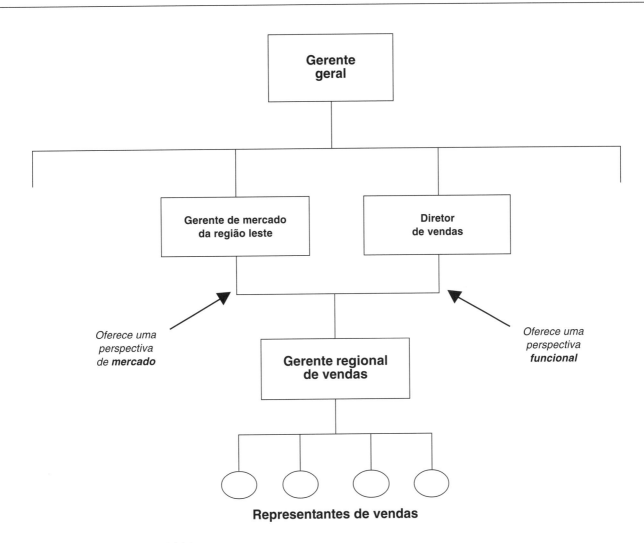

FIGURA 4-13 O relacionamento matricial.

facilidade do que veríamos caso ele se reportasse apenas por meio de um canal dentro da organização.

2. *A utilização mais eficiente de recursos técnicos e especializados.* Toda organização tem especialistas necessários a diversas unidades de negócios. A contratação desses especialistas para atuar em toda a organização é muito cara. A matriz permite o compartilhamento de recursos humanos sem que uma divisão ou unidade seja a proprietária destes recursos. Por exemplo, uma das grandes desvantagens de uma estrutura orientada para o produto é que suas funções se dividem entre as divisões de produto. Escala e experiência disseminam-se, e a capacidade de deslocar talentos entre divisões com facilidade é diminuída. A estruturação de funções na forma de uma matriz em relação às linhas de produto permite às unidades funcionais conservar a capacidade de se especializarem e gerar profundas experiências. Ao mesmo tempo, as linhas de produto têm acesso a todo o conjunto de recursos funcionais.

A matriz reflete a complexidade do mundo do cliente. Os clientes não se preocupam com o projeto interno de uma organização. Seus interesses estão apenas no resultado total em termos de produto, qualidade, custo e tempo. A matriz permite administrar a complexidade internamente, sem que ela seja trivializada ou negligenciada.

Administrando em uma Matriz

As estruturas matriciais eram populares nas décadas de 1970 e 1980, quando grandes empresas do setor manufatureiro, sobretudo a indústria aeronáutica, as adotavam para resolver o dilema de ampliar conhecimentos técnicos sem perder o foco no desenvolvimento de novos produtos. Essa estratégia também foi empregada por companhias multinacionais que tentavam desenvolver produtos globais e continuar operando em mercados locais. Tanto a Asea Brown Boveri (ABB) quanto o Citibank criaram matrizes tridimensionais em termos de países, produtos globais e clientes globais.

As estruturas matriciais caíram em desuso na década de 1990, quando diversas companhias que as tinham empregado extensivamente fracassaram em realizar as metas pretendidas e efetuaram uma reestruturação sem recorrer a relacionamentos matriciais em seus novos projetos. Se analisarmos esse cenário retrospectivamente, veremos que a maior parte dessas falhas se deve não apenas a problemas inerentes aos relacionamentos matriciais como também à falta de competências laterais de apoio necessárias a seu funcionamento.

As estruturas matriciais evoluíram, deixando de ser uma "solução" muito defendida e que servira como estrutura de organização para toda uma empresa, passando a ser uma mera ferramenta passível de ser utilizada ao lado de outras estruturas e mecanismos de integração de um negócio. A seguir, citamos alguns aspectos importantes na adoção de uma estrutura matricial:

- *O emprego parcimonioso de relacionamentos matriciais.* Os projetistas organizacionais enfrentam problemas quando tentam adotar estruturas copiadas de companhias que admiram, como se fossem "boas práticas". Uma organização é uma entidade única. Utilize uma matriz quando uma equipe ou um papel integrador não são fortes o bastante para sozinhos gerar a dualidade de perspectiva necessária, não apenas porque um concorrente a utiliza.

- *O alinhamento da equipe de gestão.* Uma vez que a maior parte das pessoas cresce em meio a dois chefes (isto é, os pais), a ideia de se reportar em duas direções não deveria parecer tão estranha. Todavia, exatamente como ocorre em nossas famílias, os problemas surgem quando esses dois chefes atuantes na matriz não têm as mesmas metas nem concordam sobre os resultados pretendidos, e o subordinado (o filho) tem de assumir as negociações. Na matriz, o subordinado tem de reconciliar as direções, por vezes conflitantes, tomadas pelas dimensões a que ele se reporta. Se essas não se entenderem, os dois chefes terão de se reunir para resolver o assunto. Esses debates entre colegas de cargo muitas vezes resultam em uma troca sadia de ideias e em melhores decisões do que se fossem tomadas com base em um único ponto de vista. Quando os "chefes" não conseguem chegar a um acordo, então a questão deve ser levada ao gerente superior aos dois. Uma das desvantagens da estrutura matricial é que ela introduz mais conflito na organização e mais tempo é gasto na solução desses conflitos.

É função do alto gerente repassar essas disputas aos mesmos gerentes de nível hierárquico idêntico, para que eles próprios as resolvam. Percy Barnevik, o ex-CEO da ABB, costumava avisar seus gerentes que poderiam levar um problema a ele uma vez, ou duas, mas que se esse mesmo problema fosse trazido até ele uma terceira vez, então era indício de ter chegado o momento de serem substituídos. Se os problemas não forem resolvidos no menor nível hierárquico possível, a matriz sai prejudicada, pois o tempo da alta gerência é desperdiçado. Os altos gerentes oferecem suporte à matriz com:

— A garantia de equilíbrio de poder entre os gerentes da matriz.

— A arbitragem de disputas que não podem ser resolvidas no nível hierárquico imediatamente inferior.

— A criação de uma base comum para estratégia, valores e prioridades, para que os gerentes não recebam mensagens confusas, podendo tomar decisões em conjunto, pelo bem da organização.

— A introdução de sistemas de gestão de desempenho e recompensas que reflitam os diversos focos da organização.

- *A manutenção da simplicidade.* Mesmo que os relacionamentos na matriz sejam utilizados de forma extensiva, nem todas as pessoas estarão nesses relacionamentos. Alguns gerentes em nível intermediário talvez tenham dois chefes, mas todas as pessoas que se reportam a eles têm apenas um chefe. As matrizes se tornam excessivamente complexas e incômodas quando existem diversos níveis entre os dois chefes e o alto gerente, que precisa atuar como o solucionador de conflitos. Quando todas as pessoas estão inseridas em uma matriz e dúzias delas precisam se envolver na solução de uma questão, as operações não funcionam com eficiência. Por exemplo, na matriz simples mostrada na Figura 4-13, o gerente de vendas regional precisa encontrar o equilíbrio entre a perspectiva de mercado e a perspectiva funcional, e essa dualidade é traduzida para os representantes de venda no grupo. Contudo, esses representantes de venda reportam-se ao representante de vendas regional, o que define os relacionamentos hierárquicos com clareza.

- *A instalação de sistemas de contabilidade e elaboração de relatórios para dar suporte à estrutura matricial.* A organização precisa de sistemas que permitam a agregação e a distribuição de informações em todas as dimensões da matriz. Talvez isso exija algumas modificações nos sistemas existentes ou o desenvolvimento de um sistema totalmente novo. O sistema de geração de relatórios em matrizes mais famoso é o ABACUS, da ABB. O ABACUS permite que os dados de desempenho sejam coletados nas 4.500 empresas que participam dele e, então, analisados nas 65 linhas de produto e 140 países, de forma individual e comparada, ao mesmo tempo.

A GERAÇÃO DE UMA COMPETÊNCIA LATERAL

Se você vê a organização como um conjunto de recursos e competências compartilhados que definem as capacidades da organização, o desafio consiste em criar mecanismos que garantam que esses recursos e competências gerem valor para os clientes. O projeto de estruturas e mecanismos é eficiente apenas na medida em que altera as mentalidades individuais e coletivas. A meta do projeto é facilitar a adoção de novos modos de pensar e aumentar as chances de as pessoas trabalharem compreendendo, por completo, como suas decisões e ações influenciam todo o sistema. Conforme mais e mais organizações se reposicionam no sentido de trabalhar em equipes reconfiguráveis e baseadas em projetos, a força das conexões laterais ganha tanta importância quanto a estrutura vertical.

A construção de cada tipo de competência lateral tem vantagens e desvantagens, resumidas na Figura 4-14. A meta é sempre construir a competência que faz com que o trabalho seja executado gerando o menor nível de complexidade possível.

A última parte do estudo de caso do CBC mostra quais as decisões relativas ao projeto que a organização precisa tomar, com relação à construção de competências laterais.

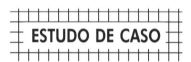

A equipe executiva do CBC decidiu que precisava desenvolver a competência lateral em diversas frentes, para tratar dos resultados da avaliação do estado atual e dar suporte à estrutura híbrida de linha de frente e operações internas que projetaram. Diante das deficiências históricas em termos de colaboração, a equipe estava preocupada com a geração de muitas estruturas matriciais dependentes das habilidades gerenciais ou dos funcionários na solução de problemas. De fato, a equipe decidiu que o tratamento de problemas entre gerentes era a questão prioritária. Eles desenvolveram um plano de trabalho focado em quatro tópicos:

1. *O alinhamento e as habilidades da equipe de gerentes.* A equipe executiva agendou uma série de reuniões e sessões de treinamento para todos os gerentes do CBC com o objetivo de apresentar a nova estratégia, introduzir a nova estrutura, os novos papéis organizacionais e definir as responsabilidades dos gerentes em seus papéis como integrantes das equipes executiva e de lideranças. O elemento de treinamento nas reuniões se concentrou na negociação e na gestão de conflitos. Os cenários vivenciados em conflitos reais foram utilizados como base para o estabelecimento de novas regras básicas. Os gerentes também concordaram em agendar sessões de treinamento para desenvolver suas próprias habilidades administrativas e de gestão de pessoas para abordarem as preocupações dos funcionários apresentadas na avaliação do estado atual.

2. *Os processos laterais de desenvolvimento de novos produtos.* Um grupo de trabalho foi formado para mapear, analisar e reconfigurar o processo de desenvolvimento de produto. A incumbência do grupo foi reduzir atrasos internos e criar mecanismos de melhoria e execução mais rápida de processos na área de operações. O mais importante foi que o grupo de trabalho deveria tornar o processo claro e transparente.

CAPÍTULO 4 • OS PROCESSOS E A COMPETÊNCIA LATERAL **191**

Tipo	Vantagens	Desvantagens
Redes	▪ Tendem a ocorrer naturalmente. ▪ As pessoas ficam ansiosas para formá-las — geram vantagens pessoais e também organizacionais. ▪ A geração é relativamente barata. ▪ Dependem de comunicação simples. ▪ Não acrescentam níveis nem reuniões.	▪ Dependem de interações espontâneas — sua existência não implica sua utilização. ▪ São informais demais para serem utilizadas em processos essenciais. ▪ Não há documentação de processos. ▪ Dificultam a captura do aprendizado na organização.
Processos laterais	▪ Formalizam o fluxo de trabalho e de informações em toda a organização. ▪ Ajudam a organização a se concentrar nas principais exigências dos processos de negócios. ▪ Reduzem a dependência em relação a gerentes individuais no sentido de pôr o sistema em funcionamento.	▪ Exigem dedicação de tempo dos funcionários no desenvolvimento e implementação de processos. ▪ Os processos executados por uma unidade não podem ser executados por outra. ▪ Podem exacerbar as tendências burocráticas — a documentação e a conformidade aos processos geram rigidez.
Equipes	▪ Utilizam diversas perspectivas e recursos organizacionais para a solução de problemas em tempo real. ▪ Deslocam a tomada de decisão para baixo na escala hierárquica. ▪ Podem ser parte permanente ou temporária na estrutura da organização. ▪ Concentram as unidades na solução de diferenças ou conflitos. ▪ Utilizam o quadro de pessoal existente — não aumentam o número de funcionários.	▪ Podem aumentar os conflitos na organização e o tempo necessário para solucioná-los. ▪ Exigem investimento de tempo interno na construção de habilidades e no desenvolvimento de acordos envolvendo as operações. ▪ Podem desperdiçar recursos se não há responsabilidades ou se obrigações não estiverem definidas. ▪ Dependem de sistemas e redes informais saudáveis.
Papéis integradores	▪ Resolvem os conflitos por meio de mediação e negociação, em vez de levá-los às esferas gerenciais mais altas. ▪ Se forem uma expansão da definição de um papel existente, então não aumentam o número de funcionários. ▪ Geram um ponto formal de responsabilidade de comunicação.	▪ Têm altos custos associados à contratação de indivíduos para papéis recém-criados.
Estruturas matriciais	▪ Refletem a realidade e a complexidade do mundo do cliente. ▪ Possibilitam a utilização mais flexível de conhecimentos técnicos profundos. ▪ Compelem os funcionários a adotarem uma perspectiva multifuncional. ▪ Aperfeiçoam as comunicações e a transferência de informações por múltiplos canais.	▪ Geram relacionamentos hierárquicos duplos que podem causar conflitos. ▪ Geram o estrangulamento de decisões — com graves problemas em equipe. ▪ Aumentam a necessidade de comunicações mais complexas devido à existência de ambiguidade. ▪ Podem fazer os funcionários sentirem-se perdidos sem uma "base" permanente.

FIGURA 4-14 O resumo dos mecanismos integradores.

3. *Os papéis de integração de informações e* marketing. Foi iniciada uma busca por um diretor de *marketing* e por um presidente executivo de informações. Os papéis incumbidos do *marketing* e informações/comércio eletrônico seriam posicionados como papéis integradores. Esses papéis contariam com um pequeno grupo de funcionários e chefiariam equipes globais. A equipe de *marketing* trabalharia em proximidade com os representantes de vendas e as áreas de produto para desenvolver respostas integradas aos clientes que adquirissem diversos produtos do CBC. Além disso, ela funcionaria como um veículo para coletar e adotar as ações adequadas de acordo com o *feedback* dado pelo cliente. O presidente executivo para a informação lideraria os esforços

de desenvolvimento de uma estratégia de comércio eletrônico e de aumento da competência de compartilhamento de conhecimentos relativos a diferentes produtos.

4. *Os relacionamentos na matriz de compra e venda e de crédito.* Um grupo de trabalho foi formado para definir os novos papéis dos responsáveis pelas operações de compra e venda e de crédito, além das recomendações para o melhor modo de utilizar esses papéis. O objetivo era promover a continuidade dos relacionamentos com os clientes no sentido de dar suporte ao aprofundamento destes relacionamentos, que o CBC almejava desenvolver, e aumentar a experiência dos especialistas de crédito. O grupo de trabalho teria de considerar, entre outras opções, as implicações da formação de equipes e relacionamentos matriciais para estes papéis.

Ao escolher os tipos de competência lateral a serem gerados ou inseridos na organização, é necessário fazer algumas considerações, além daquelas já discutidas neste capítulo.

- *Os pontos fortes existentes.* Comece com a avaliação e o aperfeiçoamento das bases. A implementação das equipes e dos relacionamentos matriciais ficará consideravelmente mais difícil se as redes da organização não estiverem fortalecidas, se as unidades existentes tiverem relacionamentos de trabalho de má qualidade e se as pessoas tiverem pouca capacidade ou experiência no trabalho em equipes em toda a organização.

- *A habilidade gerencial.* O maior facilitador da organização lateral é a mentalidade e o nível de habilidade dos gerentes. Os gerentes precisam aceitar abrir mão da autoridade na tomada de decisão. Eles precisam ter as habilidades necessárias para trabalhar como facilitadores e orientadores e ser capazes de trabalhar em toda a organização, além do modo tradicional de administração ascendente ou descendente. De mais a mais, esses gerentes não podem prescindir de ter os comportamentos que definem a flexibilidade e a compreensão de um grande número de perspectivas. O desenvolvimento dessas habilidades e atitudes é um pré-requisito para a geração de competências laterais.

- *A maturidade da mão de obra.* Da mesma forma como ocorre com a equipe de gestão, o nível de habilidade e de experiência da mão de obra influencia a velocidade em que a organização desenvolve competências laterais. Três habilidades são essenciais:
  1. *Comunicação*, inclusive a informação, a consultoria, a avaliação de perspectivas e a apresentação de problemas.
  2. *A gestão de conflitos*, inclusive a legitimização (porém, não a previsão) de conflitos, o trabalho envolvendo os processos de solução de conflitos e a definição do momento em que os problemas devem ser levados à alta gerência.
  3. *A influência*, inclusive a negociação de soluções ótimas, a geração de confiança com a compreensão de outros pontos de vista e a promoção da adesão a iniciativas.

Quanto mais essas habilidades estiverem inseridas na organização, maior será a eficiência de operação da organização lateral.

Utilize a Ferramenta 4-4 para definir os tipos de mecanismos integradores mais apropriados ao seu projeto.

RESUMO

Este capítulo definiu o conceito de organização lateral e apresentou cinco tipos diferentes de competência lateral que podem ser projetados para complementar a estrutura vertical: as redes, os processos, as equipes, os papéis integradores e as estruturas matriciais. Examinamos o modo como esses mecanismos integradores superam as barreiras contra a colaboração, erguidas na estrutura vertical. Com isso, concluímos nossa discussão sobre estruturas e papéis.

Os dois próximos capítulos estão voltados para os dois últimos pontos do modelo estrela — os sistemas de recompensa e o sistema de pessoas — que precisam estar alinhados com a estrutura da organização. Nestes capítulos, examinaremos as escolhas possíveis relativas ao projeto destes sistemas, para conduzir e reforçar os comportamentos exigidos por sua estratégia.

NOTAS

1. P. Tam, "Pixar Bets It Can Boost Output to One Movie Feature a Year," *The Wall Street Journal*, February 15, 2001.
2. N. Hass, "The House the Bloomberg Built," *Fast Company*, November 1995, p. 97.
3. W. Graham, D. Osgood, and J. Karren, "A Real-Life Community of Practice," *Training and Development* 52 (May 1998): 34.
4. J. S. Brown, "Unfreezing the Corporate Mind," *Fast Company,* June 16, 1998.
5. E. Raimy, "Community Zest," *Human Resource Executive,* August 2000, pp. 34–38.
6. E. W. Morrison and C. Phelps, "Taking Charge at Work: Extrarole Efforts to Initiate Workplace Change," *Academy of Management Journal* 42, 4 (1999): 403–419.
7. "Textron Promotes Bohlen to Executive Vice President and Chief Innovation Officer," *Textron News,* www.textron.com, April 10, 2000.
8. M. J. Earl and I. A. Scott, "What Is a Chief Knowledge Officer?" *Sloan Management Review,* Winter 1999, pp. 29–38.

194 PROJETO DE ORGANIZAÇÕES DINÂMICAS: UM GUIA PRÁTICO PARA LÍDERES DE TODOS OS NÍVEIS

FERRAMENTA 4-1 A construção de redes.

Finalidade:	Utilize esta ferramenta para avaliar suas redes existentes e refletir sobre o modo como você pode fomentá-las e dar suporte a elas em sua organização.
Esta ferramenta é utilizada por:	Equipe de lideranças.

Coalocação

1. Quais são as áreas de sua organização que se beneficiariam com a coalocação?

_____

_____

_____

2. Quais são as oportunidades para deslocar alguns serviços e departamentos para seus clientes internos?

_____

_____

_____

3. Quais são as oportunidades para reprojetar seu espaço físico de maneira a promover a interação e facilitar a colaboração entre as pessoas?

_____

_____

_____

As comunidades baseadas em atividades práticas

1. Se você tem um grupo funcional disperso em sua empresa, produto ou organizações do cliente, quais são os mecanismos disponíveis para manter a identidade formal desse grupo?

_____

_____

_____

2. Você tem comunidades baseadas em atividades práticas atuantes? Qual é a motivação formal ou suporte disponível a essas comunidades?

_____

_____

_____

Reuniões e encontros anuais

1. Quais são as normas para convidar pessoas para encontros de gestão e reuniões fora da sede da organização? Quais são as oportunidades para utilizar a participação como mecanismo para construir redes?

_____

_____

_____

2. Quais mecanismos poderiam ser usados nessas reuniões para promover a formação de redes e ajudar as pessoas a permanecerem conectadas?

_____

_____

_____

(continua)

CAPÍTULO 4 • OS PROCESSOS E A COMPETÊNCIA LATERAL **195**

FERRAMENTA 4-1 A construção de redes. *(continuação)*

Programas de treinamento

1. Como melhorar a eficiência da seleção dos participantes dos programas de treinamento adotados em toda a empresa, com vistas a maximizar a geração de redes e de relacionamentos?

2. Quais são os principais assuntos que devem ser incluídos para garantir que cenários, estudos de caso e dramatizações utilizados em programas customizados reforcem as mensagens, os valores e as normas culturais desejados na organização?

Rodízio de cargos

1. Sua organização utiliza o rodízio de cargos? Quais são as principais maneiras em que é utilizado? Como as pessoas são recompensadas por adotarem iniciativas laterais?

2. Se sua organização não utiliza o rodízio, quais são as principais posições que poderiam oferecer a gerentes ou talentos em potencial as habilidades, a exposição e a experiência que os prepara para o próximo nível de responsabilidade?

Tecnologia e coordenação eletrônica

1. O modo como sua organização utiliza a tecnologia dá suporte à criação de redes? Especifique.

2. Quais ferramentas de sistema, de acesso ou tecnologia, além do *e-mail,* permitiriam às pessoas se comunicarem e colaborarem com maior eficiência?

(continua)

196 PROJETO DE ORGANIZAÇÕES DINÂMICAS: UM GUIA PRÁTICO PARA LÍDERES DE TODOS OS NÍVEIS

FERRAMENTA 4-1 A construção de redes. *(continuação)*

Recompensas e reconhecimento

1. Liste os "heróis" e os modelos de comportamento de sua organização.

_____

_____

_____

2. Qual é o motivo desse reconhecimento? Essas pessoas são conhecidas por aprender, ensinar e compartilhar ou apenas por gerar os resultados esperados?

_____

_____

_____

	Sim	Não
3. As pessoas são recompensadas por dedicar tempo para ajudar algum colega mesmo que não consigam atingir por completo seus objetivos?	❏	❏
4. Quando inventam algo novo, as pessoas recebem o mesmo reconhecimento obtido quando utilizam ou modificam uma solução existente?	❏	❏
5. Se as pessoas desejam criar uma comunidade baseada em experiências práticas, elas recebem algum tipo de permissão ou recursos ou têm de utilizar o tempo que usariam para executar as próprias tarefas?	❏	❏
6. Se as pessoas adotam uma abordagem lateral para aumentar suas habilidades e perspectivas, suas carreiras avançam mais rápido do que as carreiras das pessoas que têm uma atitude menos ambiciosa em um departamento?	❏	❏

Se sua resposta foi "não" a alguma das perguntas acima, quais sistemas de recompensa precisam ser examinados? Quais mudanças aumentariam a integração em sua empresa?

_____

_____

_____

_____

_____

_____

_____

_____

_____

_____

_____

_____

CAPÍTULO 4 • OS PROCESSOS E A COMPETÊNCIA LATERAL **197**

FERRAMENTA 4-2 O mapeamento de processos laterais.

Finalidade:	Utilize essa ferramenta como orientação para o projeto de processos laterais em sua organização.
Esta ferramenta é utilizada por:	Equipe de lideranças.

Identifique entre 3 e 5 processos críticos para a nova organização. Consulte a Figura 4-4, *Os Processos Laterais Típicos* como fonte de orientação.

Nome dos processos: 1. _____

2. _____

3. _____

4. _____

5. _____

Para cada processo, siga as etapas abaixo.

Nome do processo: _____

Etapa 1 — A definição do escopo do processo

1.1. Qual é o objetivo geral deste processo? Quais são os resultados previstos? Descreva como ele funciona, em uma situação ideal.

_____

_____

1.2. Início do processo:

a. Quais são as informações iniciais necessárias para o processo?

_____

_____

b. Quando o processo começa e com quem?

_____

_____

1.3. Final do processo

a. Qual é o resultado do processo?

_____

_____

b. Quando o processo termina? A quem ele deve se dirigir?

_____

_____

(continua)

198 PROJETO DE ORGANIZAÇÕES DINÂMICAS: UM GUIA PRÁTICO PARA LÍDERES DE TODOS OS NÍVEIS

FERRAMENTA 4-2 O mapeamento de processos laterais. *(continuação)*

Etapa 2 — A definição do processo

2.1. Faça um *brainstorming* para obter uma lista completa das atividades ou subprocessos que precisam ocorrer, do começo ao fim do processo.

_____ _____

_____ _____

_____ _____

_____ _____

_____ _____

2.2. Utilize a lista abaixo para criar um organograma de processo. Utilize os símbolos para representar diferentes atividades:

Processo inicial | Processo/Atividade | Documentação | Ponto de avaliação | Decisão

Etapa 3 — As interfaces

3.1. a. Quais são os outros processos com que este tem uma interface?

_____

_____

b. Com que empresas/departamentos técnicos este processo tem uma interface?

_____

_____

3.2. As medidas:

a. Liste as medidas quantitativas de desempenho.

_____

_____

b. Liste as medidas qualitativas de desempenho.

_____

_____

c. Como essas medidas serão acompanhadas?

_____

_____

CAPÍTULO 4 • OS PROCESSOS E A COMPETÊNCIA LATERAL **199**

FERRAMENTA 4-3 A avaliação da disposição das equipes.

Finalidade:	Utilize esta ferramenta para avaliar a extensão em que o novo projeto da organização pode dar suporte às estruturas de equipes.
Esta ferramenta é utilizada por:	Equipe de lideranças.
Instruções:	Para as afirmativas listadas abaixo, designe uma nota com base no quanto você concorda (1) ou discorda (5) em relação à sua organização.

	Concordo totalmente	Concordo em parte	Nem concordo, nem discordo	Discordo em parte	Discordo totalmente
1. Existe uma razão de negócios clara para adotar equipes.	1	2	3	4	5
2. Nossos clientes seriam atendidos com mais eficiência se adotássemos equipes.	1	2	3	4	5
3. O trabalho pode ser organizado de maneira a compartilhar a responsabilidade entre os integrantes da equipe.	1	2	3	4	5
4. A cultura da organização, sua visão e seus valores dão suporte ao compartilhamento de responsabilidades e às iniciativas das equipes.	1	2	3	4	5
5. Os sistemas de tecnologia e as configurações físicas podem ser reestruturados para permitir um ambiente favorável às equipes.	1	2	3	4	5
6. Quando solicitamos o envolvimento das pessoas, várias se oferecem como voluntárias.	1	2	3	4	5
7. Os funcionários não temem expressar suas opiniões.	1	2	3	4	5
8. Os sistemas estão prontos para fornecer às equipes as informações sobre desempenho úteis e oportunas.	1	2	3	4	5
9. O departamento de recursos humanos entende todas as necessidades de uma estrutura baseada em equipes (compensações, *feedback*, treinamento).	1	2	3	4	5
10. Existe uma disposição de compartilhar autoridade, a tomada de decisão e responsabilidades.	1	2	3	4	5
11. Os funcionários estão dispostos e prontos para testar a adoção de novos comportamentos.	1	2	3	4	5
12. Os funcionários dispõem das aptidões necessárias para trabalhar em equipes com eficiência.	1	2	3	4	5
13. Os gerentes estão dispostos a conceder aos funcionários o tempo necessário para participarem em atividades associadas a equipes (reuniões, etc.)	1	2	3	4	5
14. Os gerentes e supervisores estão dispostos a alterar seus papéis e responsabilidades.	1	2	3	4	5
15. A organização tem redes e relacionamentos fortes.	1	2	3	4	5

(continua)

200 PROJETO DE ORGANIZAÇÕES DINÂMICAS: UM GUIA PRÁTICO PARA LÍDERES DE TODOS OS NÍVEIS

FERRAMENTA 4-3 A avaliação da disposição das equipes. *(continuação)*

Para os itens com nota "3" ou maior, identifique o que precisa mudar para preparar sua organização para a formação de equipes.

Item	Mudanças necessárias

CAPÍTULO 4 • OS PROCESSOS E A COMPETÊNCIA LATERAL **201**

FERRAMENTA 4-4 A construção das competências laterais.

Finalidade:	Utilize esta ferramenta para definir os tipos de mecanismos integradores mais apropriados para seu novo projeto.
Esta ferramenta é utilizada por:	Equipe de lideranças.
Instruções:	Utilize as tabelas abaixo para avaliar os tipos de mecanismos discutidos no Capítulo 4.

I. Redes

1. Especifique onde as redes serão mais úteis.

_____

_____

_____

2. Avalie as prováveis vantagens e desvantagens de seu projeto.

Vantagens:	Desvantagens:

II. Processos laterais

1. Identifique os principais processos laterais exigidos pelo novo projeto de organização.

_____

_____

_____

2. Avalie as prováveis vantagens e desvantagens de seu projeto.

Vantagens:	Desvantagens:

(continua)

202 PROJETO DE ORGANIZAÇÕES DINÂMICAS: UM GUIA PRÁTICO PARA LÍDERES DE TODOS OS NÍVEIS

FERRAMENTA 4-4 A construção das competências laterais. *(continuação)*

III. Equipes

1. Onde você poderá implementar equipes? Quais os tipos de equipes?

_____

_____

_____

2. Avalie as prováveis vantagens e desvantagens de seu projeto.

Vantagens:	Desvantagens:

IV. Papéis integradores

1. Identifique os principais papéis integradores. O que esses papéis precisam abordar?

_____

_____

_____

2. Avalie as prováveis vantagens e desvantagens de seu projeto.

Vantagens:	Desvantagens:

(continua)

CAPÍTULO 4 • OS PROCESSOS E A COMPETÊNCIA LATERAL **203**

FERRAMENTA 4-4 A construção das competências laterais. *(continuação)*

V. Estruturas matriciais

1. Quais são os pontos em que um foco duplo ou múltiplo é a alternativa mais útil?

2. Avalie as prováveis vantagens e desvantagens de seu projeto.

Vantagens:	Desvantagens:

VI. Seu quadro de pessoal tem as habilidades de comunicação, de gestão do conhecimento e de influência para implementar essas competências no projeto? Em uma escala de 1 a 5, avalie sua equipe de lideranças, seus gerentes intermediários, supervisores e outros níveis hierárquicos.

	Baixa 1	2	3	4	Alta 5	Em que equipes o desenvolvimento de habilidades é mais necessário?
Equipe de lideranças						
Gerência intermediária						
Supervisores						
Outros						

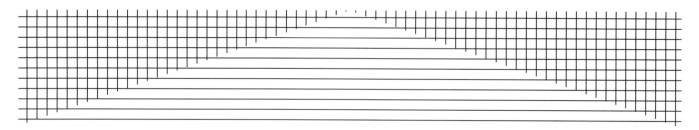

CAPÍTULO 5

DEFININDO E RECOMPENSANDO O SUCESSO

Nos capítulos anteriores, discutimos o modo como o projeto da organização é um meio para a implementação de uma estratégia e como as decisões de projeto envolvendo a estrutura e a organização lateral moldam o fluxo de trabalho, as comunicações, o poder e a tomada de decisão em uma organização. Independentemente da estrutura, todos os dias os funcionários fazem escolhas relativas ao modo como trabalham e interagem. Essas escolhas são influenciadas pela combinação exclusiva de experiência, personalidade, habilidade e motivação interna que todos os indivíduos exibem, quando estão trabalhando. Elas também são moldadas pelos indicadores e recompensas que a organização adota para revelar aos funcionários os comportamentos e os resultados mais importantes. O desenvolvimento desses sistemas é parte integrante de seu processo de projeto. As duas últimas etapas do modelo estrela são o projeto de sistemas de recompensa e o sistema de pessoas (Figura 5-1). Embora as três primeiras pontas da estrela tenham sua própria sequência — a estratégia, a estrutura, os processos e as competências laterais — os projetos de sistemas de recompensa e de sistemas de pessoas estão intimamente relacionados e são muitas vezes conduzidos ao mesmo tempo. A ordem destes dois capítulos não quer dizer que esses dois tópicos têm de ser considerados em uma sequência rígida.

Toda organização tem uma definição própria de sucesso. A alteração de outras partes do projeto da organização pode significar que a definição de sucesso de sua organização mudou. Para oferecerem o melhor de suas capacidades, as pessoas precisam ter uma visão clara do que significa o sucesso para sua organização — em termos de resultados de negócios, assim como de expectativas relativas a desempenhos individuais. Embora seja importante que as pessoas compreendam a estratégia do negócio e o modo como seu trabalho contribui com esses êxitos, a compreensão da meta normalmente não basta

FIGURA 5-1 O modelo estrela.
Fonte: Jay R. Galbraith, *Designing Organizations: An Executive Briefing on Strategy, Structure, and Process* (São Francisco: Jossey-Bass, 1995).

para definir comportamentos. Não existe garantia de que as pessoas utilizarão suas habilidades, conhecimentos e competências para o bem da organização. O modo como as pessoas são avaliadas e recompensadas influencia o trabalho diário. O desafio de projetar sistemas de desempenho e recompensa consiste em motivar e reforçar comportamentos que agreguem valor à organização.

Os *sistemas de recompensa* definem comportamentos esperados e influenciam a probabilidade de as pessoas demonstrarem esses comportamentos. Eles garantem que todos os esforços ocorram em uma mesma direção. Um sistema de recompensas alinhado reduz a competição interna, a frustração e o dispêndio de energia vistos quando as pessoas recebem metas conflitantes.

Os sistemas de recompensa são formados por quatro elementos:

1. *Métricas.* Os sistemas que identificam indicadores e metas de desempenho da empresa, das unidades de negócio, das equipes e dos indivíduos.

2. *Valores e comportamentos desejados.* As ações mais prováveis, tanto para produzir os resultados desejados para os negócios quanto para refletir os valores da organização.

3. *Compensação.* As estratégias monetárias implementadas para reconhecer as contribuições de uma pessoa e motivar a manutenção ou a melhoria de índices de desempenho.

4. *Recompensas e reconhecimento.* Os componentes não monetários que complementam os sistemas de recompensa para deixar claro às pessoas que elas são valorizadas.

Os dois primeiros componentes, as métricas e os valores e comportamentos desejados, precisam ser abordados antes do projeto dos sistemas de recompensa e reconhecimento. As métricas traduzem a estratégia em ações do dia a dia e expectativas relativas ao comportamento do funcionário. As métricas esclarecem as palavras vagas empregadas nas declarações de visão que despertam nossas emoções, nosso orgulho e noção de pertencer a um grupo — como "serviço de qualidade superior" — transformando-as em diretivas concretas que apelam para nossas necessidades em termos de realizações e progressos mensuráveis. As métricas dão sentido a conceitos muitas vezes abstratos e intangíveis dentro de uma organização. "Você tem o que você consegue medir", é uma frase com peso axiomático da vida de uma organização. Dado que os indicadores podem motivar comportamentos indesejados tanto quanto resultados almejados, é importante que os aspectos certos sejam mensurados.

A tendência nos sistemas de recompensa e compensação é valorizar as pessoas pelas capacidades e pelo conhecimento que trazem para a organização e o modo como os utilizam, não pelos cargos específicos que ocupam no momento.[1] Esse reposicionamento do foco no cargo para o foco na pessoa ajuda a construir uma organização reconfigurável. Ele altera a definição de sucesso, que deixa de ser uma medida da escalada na estrutura hierárquica e passa a ser um indicador do desenvolvimento de habilidades e competências adicionais de valor para a organização.

Este capítulo resume o pensamento atual sobre indicadores de desempenho, métricas e práticas de compensação e recompensa, e apresenta ferramentas que o orientarão no projeto de sistemas de mensuração e recompensa. Ele está dividido em quatro seções:

- *As Métricas* descreve os seis princípios que devem ser levados em conta durante o projeto de um sistema de mensuração de desempenho.
- *Valores e Comportamentos* apresenta um processo para a definição de comportamentos que serviram de base para o tipo de cultura que dê suporte ao desempenho e ao sucesso da organização.
- *As Compensações* examina as vantagens e desvantagens das diferentes abordagens à folha de pagamento.
- *A Recompensa e o Reconhecimento* apresenta um guia completo para a criação de programas de recompensa e reconhecimento que não são baseados em compensação.

AS MÉTRICAS

Antes de começar a recompensar as pessoas em sua organização, você precisa ser capaz de mensurar as contribuições que cada uma oferece. O projeto de qualquer sistema de mensuração de desempenho precisa refletir as crenças em vigor na organização. Se o crescimento é fator importante, as métricas devem enfatizar as metas de crescimento. Se a organização compete com base na qualidade, então essas metas devem ser as de ganhar destaque. Os sistemas de recompensa podem tornar-se bastante complexos, conforme você tenta rastrear todas as dimensões da organização. O projeto de métricas representativas repousa sobre seis princípios, resumidos na Figura 5-2 e discutidos em detalhe a seguir.

	Como mensurar o sucesso
1. Amplitude	Vá além dos indicadores financeiros. Equilibre indicadores financeiros e indicadores operacionais.
2. Senso crítico	Mensure o que é mais importante. Mensure os *drivers* de desempenho que causam diferenças significativas quando alterados.
3. Orientação temporal	Examine o passado e o futuro. Utilize indicadores de dados passados em busca de precisão; utilize indicadores de inclinações para prever tendências futuras.
4. Consequências	Cuidado com as consequências imprevistas. Certifique-se de que os indicadores não gerem comportamentos indesejados.
5. Alinhamento	Evite medidas conflitantes. Disponha as métricas em cascata, de cima para baixo, alinhando-as entre papéis interdependentes em cada nível.
6. Metas	Defina metas desafiadoras, não impossíveis. Adote padrões que revelem as expectativas e garantam a qualidade.

FIGURA 5-2 Os seis princípios das métricas.

1. Amplitude

Os resultados financeiros formam a base das métricas de um negócio. Em geral, eles são considerados confiáveis e consistentes. Eles fornecem dados sólidos em que os sistemas de recompensa e responsabilidade podem se alicerçar, disponibilizando uma medida do desempenho consistente com a meta de gerar lucros para os acionistas da organização, que, por sua vez, é um elemento de forte peso na alta gerência de empresas com capital público.

Embora os indicadores financeiros sejam adequados para reportar resultados passados a acionistas, eles não oferecem as informações relevantes aos gerentes, no tocante à tomada de decisão, sinalizando o que precisa ser mudado para alterar os resultados passados.

Durante a década de 1990, o conceito de *balanced scorecard* ganhou forte popularidade como ferramenta para alargar as métricas de negócios para além dos indicadores financeiros e gerar uma visão abrangente das medidas operacionais que influenciavam o desempenho dos negócios. O *balanced scorecard* foi descrito por Kaplan e Norton, em 1992.[2] Ele inclui quatro categorias de desempenho:

Financeiro: Qual é a opinião que os acionistas têm sobre nós?

Cliente: Qual é a opinião que os clientes têm de nós?

Processos de negócio internos: Em que aspectos temos de buscar a excelência?

Inovação e aprendizado: Como podemos continuar a melhorar?

Quando utiliza um *balanced scorecard*, você desenvolve um conjunto de indicadores de desempenho exclusivo a seus negócios, para cada categoria de desempenho. Com isso, são identificadas as medidas de todos os indicadores focados em resultados de longo e de curto prazo. A vantagem do *balanced scorecard* está no fato de permitir ao usuário perceber se as melhorias em uma área estão sendo concretizadas em detrimento de melhorias em outras áreas. Hoje, o *balanced scorecard* é amplamente utilizado. Ele se tornou um termo genérico, que representa a ideia de administrar um negócio com base em um conjunto de indicadores que reflete todas as atividades importantes que exercem algum impacto na estratégia.

A Figura 5-3 resume as etapas para a criação de um *balanced scorecard*. Em primeiro lugar, a estratégia e a visão da organização são traduzidas em *categorias de desempenho* amplas. Algumas empresas expandiram o conceito original das quatro categorias de Kaplan e Norton, incluindo tópicos como pessoas, comunidade/ambiente, gestão estratégica de custos, de risco e até mesmo de parceiros, com foco nas contribuições feitas às vendas por meio de alianças, parcerias e fornecedores. As categorias de desempenho utilizadas devem ser selecionadas para refletir a única finalidade e a única direção a serem adotadas por sua empresa.

A segunda etapa consiste em determinar um conjunto de 3 a 5 *indicadores de desempenho* para cada categoria de desempenho. Os indicadores de desempenho refletem as competências organizacionais mais importantes que devem ser desenvolvidas ou mensuradas. É preciso que esses indicadores sejam bastante semelhantes às competências organizacionais que você definiu como critério de projeto no Capítulo 2. Antes de serem uma mera lista abrangente de tudo o que a organização precisa concretizar, os

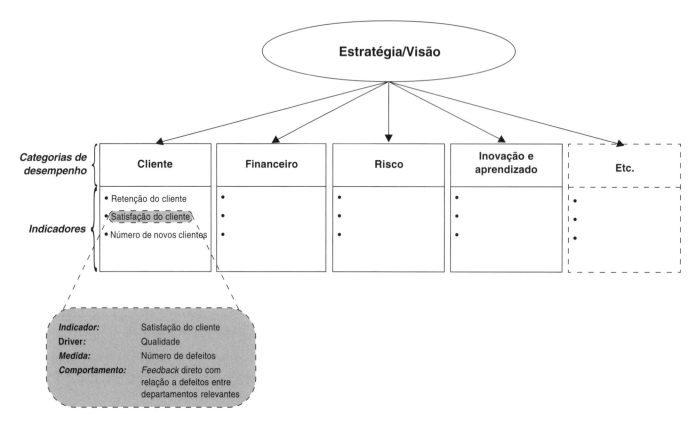

FIGURA 5-3 A tradução de uma estratégia em medidas e comportamentos.

FINANCEIRO	**PROCESSOS DE NEGÓCIO INTERNOS**
▪ Retorno sobre o capital investido ▪ Fluxo de caixa ▪ Rentabilidade ▪ Tempo médio dos recebíveis	▪ Margens brutas ▪ Qualidade ▪ Gestão de projeto ▪ Tempo de ciclo, custo unitário
CLIENTE	**INOVAÇÃO E APRENDIZADO**
▪ Satisfação do cliente ▪ Retenção do cliente ▪ Crescimento no número de novos clientes ▪ Parcela das intenções de compra (profundidade e envergadura dos relacionamentos)	▪ Porcentagem da receita de novos produtos ▪ Sugestões dos funcionários implementadas
PESSOAS	**COMUNIDADE/AMBIENTE**
▪ Giro ▪ Resultados de pesquisas de clima ▪ Mobilidade interna de talentos	▪ Litígios ▪ Envolvimento dos funcionários na comunidade

FIGURA 5-4 Exemplos de indicadores de desempenho.

indicadores de desempenho devem contemplar tudo aquilo em que ela deve se concentrar. Alguns exemplos desses indicadores são dados na Figura 5-4. As categorias de desempenho e os indicadores provavelmente serão consistentes para toda a organização. O modo como cada indicador se traduz em medidas específicas difere entre as unidades, departamentos ou funções da organização. Por exemplo, a satisfação do cliente pode ser um indicador de desempenho importante para seus departamentos de produção, serviço ao cliente e financeiro. No entanto, ela será mensurada de modo diferente em cada um desses departamentos.

Para cada unidade, o indicador de desempenho se traduz em *driver*, medidas e comportamentos, conforme mostra a Figura 5-3 para o indicador de desempenho "satisfação do cliente". Os *drivers* são componentes de desempenho que terão um impacto no respectivo indicador, não importando se a transformação sofrida seja positiva ou negativa. Muitos acreditam que exista uma relação de causa e efeito entre o *driver* e o desempenho. Por exemplo, a satisfação do cliente, via de regra, inclui uma combinação de qualidade, custo, conveniência e momento certo. Porém, nem todos esses aspectos têm a mesma importância em todas as empresas. Nas situações em que uma alteração no tempo de entrega de um produto ou serviço em particular gerar pouco ou nenhum impacto na satisfação do cliente, então essa alteração não é um *driver* e não deve ser mensurada. Neste exemplo, que pode ser um departamento focado na produção, a qualidade é um *driver*. Assim, a qualidade é o *driver* da satisfação do cliente sobre o qual o departamento de produção deve ter controle.

Uma vez identificados os *drivers*, algumas medidas podem ser definidas para permitir que você tenha uma ideia de como está se saindo. Neste exemplo, o número de defeitos pode ser uma medida principal. Os comportamentos que têm impacto na medida podem também ser identificados. Este departamento definiu que o *feedback* direto e no momento certo entre funções dentro do departamento é o comportamento com mais chances de reduzir o número total de defeitos.

O processo de criar um *balanced scorecard* é interativo e constante. A base permanece a mesma, mas medidas são acrescentadas ou abandonadas, de acordo com as mudanças nas condições ou com o modo como competências são geradas. Se uma organização identificou a má qualidade como um problema, a mensuração da qualidade pode ajudar a desenvolver o foco necessário para melhorá-la. No momento em que a disciplina relativa à qualidade estiver consolidada dentro da organização, então é provável que já não seja necessário mensurar a qualidade com a mesma intensidade. Nesse sentido, talvez outras competências aumentem em importância e, por isso, deverão ganhar relevância, sendo incluídas no *scorecard*.

2. Senso Crítico

A ideia de ampliar e equilibrar medidas é muito poderosa. Contudo, um dos perigos envolvidos no desenvolvimento de qualquer sistema de mensuração é que tudo acaba sendo mensurado. O ato de coletar, analisar e interpretar dados diminui a capacidade de prestar atenção a outras atividades. Nesse sentido, o que de fato é importante pode ficar esquecido. Entre os aspectos a considerar, salientamos:

- *O excesso de recursos bloqueia o sistema.* Como regra geral, é indicado limitar a três ou quatro o número de componentes em qualquer sistema de mensuração. Assim, traduza a estratégia entre três e cinco categorias de desempenho, identifique igual número de indicadores de desempenho para cada categoria, determine entre três e cinco *drivers* para cada indicador, e assim por diante. Isso fará com que as pessoas se concentrem na determinação do que é mais crítico. Uma das maneiras de implementar essa abordagem consiste em fechar os olhos, projetar uma imagem de sua organização como deverá ser daqui a cinco anos e imaginar que a estratégia falhou. O que deu errado? O que falhou? Esse componente intuitivo e emocional complementa a abordagem analítica, ajudando a determinar as variáveis de desempenho que de fato importam.[3]

- *Nem todas as medidas são igualmente importantes.* As medidas devem ser consideradas em termos de importância, para cada categoria, individualmente, e para todas, em conjunto. Por exemplo, as questões relativas às comunidades talvez sejam importantes o suficiente para serem incluídas como categoria, mas isso não quer dizer que sejam tão críticas ao sucesso global do negócio da mesma forma que clientes ou resultados financeiros. Não torne o sistema de mensuração tão abrangente a ponto de não disponibilizar orientações acerca das prioridades de sua organização.

- *Escolha os itens que podem ser mensurados com confiabilidade.* Talvez seja importante que algumas dimensões de desempenho sejam mensuradas, mas os dados relativos a essas dimensões somente podem ser coletados de forma manual ou indireta. Embora não existam sistemas de geração de relatórios 100% confiáveis, planilhas específicas são particularmente suscetíveis a erros, não importa o quanto pareçam eficientes. Imprecisões ocorrerão sempre que houver uma intervenção manual. Se os sistemas em funcionamento não permitem a coleta de informações com confiabilidade, então as medidas obtidas não serão eficientes. As pessoas tendem a desmerecer os *feedbacks* de seus desempenhos obtidos com base nesse tipo de dados. Se a medida é importante o suficiente, então desenvolva sistemas que permitam coletar dados precisos.

3. Orientação Temporal

Um sistema robusto de medição precisa examinar o futuro, com um enfoque preditivo e retrospectivo, ao mesmo tempo. Isso pode ser conseguido com a utilização de indicadores retrospectivos e prospectivos.

- *Os indicadores de ocorrência (lagging indicators) apresentam os desempenhos passados.* Esses indicadores revelam passado e apresentam um alto grau de confiança e precisão. Porém, conforme alertam as companhias de fundos mútuos, o desempenho passado nem sempre é um indicativo do desempenho futuro. A dependência absoluta de indicadores de ocorrência já foi comparada à condução de uma embarcação com base no rastro que deixa na água. Esses indicadores revelam onde você esteve, mas não onde você precisa ir.

- *Os indicadores de tendência (leading indicators) auxiliam a prever o desempenho futuro.* Esses indicadores são, via de regra, os *drivers* de desempenho, discutidos anteriormente. Muitos acreditam que esse tipo de indicador esteja correlacionado com algum resultado desejado. Os indicadores de tendência não apenas dão um alerta inicial sobre problemas e tendências negativas, como também sinalizam oportunidades futuras. Todavia, em condições normais, esses indicadores são menos precisos do que os indicadores de ocorrência, pois as suposições relativas à causalidade podem não ser comprovadas.

O desafio de mensurar o sucesso e o valor de um *website* ilustra o desafio de desenvolver bons indicadores de tendência. A primeira geração de métricas para a avaliação e definição de preço de um *website* foi o número de visitas — o número de pessoas que o acessou em um dado período de tempo. A hipótese era de que um número maior de visitas implicava uma maior probabilidade de as pessoas "clicarem" em um anúncio tipo *banner*, e que esse clique resultaria em vendas para o anunciante. O número de consultas foi o indicador de tendência. Os proprietários de *websites* com um grande volume de visitas conseguiam precificar seus espaços publicitários e o tempo de apresentação do anúncio a valores mais altos do que os cobrados por outros *websites*. Infelizmente, após algum tempo ficou claro que a correlação entre a atividade (o número de visitas) e o resultado (as possíveis vendas) era fraca. A popularidade do *website* na verdade não mensurava comportamentos de compra. A análise revelou que o número de novos visitantes (*eyeballs*, na linguagem da Internet) e duração da visita (*stickiness**) eram fatores

---

* N. de T.: "Grudação".

de previsão de vendas mais eficientes para os anunciantes. Em vista disso, as métricas e as fórmulas de avaliação passaram pelas alterações necessárias.

No diagrama mostrado na Figura 5-3, os indicadores de desempenho são de ocorrência. A satisfação do cliente é mensurada após o fato. Os *drivers*, por outro lado, devem ser indicadores de tendência. Assim como ocorre com a qualidade do produto, a entrega no tempo combinado, o aumento em precisão e a redução nas devoluções, é possível esperar que a satisfação do cliente aumente em proporções semelhantes a essas variáveis.

4. As Consequências

A finalidade de ter métricas consiste em influenciar o comportamento de seus funcionários. Embora a mudança no comportamento do funcionário seja a meta almejada, existe o perigo de gerar consequências indesejáveis que resultem de um desequilíbrio entre as medidas ou da falta de avaliação da diferença entre o grau desejado de comportamento e o melhor comportamento passível de se esperar. O crescimento da receita é uma meta comum a todas empresas. A definição desse aumento de receitas como meta e sua respectiva mensuração faz com que todos concentrem seus esforços no lançamento, na venda e na entrega do produto ou na execução de um serviço para o cliente. Contudo, se o crescimento da receita não for equilibrado pelas metas de rentabilidade e risco, as receitas crescerão, mas os custos também. A menos que o objetivo explícito seja desenvolver uma fatia de mercado grande o bastante para afastar prováveis concorrentes, a empresa não se beneficiará com esse crescimento. A rentabilidade permanecerá a mesma. Além disso, o perigo maior está no fato de que o ritmo do lançamento do produto no mercado pode ultrapassar a capacidade de entrega de um produto ou execução de um serviço das áreas de produção. Excessos são cometidos, riscos são assumidos e o negócio estagna quando um problema de controle antes ignorado agora vem à tona.

Dia após dia, os *call centers* vivenciam o dilema que diz: "você tem o que você mensura, mesmo se não era o que você queria". Um exemplo clássico dessa situação ocorre quando o *call center* recompensa as pessoas pelo número de chamadas atendidas por hora. Os gerentes não demoram a descobrir que a qualidade da interação com o cliente cai à medida que os funcionários concentram seus esforços no atendimento à próxima chamada. Os problemas do cliente não são resolvidos, mas muitas chamadas são atendidas. Em um desses *call centers*, não houve mensuração de chamadas repetidas. Os funcionários receberam notas altas quando, na verdade, parte dos telefonemas atendidos era de clientes insatisfeitos que tornavam a ligar. A maior parte das medidas tem um desfecho que precisa ser considerado como ponto de equilíbrio para evitar consequências indesejadas. Por exemplo:

- O aumento da velocidade pode levar a uma redução na qualidade.
- A pressão para aumentar vendas pode resultar em menor número de clientes desejáveis.
- O aumento nos volumes de fabricação eleva o número de defeitos.

- A exigência de observação dos tempos de entrega pode gerar comportamentos de risco.

A Domino's Pizza passou por essa situação indesejada quando descobriu que os funcionários da entrega de pizza estavam se envolvendo em acidentes graves, ferindo a si e a outras pessoas em seus esforços de cumprir a meta da empresa de entregar uma pizza em 30 minutos ou menos. Muitas medidas podem resultar em consequências indesejadas quando o relacionamento entre a medida e o comportamento gerado não é avaliado.

5. O Alinhamento

A última etapa na criação de um sistema que define e mensura o sucesso consiste em garantir que todas as suas métricas estejam alinhadas verticalmente — de forma descendente na organização — e horizontalmente entre as unidades que precisam trabalhar juntas. Nesse sentido, algumas metas consistentes a serem consideradas são:

- Definir o que uma organização deseja ou precisa realizar em um dado horizonte de tempo.
- Definir uma única finalidade e uma única direção, em que a organização concentrará seus esforços e sua energia.
- Definir os padrões de comparação para o desempenho da organização.

Metas e métricas devem ser geradas nas esferas superiores da organização, sendo comunicadas em termos relevantes a cada nível hierárquico. Por exemplo, as margens de lucro são uma boa medida para um gerente sênior, mas uma equipe de chão de fábrica precisa saber como o aumento da produtividade, em termos de unidades por hora, é traduzido em uma maior rentabilidade.

O segredo consiste em definir medidas de cima para baixo. Existe o perigo de iniciar a definição de métricas na linha de frente, movendo-as para cima, com base na hipótese de que elas resultarão em melhorias para a organização. Um dos erros dos sistemas de mensuração consiste em considerar o desempenho organizacional como um somatório simples do desempenho de indivíduos e unidades, quando na verdade ele é o resultado de relacionamentos complexos entre todas as partes da organização. Assim, o que parece uma boa medida porque promove a geração de comportamentos ou resultados desejados em nível individual ou de equipe, na verdade, desencoraja alguns comportamentos mais sutis que trariam vantagens para toda a organização. Metas e medidas precisam estar alinhadas também em toda a organização. Se forem desenvolvidas isoladamente, é possível que acarretem conflitos, sobretudo se as unidades forem interdependentes.

6. Metas

Tão importante quanto a definição de medidas é a definição de metas. Por exemplo, para uma unidade de fabricação, uma medida pode ser o número de defeitos. A meta pode ser a manutenção do número de defeitos abaixo de 10 mil. Contudo, esse número não tem significado, a menos que seja comparado com um valor de referência atual e com padrões do setor. Os intervalos de flexibilidade precisam ser planejados de maneira a permitir que as metas sejam um desafio passível de ser vencido.

Encontrar uma pessoa que se encarregue de definir as metas é outra etapa das decisões que devem ser tomadas. Até mesmo em equipes com alto grau de autonomia, os gerentes normalmente precisam se envolver na definição de metas. As pessoas sentem-se tentadas a estabelecer metas baixas, o que garante que poderão ser atingidas ou mesmo excedidas, sobretudo quando a realização de uma meta está vinculada a uma compensação ou uma recompensa.

Utilize a Ferramenta 5-1 para sinalizar os pontos fracos em seus sistemas existentes.

VALORES E COMPORTAMENTOS

Muitas vezes os comportamentos são desprezados como elementos da definição e da recompensa pelo sucesso. Esses comportamentos não são um elemento do sucesso, porém são um resultado desejável. A lógica por trás disso está no fato de que a estrutura, os processos, as medidas, os sistemas de recompensa e os sistemas de pessoas motivam os funcionários e facilitam sua atuação no sentido de dar suporte às metas dos negócios.

Assim, embora os comportamentos não se projetem por conta própria, eles precisam ser demonstrados. Quando a organização comunica e chega a um acordo sobre esses comportamentos, fica fácil identificar quando outras escolhas relativas ao projeto fracassam em dar suporte aos comportamentos esperados. Além disso, eles podem ser reforçados com as escolhas feitas no projeto de sistemas de recompensa e medidas.

O comportamento é a manifestação da cultura de uma organização. Não importa a clareza com que seus valores sejam expressos: é o modo como as pessoas atuam que define uma cultura. A maior parte das organizações identifica os aspectos de sua cultura que precisam ser mudados em função de suas estratégias. A avaliação do estado atual, via de regra, identifica alguns comportamentos errados e que reduzem a eficiência da organização, sobretudo entre gerentes. A mudança da cultura é difícil. As pessoas que trabalham na organização atual estão lá porque se sentem atraídas pela cultura existente, sentem-se confortáveis com ela. Mesmo que digam que gostariam de ver mudanças nessa cultura, a maioria dessas pessoas contribui com ela, reforçando-a a cada dia.

A visão e os valores de sua organização são a base para a definição de novos comportamentos que se tornarão essenciais à definição e à criação da cultura desejada. Infelizmente, as declarações de visão e de valores hoje são uma espécie de clichê, um exercício que as gerências geram e defendem, antes de esquecê-las na prateleira. É verdade que a maioria das declarações de visão são indistinguíveis umas das outras e que, por si próprias, não têm muito poder. Além disso, são poucas as organizações — se é que existem algumas — que têm valores condenáveis em suas declarações de valor. Na verdade, o trabalho consiste em tirar esses documentos da prateleira e traduzi-los na forma de uma espécie de bússola corporativa, que oriente o comportamento dos funcionários.

Os valores de uma companhia são os princípios que ela defende. A reação da Johnson & Johnson frente aos temores surgidos em 1982 relativos à prescrição do Tylenol continua sendo um divisor de águas no modo como os valores da companhia definem suas decisões e comportamentos. Após a morte de sete pessoas que tomaram Tylenol contaminado com traços de cianeto, a administração da companhia imediatamente tomou a decisão de prestar informações aos consumidores, interromper a produção e retirar 22 milhões de unidades do produto das prateleiras das farmácias. Essa decisão foi tomada e posta em prática sem a necessidade de uma reunião da alta gerência da companhia. Todos atuaram em uníssono, sabendo que essa seria a resposta certa. Após quase 20 anos, um estudo conduzido pela Harris Interactive descobriu que a Johnson & Johnson continuava com a posição de melhor reputação corporativa na América do Norte.[4] Em contraste com essa situação, a Bridgestone/Firestone foi duramente criticada durante o verão de 2000 por, a princípio, ter negado qualquer relação com os acidentes de carro documentados e a qualidade de seus pneus, e por sua relutância em substituir pneus defeituosos. Não causa surpresa que, na mesma pesquisa, a companhia tenha sido indicada como a empresa de pior reputação entre todas as companhias examinadas.

A Federal Express é outro exemplo de empresa conhecida por seus fortes valores e pelo impacto que eles têm em seu desempenho. Durante a greve da UPS no verão de 1997, muitos de seus novos consumidores passaram a usar os serviços da FedEx. Após a empresa ter recebido uma enxurrada de 800 mil encomendas adicionais, milhares de funcionários compareceram de forma voluntária em seus centros de distribuição para expedi-las, o que deixou claro os valores relativos à maneira como a companhia atende seus clientes. Foi somente após a greve que os funcionários foram recompensados com bônus atrelados ao lucro gerado durante o período.

Conforme uma organização passa por mudanças, é possível que ocorram comportamentos altamente eficientes na organização antiga e que agora tornam-se prejudiciais à nova organização, porque contradizem seus novos valores de forma direta. Por exemplo, o tomador de decisão do tipo "Caubói Solitário" é recompensado e tem bastante poder em uma organização em que as contribuições individuais têm alto grau de autonomia. Após a organização incorporar equipes em sua estrutura, este mesmo comportamento deixa de ser desejado, se os novos valores enfatizam decisões tomadas de forma consensual. Alguns dos comportamentos e ações que são lugares-comuns em sua organização têm de ser interrompidos em seu novo cenário organizacional, pois novos comportamentos tornaram-se norma vigente. Muitos desses comportamentos podem ser vistos na avaliação do estado atual. Dois processos de transformação de uma declaração de visão e de valores em comportamentos são apresentados neste livro. Um desses processos recorre às narrativas como forma de traduzir essa visão, enquanto o outro vincula comportamentos aos valores organizacionais.

As Narrativas de Visão

As pessoas parecem não ter uma capacidade expressiva para lembrar de declarações de visão e de valor. Repetições insossas de itens assinalados com marcadores de lista em apresentações de *slides* durante reuniões na empresa são esquecidas com rapidez. Até mesmo as belas brochuras, pôsteres e cartões distribuídos para serem mantidos nas carteiras dos funcionários são guardados e se transformam em elementos visuais de pouca importância. Em contrapartida, as pessoas têm uma boa memória para histórias. Diversas empresas estão recorrendo às narrativas para comunicar sua visão e torná-la parte expressiva da cultura.

As pessoas se lembram melhor de histórias do que de fatos, uma vez que nossa memória é episódica por natureza. Embora as pessoas sejam capazes de lembrar de cinco a sete fatos por um período relativamente longo, elas conseguem rememorar cinco histórias com facilidade, mesmo que estejam cheias de detalhes.[5] Quando as pessoas se lembram de experiências, elas o fazem por meio de imagens. A vinculação de fatos ou informações a uma mini-história gera uma imagem capaz de ser lembrada mais facilmente do que palavras.

As histórias de visão pedem às pessoas que contem algo sobre uma época em que elas ou outra pessoa na organização fizeram algo que ilustra a visão em questão. Essas histórias podem ser sobre ir além do dever do cargo ou até prestar assistência a um cliente ou outro departamento. Elas exemplificam confiança, a aceitação de riscos ou aprendizados. Ao relacionar o elemento de uma visão a uma história, as pessoas são capazes de lembrar e relacionar essa história a suas próprias experiências. Com isso, elas desenvolvem a habilidade de compartilhá-la com outras pessoas. Essas histórias, quando utilizadas pelos gerentes, tornam-se uma narrativa oral que transforma funcionários em modelos de atuação. Quando praticadas como exercício de grupo, a narrativa de uma visão gera uma compreensão comum sobre os comportamentos mais valorizados pela organização.

Mesmo que a visão seja nova e que a organização esteja passando por mudanças, é provável que as pessoas já estejam fazendo algo que dê suporte à nova direção a ser tomada. A reunião e o compartilhamento de histórias ilustram a visão em vigor, capaz de reforçar esses comportamentos. Esse exercício reforça o que as pessoas já fazem corretamente no sentido de dar suporte à direção tomada pela organização, mesmo que tenha mudado. O ato de contar histórias dá vida e textura às normas de comportamento.

Utilize a Ferramenta 5-2 para coletar e compartilhar histórias que ilustrem a visão da organização.

A Geração de Comportamentos com Base em Valores

Na maioria das vezes, essa atividade é executada, a princípio, com a equipe de lideranças, embora outros funcionários possam ser envolvidos ao longo do tempo. Para cada um dos valores da organização, o grupo determina o que um funcionário pode fazer para demonstrar o valor:

- Na frente de clientes.
- Com colegas.
- Com sua própria equipe (no caso de um gerente).

Um exemplo dessa geração de comportamentos é dado na Figura 5-5. Para cada valor, o grupo de lideranças dessa organização identificou o modo como um valor gené-

	Comportamento perante clientes	Comportamento perante colegas
Valor:	*Coloque o cliente em primeiro lugar.*	
Esperado	Ocorre na sequência de um pedido ou de um problema do cliente; mantém o cliente informado sobre o progresso.	Avalia todo o trabalho a partir da perspectiva de um cliente; diz "não" a projetos e atividades que interferem na execução do trabalho relacionado ao cliente.
Excepcional	Toma a iniciativa para acompanhar e resolver problemas sistêmicos na execução de serviços.	Pode administrar diversos projetos internos e para o cliente; administra as exigências e as necessidades relativas ao tempo, para que prazos sejam cumpridos.
Valor:	*Conduza negócios com integridade e honestidade.*	
Esperado	É direto, mesmo quando divulga más notícias.	Concentra-se no problema, não na pessoa.
Excepcional	Assume a responsabilidade por más notícias e entrega produtos ou executa serviços de modo proativo, para manter a boa disposição do cliente.	Assume a responsabilidade pelas decisões tomadas e pode explicá-las, vendê-las e defendê-las a outras pessoas.

FIGURA 5-5 Exemplos de valores e ações.

rico, como "colocar o cliente em primeiro lugar" pode "valer a pena" em sua organização ou na frente de clientes ou de colegas. Para cada valor são definidos dois níveis de comportamento: o comportamento esperado e o comportamento exepcional. Após alguns refinamentos, esses comportamentos podem ser incorporados nos sistemas de gestão de desempenho e de recompensa, para serem reforçados. Utilize a Ferramenta 5-3 para traduzir os valores de sua organização em comportamentos específicos.

AS COMPENSAÇÕES

As compensações são uma ferramenta essencial para o alinhamento de comportamentos às metas de sua organização. Quando outros elementos do projeto passam por mudanças, o sistema de compensação também precisa ser atualizado. As compensações são normalmente adotadas para:

- Remunerar as pessoas pelo tempo que oferecem à organização.
- Reconhecer e recompensar resultados passados.
- Promover a melhoria do desempenho futuro.
- Reter funcionários.

É possível considerar as compensações como uma declaração de renda e um saldo bancário. A declaração de renda informa aos funcionários sobre como a organização vê suas contribuições, seus níveis de produção anuais. O saldo bancário reflete o valor total de uma pessoa como item de valor a uma organização. O desafio em criar sistemas de compensação eficientes está na divulgação das mensagens certas por meio de alterações em salários. Um aumento de salário é um desperdício se o funcionário privilegiado não sabe a que se refere. Eu fiz um bom trabalho ano passado? A importância de meu cargo no mercado de trabalho subiu? A empresa acha que tenho um potencial e quer ficar comigo?

Embora muitas pessoas concordem que planos de compensação mal projetados possam promover comportamentos errados, não está claro se uma compensação, por contra própria, exerce impacto significativo no desempenho.[6] A interação complexa entre o ambiente de trabalho e a motivação intrínseca que os funcionários trazem consigo dificulta a caracterização do impacto da compensação na motivação da melhoria contínua. Um sistema inadequado de compensação é, sem dúvida, uma fonte de insatisfação e pode levar os funcionários a deixar a organização, porém a força do dinheiro como motivador varia de indivíduo para indivíduo.

Ao longo da última década ocorreram algumas mudanças significativas nas práticas de compensação em empresas com base nos Estados Unidos (Figura 5-6). Essas tendências refletem uma tentativa de aperfeiçoar a ligação entre o desempenho individual e os resultados globais dos negócios, aumentar a flexibilidade de estruturas salariais e criar pacotes de compensação que atraiam e retenham talentos escassos. Essas tendências são analisadas a seguir.

A Compensação Total

A *compensação total* é a combinação de salário, pagamentos em dinheiro e vantagens recebida por um funcionário. Para a maioria dos funcionários enquadrados sob os níveis mais altos de gerência, o salário permanece como o maior componente do pacote de pagamento. Contudo, um número cada vez maior de empresas vem enfatizando o valor total dos pacotes de compensação, em comparação com o salário, para atrair e reter funcionários. Nesse sentido, bônus e incentivos monetários em complementação ao salário são muito adotados para todos os níveis hierárquicos de uma companhia. Em 1998, 72% das empresas norte-americanas ofereciam ao menos um plano de pagamento variável a seus funcionários, em comparação com 47% em 1990.[7] Além disso, muitas

De...		Para...
Um foco no salário	➡	Filosofia de compensação total
Aumentos previsíveis em méritos	➡	Compensação variável
Pagamento por tempo	➡	Pagamento por desempenho
Valorização do cargo	➡	Valorização de habilidades e conhecimentos
Recompensa a indivíduos	➡	Recompensa a equipes e unidades de negócios

FIGURA 5-6 As tendências nas práticas de compensação.

companhias estão oferecendo diversas opções de pacotes de vantagens a seus funcionários, tanto para necessidades individuais quanto para acomodar as diferentes populações em uma organização. Por exemplo, um estudo recente revelou que mães que trabalham valorizam consideravelmente o tempo e estão menos inclinadas a deixar um emprego se ele permite flexibilidade de horários, mesmo que a nova oferta tenha um salário maior.[8] As empresas introduziram uma gama completa de novas vantagens, incluindo creches, prestação de pequenos serviços, academias de ginástica e almoços grátis não apenas para tornar o ambiente de trabalho mais atraente (e permitir que os funcionários trabalhem mais tempo) como também para aumentar o valor percebido em relação ao pacote de compensação.

A Compensação Variável

Nos últimos anos, apesar das baixas taxas de desemprego e da forte competição por funcionários talentosos, os aumentos salariais anuais não passaram de 4%, valor próximo à taxa de inflação. O maior crescimento nas compensações ocorreu na forma de compensações variáveis. A *compensação variável* inclui premiações por desempenho que têm de ser conquistadas a cada ano e não elevam a base salarial permanentemente. Essa compensação pode ser dada na forma de bônus em dinheiro ou opções de ações. Hoje, mais de 60% das empresas utiliza pagamentos variáveis para cargos em nível hierárquico abaixo da gerência.[9]

Alguns planos de pagamento variável ocorrem como "acréscimos". O salário base de um funcionário é definido em termos da média de mercado, e qualquer bônus ou extra ocorre como acréscimo a esse salário. Algumas empresas, sobretudo as entrantes com restrições de capital, oferecem salários muito abaixo da média de mercado, mas disponibilizam aos funcionários a oportunidade de ganhar muito mais do que paga o mercado, com remunerações variáveis. Esses são os chamados "planos de risco". Se a meta que garante o pagamento do bônus não for alcançada (por razões individuais, da equipe ou da empresa), os funcionários podem acabar em situação financeira pior do que colegas em outras empresas.

As compensações variáveis geram um número maior de vantagens no projeto de sistemas de compensação, sobretudo quando você deseja promover uma cultura mais intensamente voltada para o desempenho. Entre estas vantagens estão:

- *A possibilidade de diferenciação no desempenho.* O pagamento variável é uma ferramenta que recompensa a excelência e diferencia os melhores funcionários. Os sistemas de compensação baseados em méritos com aumentos salariais anuais não permitem grandes diferenciações entre funcionários. Na maioria das vezes, a diferença em aumento salarial anual é cerca de alguns poucos pontos percentuais entre os funcionários abaixo da média e aqueles que têm desempenhos excelentes. Uma empresa seguradora de hábitos antigos, baseada em tradições e que tentava criar uma cultura fundamentada no desempenho flexível introduziu um plano de pagamentos variáveis. Os funcionários que recebiam a nota 4 ou 5, em uma escala de avaliação de desempenho de cinco pontos todo o ano, eram muito melhor remunerados do que aqueles que ficavam com nota 3, que representava uma classificação mediana. Durante a preparação, um estudo sobre notas anteriores foi conduzido para revelar quantos funcionários poderiam chegar à nota 4 ou 5. Para a surpresa da gerência, descobriu-se que 65% dos funcionários da empresa havia sido classificada "acima da média" no ano anterior! Os planos de pagamento variável tendem a reduzir a noção de direito a bônus que permeia esquemas tradicionais de compensação. Eles dão maior significado a todo o processo de gestão de desempenho, com a vinculação de resultados a um impacto mais significativo nos salários. Os gerentes são forçados a diferenciar o desempenho para poder justificar os bônus. Isso é importante sobretudo quando o projeto da organização exige que as pessoas rompam com os modos aceitos de comportamento e passem a atuar.

- *A redução de custos.* Provavelmente o maior objetivo dos planos de salários variáveis é a redução global de custos relativos a empregados. Mesmo nos casos de valores altos de recompensas, elas não são incorporadas nos salários. Logo, elas não têm impacto nos outros custos que entram no cálculo dos salários, como benefícios e contribuições previdenciárias. Em tempos desfavoráveis e quando as metas não são atingidas, a empresa não se vê presa a uma folha de pagamento alta. Em teoria, é possível aumentar a flexibilidade e evitar a necessidade de muitas demissões durante esses períodos ruins, o que traz aos funcionários uma maior estabilidade no emprego.

- *A retenção dos melhores funcionários.* Quando o pagamento variável é oferecido na forma de opções de estoque de ações, ele pode gerar a noção de um compromisso de longo prazo com a organização e despertar a ideia de que os funcionários também são proprietários do negócio. No final da década de 1990, muitas empresas elevaram a proporção de ações distribuídas a funcionários e, para competir com as companhias do setor *pontocom*, o faziam até os níveis mais baixos em suas hierarquias. A promessa de geração de riqueza com a propriedade de parte da companhia em um setor em evolução atraiu MBAs e advogados das empresas estabelecidas no mercado para as entrantes no setor da Internet. Claro que isso funciona apenas quando a cotação das ações está em alta.

O Pagamento em Função do Desempenho

A métrica de compensação mais utilizada continua sendo o tempo. As pessoas são pagas de acordo com o tempo que trabalham. Até mesmo aquelas pessoas que não são remuneradas por hora recebem um salário anual com base na hipótese de que trabalham por um dado período todos os anos. A tendência de pagar por desempenho está intimamente associada ao pagamento variável. O *pagamento em função do desempenho* recompensa as pessoas por seus resultados e contribuições, não pelo tempo e esforço que dispensam à companhia.

Em nível individual, as recompensas pelo desempenho são muitas vezes dadas como bônus frente à realização de certas metas. O pagamento em função do desempenho também tem uma forte relação com os resultados de uma unidade ou das pessoas. Por exemplo, quando a unidade atinge seus objetivos, um conjunto de bônus é distribuído entre todos os funcionários.

As comissões pagas a funcionários de setores de vendas formam o tipo mais comum de pagamento em função de desempenho. Para eles, existe um elo indiscutível entre resultados e compensação. O pagamento às pessoas na organização de acordo com os resultados alcançados em vez de tempo e esforço despendidos provou ser uma ideia atraente e é efetuado de diferentes formas.

- Os *planos de participação nos lucros* começaram a ser adotados na década de 1940 como forma de colaboração entre trabalhadores sindicalizados e as gerências de empresas do setor de produção, e representam uma das formas mais antigas de pagamento em função do desempenho. Esses planos são baseados na ideia de que os funcionários deveriam participar de qualquer ganho que resulte de suas contribuições e preveem a definição de uma linha de base para o desempenho. Se o desempenho da unidade for melhor que o valor de base, os trabalhadores participam da distribuição de lucros. A vantagem deste plano é que ele é autossustentável. Os planos de participação nos lucros funcionam melhor quando as variáveis de produtividade estão sob o controle dos funcionários e podem ser mensuradas com precisão. Os ganhos são, via de regra, mais altos nos primeiros anos de adoção de um programa desse tipo, quando as melhorias de mais fácil implementação e mais claramente visíveis podem ser identificadas e abordadas. Os problemas surgem quando todas as melhorias possíveis na produtividade foram implementadas e a companhia perdeu a eficiência e a eficácia frente às suas concorrentes. Em sua maioria, esses planos são utilizados como forma de estimular as melhorias na produtividade e, por isso, são abandonados, com o passar do tempo.

- *Planos de incentivo aos negócios* são planos de participação nos lucros de última geração. Esses planos são muito adotados em um amplo escopo de negócios para atender a diversas metas e recebem uma variedade de denominações. A meta em um plano de incentivo aos negócios é em geral o resultado estratégico, financeiro ou operacional que a gerência deseja ver adotado como foco de todos os funcionários da companhia, como a elevação da rentabilidade, a redução de custos ou o aumento na satisfação do cliente. Esse tipo de plano requer a definição de um horizonte de tempo e de uma meta. Se esses parâmetros forem atendidos, todos nessa unidade compartilharão as recompensas. A vantagem desse tipo de plano está no fato de poderem ser alterados de acordo com as necessidades da empresa. Após o final do período de validade, as metas são alteradas em função não apenas dos ganhos internos, como também do cenário competitivo. Os planos de incentivo podem ser alterados na mesma medida em que a empresa é reconfigurada. O desafio presente no projeto desse tipo de plano está em garantir que, com a concentração da energia em um pequeno número de metas importantes, os outros objetivos não sejam negligenciados nem comprometidos. Os planos de incentivo aos negócios precisam ser ajustados periodicamente para assegurar que as metas sejam justas e concretizáveis, e que desencadeiem as reações certas.

- *Os planos de incentivo de longo prazo* vinculam as recompensas ao desempenho da companhia ou da unidade de negócios ao longo de um período de 3 a 5 anos. Esse tipo de plano é normalmente reservado a altos executivos. A intenção é promover o pensamento de longo prazo na tomada de decisão e melhorar as taxas de retenção desses executivos. Um banco de grande porte instituiu esse tipo de plano após descobrir que seu agressivo programa de rotação da alta gerência a cada dois anos estava causando problemas. Os gerentes tomavam todo tipo de decisão relativa ao aumento de receitas no curto período de tempo em que estivessem alocados em uma posição, muitas vezes "deixando a casa em uma bagunça" para o próximo executivo que deveria ocupar seu cargo rotativo. Em um cenário normal, as receitas saltam em consequência de incentivos agressivos de *marketing* e de vendas. Contudo, para manter baixas as despesas, poucos investimentos são feitos em infraestrutura ou em suporte ao cliente. No momento em que o próximo gerente assume o cargo, a rentabilidade despenca, pois os atritos com os clientes aumentam devido aos problemas na execução dos serviços.

O desafio nos planos de compensação em função do desempenho está em identificar e mensurar comportamentos e resultados que indivíduos ou equipes conseguem controlar e que aumentam o desempenho da empresa ou da divisão, na medida desejada. Conforme foi discutido na seção sobre métricas, se a meta é a execução dentro do prazo prometido, os funcionários descobrirão um meio de atingi-la. Nesse caso, a questão é: a observação de prazos tem algum impacto no desempenho financeiro da empresa e pode comprometer outras metas quando for enfatizada ou recompensada?

A Valorização de Habilidades e Conhecimentos

Outra forma de compensação comumente adotada envolve o pagamento da pessoa, não do cargo. O *pagamento em função das habilidades* (também chamado de pagamento em função de conhecimentos) valoriza as habilidades e os conhecimentos que uma pessoa é capaz de oferecer a uma organização. O pagamento em função das habilidades recompensa o aprendizado e a versatilidade. Essa modalidade de compensação é aplicada sobretudo nas seguintes situações:

- A reestruturação exige que o quadro de pessoal invista tempo e energia no desenvolvimento de novas habilidades. O pagamento em função de habilidades é um gênero de incentivos que facilita transições.

- O produto da empresa é o conhecimento (direito, contabilidade ou consultoria) e a geração de conhecimentos é uma fonte de vantagem competitiva.

- Quando uma habilidade específica está escassa no mercado. As empresas de tecnologia muitas vezes adotam habilidades "premiuns" para atrair pessoas ou motivar seus funcionários a adquirirem habilidades desejadas.

Os sistemas tradicionais de compensação valorizam um cargo, não importando quem o ocupe. Quando esses cargos são bem definidos, estáveis e geram poucas oportunidades de progresso pessoal dentro de seus limites, esse sistema gera resultados positivos. O que muitas empresas já descobriram é que ele não funciona adequadamente em ambientes caracterizados por:

- Integração de atividades entre um grande número de pessoas
- Definições imprecisas de tarefas e responsabilidades
- Forte dependência do intercâmbio de conhecimentos
- Interações entre pessoas com atividades interdisciplinares

À medida que aumenta o número de organizações que se encaixam nessa definição, elas passam a procurar maneiras de motivar e recompensar o aprendizado, a colaboração, a aplicação e o compartilhamento de conhecimentos. A Internet está deixando de ter um foco em cargos e descrições de cargo que possam gerar reações baseadas na omissão de responsabilidades. Para reforçar essa tendência, o termo *papel* vem sendo utilizado em substituição à palavra *cargo* em muitas empresas com atuação no campo do trabalho com o conhecimento.[10] Um papel traduz um conjunto de responsabilidades. O trabalho e as atividades das pessoas passam por mudanças, dependendo do que precisa ser realizado. O foco deixa de cair nas atividades passadas ou presentes de uma pessoa, passando para as contribuições mais amplas que ela pode oferecer.

O pagamento com base em habilidades é, muitas vezes, acompanhado de um alargamento do escopo dos cargos, isto é, a união de diversos cargos em uma só posição, que permite aumentar salários sem ter de promover as pessoas. O pagamento em função das habilidades ajuda a promover o crescimento horizontal e a evolução lateral de carreiras. Ele funciona bem, sobretudo em organizações novas ou com altas taxas de crescimento em que os funcionários não têm habilidades expressivamente desenvolvidas e onde existe a necessidade de desenvolver competências adicionais.

A aplicação de planos de pagamento com base em habilidades ou conhecimentos apresenta alguns desafios.

- *Como você sabe quando uma pessoa de fato desenvolveu uma nova habilidade?* As habilidades visíveis e diretas, como a operação de um tipo específico de equipamento, são fáceis de mensurar. As competências administrativas talvez requeiram maior nível de subjetividade. É difícil descobrir se uma pessoa conseguiu dominar a capacidade de escrever relatórios ou vender produtos. Uma boa parcela de tempo e esforços administrativos é gasta na caracterização de níveis de habilidade e como eles podem ser mensurados e certificados.

- *Você paga apenas pelas habilidades utilizadas?* As pessoas desenvolvem habilidades que se tornam obsoletas ou então assumem cargos onde essas habilidades não são necessárias. É preciso desenvolver políticas que tratem do modo como essas habilidades são pagas, caso contrário a empresa acabará pagando por competências que não valoriza. Uma das abordagens em teste em algumas empresas consiste em oferecer bônus únicos às pessoas que aprendem uma nova habilidade, em vez de aumentar seus salários.

- *O que fazer quando o aprendizado não pode ser empregado diretamente?* Algumas organizações recompensam toda forma de aprendizado — não importa se for diretamente aplicável ao trabalho — para motivar a cultura do aprendizado. Porém, na verdade, uma organização precisa decidir se recompensa uma pessoa por ter conseguido um diploma universitário ou um certificado de treinamento, mesmo que esse conhecimento pertença a um campo diferente daquele em que a pessoa trabalha no momento. Os funcionários talvez desejem ser recompensados pelo aprendizado de novas competências que os posicionarão mais favoravelmente no sentido de obter promoções, mesmo que essas habilidades não tragam benefícios diretos para a organização.

- *Qual é o momento de iniciar um treinamento?* Encontrar tempo disponível para um treinamento de funcionários é um desafio para qualquer organização. Algumas empresas implementam treinamentos internos conduzidos por seus próprios funcionários, ao passo que outras desenvolvem módulos de treinamento e de aulas. Se a meta é desenvolver habilidades de modo uniforme, você deverá oferecer oportunidades iguais para as pessoas frequentarem um programa de treinamento.

A Recompensa para Equipes e Unidades de Negócios

Hoje, as organizações estão recorrendo com mais frequência a sistemas de compensação para equipes e unidades do que no passado. Se o projeto de sua organização pressupõe que a cooperação será necessária por conta da interdependência e da complexidade do trabalho, então o trabalho deverá ser motivado e premiado com a adoção de recompensas que não contemplem apenas as contribuições individuais. Os incentivos dados às equipes e às unidades, via de regra, combinam aspectos de pagamento baseado em desempenho e em habilidades.

- *Os incentivos ao desempenho.* Uma meta de desempenho é definida para a equipe ou unidade de negócios. Essa meta pode ser baseada em critérios preestabelecidos como economia de custos, nível de produção e prazos atendidos, ou então incluir alguns critérios como solução eficiente de problemas. Quando a meta é atendida, um bônus é oferecido na forma de dinheiro, ações ou outras modalidades. Quando esta meta estiver vinculada a um plano de participação nos lucros ou ganhos, a quantidade fica atrelada ao desempenho global da unidade.

- *Pagamentos baseados em competências.* É possível recompensar equipes pelas habilidades coletivas que acumulam. Uma equipe não é recompensada antes de todos os seus integrantes chegarem a certo nível, para motivar os funcionários mais competentes a ajudarem os outros a concretizarem as mesmas aptidões. Esse tipo de recompensa é normalmente adotado em equipes onde as tarefas são específicas e mensuráveis, e onde há um desejo de tornar a equipe mais flexível e autônoma, com o aumento das competências de todos os seus integrantes. Conforme esses integrantes aprendem e aplicam as habilidades requeridas pela equipe como um todo, seus salários são aumentados. Essas pessoas passam por treinamentos em funções diferentes daquelas típicas de seus cargos no sentido de diminuir o impacto do absenteísmo na produtividade. As pessoas são recompensadas também pelo desenvolvimento de habilidades de gestão. À medida que essas habilidades são transferidas para toda a equipe, a organização tem a chance de reduzir o número de gerentes necessários.

As recompensas com base no esforço e nos resultados coletivos trazem alguns riscos em potencial.

- *A distinção do nível organizacional que deve ser recompensado.* As iniciativas de equipe funcionam bem para motivar os integrantes da própria equipe, mas muitas destas iniciam conflitos ou mesmo competição entre esses grupos. Isso pode ser evitado com a criação de planos em nível de empresa e unidade que recompensem a contribuição de todas as equipes e funcionários, quando há uma interdependência entre elas. Por outro lado, o perigo de definir metas de desempenho que devem ser recompensadas em nível hierárquico muito alto dentro da organização está na indefinição da linha que separa as ações e os resultados alcançados por uma equipe. A responsabilidade de atingir a meta torna-se difusa e os aspectos motivacionais do incentivo se perdem.

- *Falta de controle.* É preciso ter mecanismos de controle em operação para garantir que os integrantes dos grupos que não contribuem com suas parcelas não sejam beneficiados, ou ao menos que não sejam beneficiados por muito tempo. São poucas as organizações que recompensam as pessoas com base apenas no desempenho das equipes. A maior parte delas combina medidas e recompensas individuais com um componente de equipe, para controlar as diferenças nas contribuições individuais.

- *A alocação de recompensas.* Mesmo que todos os integrantes de equipes ou unidades contribuam de igual modo, existe o problema de como alocar as recompensas: em termos de porcentagem do salário ou em partes iguais. Se a recompensa for uma porcentagem do salário, então algumas pessoas receberão mais do que outras, a não ser que elas recebam quantias exatamente idênticas. Por outro lado, quantias iguais significam que algumas pessoas pensarão que as recompensas não têm muita importância, porque elas representam uma parcela menor de todas as compensações que recebem.

O Projeto de Sistemas de Compensação

As mudanças nas práticas relativas às compensações geralmente ficam atrás de outras iniciativas feitas pela mudança, em função do tempo necessário para definir um sistema de pagamento, reavaliar cargos, desenvolver um plano-piloto e implementá-lo em caráter definitivo. A gerência tende a adotar uma postura conservadora durante a análise das mudanças nos sistemas de compensação. Em vista disso, a maioria dos sistemas:

- É baseada em costumes, tradições, hábitos e conveniência administrativa.

- Tende a preservar o *status quo*, pois as compensações são uma questão trabalhista bastante sensível.

- Gera custos altos em termos de estudos necessários, implementações de novos sistemas de coleta de dados e de tempo de gestão necessário para atingir um acordo sobre padrões.

Além disso, novos sistemas de compensação apresentam um custo psicológico para funcionários, que tem de ser previsto e administrado. Aumentar as quantias destinadas a compensações é uma boa tática na maioria das empresas, pois possibilita transferir dinheiro da categoria de custos fixos para a categoria de custos variáveis, além de disponibilizar evidências tangíveis de que as coisas precisam mudar. Contudo, para os funcionários isso significa trocar algo certo — o salário fixo atrelado ao tempo de empresa e ao cargo na hierarquia — por um incentivo que corre o risco de não ser pago. Existem algumas coisas a considerar durante a introdução de uma nova estrutura de compensações:

- *Existe consenso sobre os fatores importantes e um modo de mensuração destes?* Qualquer recompensa dada em virtude da realização de metas específicas de produção, qualidade ou serviço precisa ser fundamentada sobre critérios claros. Sem medidas específicas, as decisões tomadas por supervisores e gerentes podem parecer arbitrárias, criando ressentimentos entre as unidades de negócio se alguns gerentes passarem a impressão de serem mais complacentes do que outros.

- *As recompensas pelas mudanças em comportamentos estão inseridas no sistema?* Uma fração do trabalho precisa ser feita como parte do processo de planejamento para identificar os comportamentos que as pessoas precisam adotar com maior ou menor frequência no sentido de exercer algum impacto na cultura e nos resultados da empresa. Embora a equipe de gerentes tenha a competência para definir esses comportamentos, os resultados são melhorados quando é incluída uma amostra representativa das pessoas que sentem esses impactos. Elas identificam os comportamentos *administrativos* que precisam ser alterados, além daquilo que elas e seus colegas precisam fazer de modo diferente. Elas também garantem que a linguagem seja direta e descritiva. Por fim, o processo de envolvimento aumenta a adesão ao plano como um todo.

- *As pessoas estão capacitadas e têm o poder de decisão para controlar as variáveis?* É impossível pedir que as pessoas excedam expectativas se não estiverem capacitadas para atingir esse nível de excelência. Não importa se a compensação tem como base o desempenho, as capacitações ou algum plano de incentivo em equipe: essa compensação funciona apenas quando as pessoas participantes têm algum controle sobre o resultado. Nada é menos motivador para uma pessoa do que trabalhar tanto ou mais do que antes, realizar suas metas pessoais e descobrir que não há qualquer vantagem nisso por conta de fatores que não estão sob seu controle, entre os quais:

  Outra divisão não está realizando suas metas.

  Falta a autoridade correta para tomar decisões e resolver problemas.

  Faltam ferramentas e recursos para executar o trabalho com eficiência.

- *O sistema de gestão de desempenho é adequado?* Os processos de gestão de desempenho estão intimamente ligados aos sistemas de compensação e recompensa. Não importam a solidez das métricas e a inovação trazida pelo sistema de compensação: se os gerentes não definirem metas, orientarem seus funcionários e gerarem *feedbacks* realistas, o resultado estará comprometido. Não existe um sistema melhor do que outro entre todas as alternativas de gestão de desempenho disponíveis. As escalas, formas e processos são menos importantes que a consistência e a honestidade que fundamentam sua aplicação.

- *Existe um plano para as horas difíceis?* O poeta inglês Alfred Lord Tennyson disse: "Antes amar e perder seu amor do que nunca ter amado de verdade". Mas talvez isso não se aplique a um sistema de compensação variável. É difícil receber um bônus ao final de um ano e perdê-lo no ano seguinte. Algumas pessoas não se importam com grandes flutuações nos valores que recebem, porém são muitas as que juntam-se a uma corporação em busca de previsibilidade. Essas pessoas talvez se sintam infelizes caso um ciclo ruim nos negócios implique rendas menores frente a volumes de trabalho idênticos. Muitas empresas novas do setor "ponto-com", que remuneravam com ações no lugar de salários ou bônus, descobriram que as pessoas estavam prontas para abandonar o barco quando as opções de ações recebidas perdiam o valor, mesmo que o trabalho fosse interessante.

- *O sistema pode ser manipulado?* O tempo é fácil de ser medido. Os cargos podem ser comparados a referências externas e seus valores podem ser definidos. Uma vez que você aprenda a valorizar habilidades, recompensar o aprendizado e criar planos de incentivo complexos com base em medidas de desempenho informais você terá em mãos as oportunidades de manipular resultados. Crie planos de incentivo simples, aplicáveis e transparentes, para que os resultados não sejam discutidos nem vistos como injustos.

- *Qual é a orientação temporal?* Quanto mais próximas estiverem as datas de premiação de recompensas e compensações e as datas de realização das metas, mais elas motivarão e fortalecerão seus funcionários. Uma combinação de recompensas de curto e longo prazos garante que mesmo que as ações atuais sejam recompensadas, isso não ocorrerá em detrimento das metas de longo prazo.

Utilize a Ferramenta 5-4 para avaliar como seus sistemas de compensação geram aptidões e competências entre as unidades, contribuindo com a formação de uma organização reconfigurável. Certifique-se de reservar tempo e recursos para a avaliação de seu sistema de compensações como parte de suas atividades de projeto.

AS RECOMPENSAS E O RECONHECIMENTO

Os programas de recompensa e reconhecimento complementam a compensação como forma de informar aos funcionários que são valorizados e de divulgar o que a empresa pensa ser importante. Esses programas são uma ferramenta adicional no processo de projeto de uma organização no sentido de alinhar comportamentos a resultados de negócios. Em uma organização reconfigurável, esses sistemas são valorizados por serem de fácil implementação e customização no atendimento às necessidades de equipes ou grupos de trabalho específicos. Diferentemente dos sistemas de compensação, os programas de recompensa e reconhecimento não exigem grandes investimentos em tempo de projeto, embora precisem ser considerados com cautela, naturalmente, para serem eficientes.

Uma das grandes diferenças entre os programas de reconhecimento e recompensas e as compensações é que o reconhecimento tem um aspecto público — a empresa divulga seus valores e prioridades por meio da escolha sobre as realizações e comportamentos que reconhece e recompensa. Se a reestruturação exige que a organização desenvolva novas competências e que as pessoas trabalhem juntas em novos relacionamentos, as recompensas e o reconhecimento ganham um reforço rápido e público, quando tudo dá certo. Um programa de reconhecimento e recompensa bem projetado é capaz de:

- *Dar suporte às metas do negócio* com o reforço a valores, comportamentos e resultados desejados.

- *Construir uma organização de alto desempenho* com a criação de um ambiente em que as pessoas desejem ter um desempenho superior em todas suas atividades.

- *Aumentar a retenção dos funcionários* com a divulgação da importância individual de cada um para o sucesso da organização e com o desenvolvimento de uma noção de lugar de que eles fazem parte, com orgulho.

"RECOMPENSA" OU "RECONHECIMENTO"?

A maior parte das pessoas adota os termos *recompensa* e *reconhecimento* como sinônimos. Embora os sentidos das duas palavras se confundam, existem diferenças importantes.

Recompensa   Diz: "Faça isso" e você "obterá aquilo". O foco está nas motivações externas (pagamentos tangíveis). Em geral, é implementada por meio de um programa centralizado.

Reconhecimento Diz: "O trabalho que você faz é importante, e você o fez bem". Reforça motivações internas (sentimentos positivos sobre o trabalho). Exige novos comportamentos de gestão.

Muitas vezes, os programas de reconhecimento concentram-se sobretudo em recompensas, fracassando ao tratar de comportamentos intrínsecos e problemas presentes no ambiente de trabalho que esses programas tentam resolver. Ao projetar um programa, é preciso considerar com cuidado a manutenção de um equilíbrio entre reconhecimento e recompensa.

As Quatro Dimensões do Reconhecimento

Em uma organização, os funcionários executam dúzias de tarefas que podem ser o objeto de reconhecimento. Entre essas tarefas, aquelas que você escolher focar enviam uma mensagem clara sobre o que é mais importante para a empresa no momento presente. As oportunidades de reconhecimento podem ser agrupadas em quatro dimensões: metas e resultados, valores e comportamentos, realizações e esforços especiais e contribuição geral (veja a Figura 5-7). Quando uma dessas dimensões é recompensada em detrimento das outras, como ocorre em qualquer sistema de recompensa, é possível haver resultados indesejáveis e imprevistos.

CAPÍTULO 5 • DEFININDO E RECOMPENSANDO O SUCESSO **229**

Dimensão	Características
1. Metas e resultados *Concentra a atenção das pessoas nos resultados mais importantes.*	■ Reconhece as pessoas ou equipes que atingem as metas de produção, prazos, orçamentos, qualidade ou serviço. ■ É mais fácil de implementar com um grupo de pessoas que tem tipos semelhantes de cargo. ■ Conforme melhora a produtividade, as metas podem ser elevadas. ■ Reconhece as pessoas com melhores desempenhos.
2. Valores e comportamentos *Enfatiza os comportamentos desejados que dão suporte aos valores organizacionais.*	■ Reconhece pessoas em todos os níveis que demonstram ter os valores e comportamentos desejados. ■ É especialmente importante em um ambiente de mudança, quando reforça que o *comportamento* (por exemplo, correr riscos) é tão importante quanto obter o *resultado certo.* ■ Ajuda a manter o interesse quando os horizontes de tempo para os resultados são de longo prazo ou se os resultados não podem se materializar (por exemplo, um projeto de tecnologia da informação é cancelado porque as prioridades do negócio são alteradas). ■ Dá suporte aos funcionários com desempenhos inferiores, mas que estão melhorando.

3. Realizações e esforços especiais
 	
Celebra o sucesso, a inovação, o aprendizado e os esforços extraordinários.
	■ Permite o reconhecimento de eventos/contribuições únicos e que ocorrem em intervalos irregulares, como:
	  – Finalização de projetos especiais.
	  – O sucesso na avaliação de cursos e testes relacionados ao trabalho, ou colação de grau.
	  – Horas extras acima do previsto.
	  – Frequência total.
	  – Ideias inovadoras.
	■ Gera modelos de atuação para outras pessoas.

4. Contribuição total *Demonstra reconhecimento por contribuições e serviços no dia a dia da organização.*	■ Reconhece o serviço à empresa e comunica que todas as pessoas são valorizadas. ■ Muitas vezes inclui as famílias no reconhecimento a suas contribuições e sacrifícios. ■ Não diferença com base no desempenho (por exemplo, os eventos em que todos são convidados ou os prêmios relativos a serviços com base nas datas de aniversário da contratação do funcionário pela empresa).

FIGURA 5-7 As quatro dimensões do reconhecimento.

METAS E RESULTADOS

Na maioria das vezes, os programas de recompensa e reconhecimento são implementados para aumentar a produtividade. Porém, quando as recompensas e o reconhecimento são dados apenas quando as metas de produção são atingidas, as pessoas tendem a se concentrar nos fins, não nos meios. Se as equipes de vendas são recompensadas em função do volume de vendas, elas têm poucos incentivos para se preocupar com a qualidade do cliente ou com o valor de longo prazo que o cliente tem para a empresa. As mesmas questões identificadas na seção Métricas com relação às consequências não intencionadas aplicam-se aos programas de recompensa e reconhecimento.

VALORES E COMPORTAMENTOS

Valores e comportamentos são a base da cultura organizacional, influenciando não apenas o moral, o compromisso e a satisfação dos funcionários como também a experiência do cliente. Os comportamentos recompensados precisam equilibrar a melhoria dos relacionamentos internos (por exemplo, entre gerentes e funcionários ou entre unidades de negócios) e aqueles que influenciam os clientes de maneira mais direta.

A recompensa dada apenas em função de valores e comportamentos pode fazer com que as pessoas percam de visão os resultados dos negócios. Por exemplo, em uma empresa um programa que pretendia promover o trabalho em equipe encorajava o aumento no número de reuniões, de memorandos e o número de pessoas envolvidas em projetos. No entanto, sem qualquer medida dos resultados não havia maneira de garantir que toda essa atividade gerasse resultados melhores.

Realizações e Esforços Especiais

O plano deve incluir oportunidades para enfatizar as contribuições de alguns poucos — não importa se for em a relação a uma ideia para poupar recursos ou à ausência de faltas ao trabalho — ao mesmo tempo em que honra os esforços da maioria que constitui a "espinha dorsal" da organização.

Os funcionários com desempenhos invariáveis e que são responsáveis pela gestão da continuidade do negócio precisam perceber que têm uma oportunidade de atingir ao menos parte das recompensas oferecidas e que não ficaram de fora do jogo. Por exemplo, muitos funcionários se contentam em executar suas funções e não têm aspirações de se tornar gerentes ou líderes de projeto. Eles não estão interessados em assumir os projetos especiais que poderiam levá-los à glória. Porém, eles continuam querendo ser admirados e reconhecidos por suas contribuições, todos os dias.

Contribuição Total

Se todos forem recompensados da mesma maneira, independentemente do quanto contribuíram ou se o reconhecimento é dado apenas às equipes e nunca aos indivíduos, então os funcionários com os melhores desempenhos podem sentir que suas contribuições não são reconhecidas como merecidas. Eles talvez continuem com seus altos níveis de desempenho, mas as chances são de que se ressintam de que os louros resultantes de seus esforços acabem sendo compartilhados por outros.

A Definição das Recompensas Importantes

Um plano de reconhecimento não pode resolver problemas básicos que erguem barreiras contra a excelência. Implementar um plano como forma de curativo temporário sem o tratamento concomitante desses problemas pode fazer com que o tiro saia pela culatra, abatendo o moral dos funcionários.

Uma das principais questões a ser formulada é: "As pessoas recebem pagamentos justos?" Embora seja verdade que a maioria das pessoas gostaria de receber mais, muitas delas reconhecem que são pagas *de modo razoável* em comparação com seus colegas e com o mercado. Por outro lado, quando as pessoas acreditam que não estão sendo compensadas de modo justo por seu trabalho, a introdução de um programa de reconhecimento e recompensa, sobretudo quando ele envolve pagamentos em dinheiro, pode ter impactos negativos. Pequenos pagamentos são vistos como insultos, e os gerentes tentam utilizar recompensas maiores para preencher as lacunas no pagamento de compensações para seus funcionários de melhor desempenho. Ajustes nos níveis salariais que reflitam o que ocorre no mercado local devem ser efetuados antes da adoção de um plano de reconhecimento.

Conforme supracitado, o primeiro componente do projeto de um programa de recompensas é a definição dos resultados e das mudanças importantes para a organização. O segundo componente é a determinação do que é importante oferecer ao funcionário em troca de seus esforços suplementares.

O Problema com o Dinheiro

O dinheiro é a maior entre todas as formas de recompensa. Nunca alguém dirá que não gostaria de receber mais dinheiro. Além disso, o dinheiro é mais fácil de administrar. É possível incluir um bônus no próximo contracheque. Porém, em um plano de reconhecimento o dinheiro tem algumas desvantagens como modo de recompensa eficiente, entre as quais:

- *O dinheiro é facilmente confundido com compensação.* Ele se parece e é administrado à semelhança de uma compensação. Quando o programa de recompensa e reconhecimento se torna um meio para compensar por falhas percebidas nas compensações ou bônus, a mensagem torna-se confusa.

- *O dinheiro pode se tornar um direito.* As pessoas que atingem as metas de produção, todos os meses passam a contar com dinheiro extra. Assim, a sensação é de que algo "foi tirado" quando o programa é encerrado ou as metas são elevadas.

- *O dinheiro desaparece.* Para a maioria das pessoas, o dinheiro é guardado na carteira e utilizado para o pagamento de despesas e contas diversas.

- *Por fim, o dinheiro não deixa qualquer coisa de memorável ou tangível para reforçar o que ocorreu bem.* Poucas pessoas saem por conta própria para comprar algo especial que lhes lembre de que são reconhecidas.

Por outro lado, a maioria dos gerentes acha difícil conhecer suas equipes o bastante para escolher uma recompensa não monetária que seja apreciada e importante. A maioria de nós tem muita dificuldade em escolher presentes para nossos amigos e parentes e, mais ainda, para as pessoas com quem trabalhamos.

Disponibilize Escolhas às Pessoas

Uma das maneiras de evitar que seus gerentes fiquem na posição de ter de adivinhar o que as pessoas gostariam de receber como recompensa consiste em utilizar os serviços de uma empresa de planos de incentivo. Essas empresas terceirizadas ajudam a desenvolver um "catálogo" de recompensas com que os participantes do plano podem sonhar. Esse catálogo é customizado de acordo com as necessidades da empresa e podem incluir mercadorias em geral, produtos com a logomarca da companhia e cupons para a troca por presentes no comércio local ou títulos em um clube. Esse catálogo pode também incluir outros itens, como tempo de folga. Via de regra, os participantes recebem "pontos" pela realização de metas, adoção de comportamentos, desempenhos especiais, etc. O número de pontos, a pessoa que pode conferi-los e o momento em que são oferecidos são aspectos que fazem parte das orientações dos programas de cada organização.

Outra vantagem dessa abordagem é que mesmo que os pontos tenham um valor monetário implícito (e, em última análise, um custo para a companhia), a relação não é explícita, o que por sua vez rompe o vínculo com a compensação e o dinheiro, em todo o processo.

Recompensas na forma de mercadorias ou itens tangíveis funcionam melhor quando combinadas com outros tipos de estratégias de reconhecimento, como agradecimentos, certificados, reconhecimentos feitos em público pelas realizações alcançadas e festas. Dessa forma, é possível reforçar as mensagens principais verbalmente e oferecer ao funcionário um lembrete tangível, valoroso, do que conseguiu realizar.

Contudo, esse sistema não deve impedir os gerentes e os administradores de comprar algo nas situações apropriadas. Muitas vezes, um pequeno objeto para pôr na escrivaninha — uma foto da equipe, uma pequena placa, uma xícara de café com uma estampa do nome do projeto — podem representar uma lembrança constante para a pessoa e para todos os que o veem, sobre o que foi realizado.

Uma Sugestão para a Abordagem de Projeto

A discussão supracitada sugere a seguinte abordagem para o projeto de um programa de recompensa e reconhecimento: crie um "programa" formal, com prazo de validade, que concentre esforços em uma mensagem principal para o curto prazo. Ao mesmo tempo, insira o reconhecimento na cultura e no conjunto de habilidades administrativas no longo prazo.

1. Crie um Programa

Um programa é o que passa pela cabeça da maioria das pessoas quando ouvem falar de recompensas e reconhecimento. As vantagens de um programa incluem:

- Os programas têm forte visibilidade e atraem a atenção. Muitas vezes eles têm um tema que pode ser vinculado a outras iniciativas, oportunidades de comunicação e eventos.
- Os programas são divertidos. Eles aliviam as tensões no ambiente de trabalho e conseguem romper barreiras entre departamentos ou entre funcionários e gerentes, desde que não aumentem a competição.
- Por serem dependentes do tempo, os programas podem gerar uma noção de urgência, sobretudo quando estão vinculados a uma meta global para os negócios que tenha um horizonte de tempo semelhante.

- Na maioria das vezes os programas combinam recompensas tangíveis com reconhecimento público. As mensagens podem ser comunicadas de modo amplo e consistente em toda a organização.

- O aspecto formal e tipicamente centralizado de um programa garante uma medida da igualdade entre as unidades. As "regras do jogo" são claras e os critérios de participação são documentados. As gerências têm menos responsabilidade de escolha, o que reduz acusações de favoritismo.

Todavia, parar nesse ponto do processo de projeto traz desvantagens expressivas. A criação de um programa não necessariamente tem influência nos comportamentos de funcionários ou gerentes, no longo prazo. Quando o programa termina, as pessoas voltam ao velho modo de fazer as coisas. Com frequência, esses programas concentram-se no "faça isso" e você "ganhará aquilo", no curto prazo.

2. Gere Conscientização e Habilidades Gerenciais

Para a verdadeira mudança ser eficaz, o reconhecimento tem de estar inserido em sua nova cultura organizacional — no modo como as pessoas fazem as coisas, no dia a dia. Para complementar o "programa", os gerentes terão de ser educados acerca da variedade de opções de reconhecimento disponíveis, do modo mais eficiente de conferir reconhecimentos e da maneira de descobrir o que as pessoas acham ser importante.

Os gerentes que não estão muito aptos a dar *feedback* ou a orientar seus funcionários provavelmente não se sentirão confortáveis com o reconhecimento. É possível inserir conscientização e algumas habilidades essenciais em outros programas de treinamento. No entanto, o exemplo dado pela alta gerência é o modo mais eficiente de inserir reconhecimento na cultura.

O que é reconhecido e recompensado pode mudar, conforme alteram-se os objetivos da empresa. À medida que o progresso é verificado, os patamares são elevados. Contudo, o que permanece é a consciência do poder do reconhecimento no sentido de melhorar o desempenho e as habilidades necessárias para concretizá-lo. As vantagens de depender de gerentes para oferecer reconhecimento a suas próprias equipes incluem:

- Os gerentes têm amplo poder de escolha em relação ao modo de recompensar seus funcionários e customizar o reconhecimento em função das necessidades dos indivíduos participantes em uma equipe.

- A ênfase recai sobretudo nas recompensas intangíveis que têm impacto na qualidade do ambiente de trabalho.

- As formas de reconhecimento são flexíveis e podem evoluir, conforme mudam as necessidades.

- Este tipo de reconhecimento pode também ser demonstrado entre colegas, com facilidade. À medida que os funcionários passam a ver seus gerentes como iguais, eles sentem-se mais confortáveis em dar reconhecimento a seus colegas.

A combinação de um programa de reconhecimento com ênfase na geração de conscientização e habilidades gerenciais permite a você colher os benefícios de ambas abordagens.

A Lista de Verificação do Projeto

Há alguns itens que precisam ser lembrados durante o projeto de um programa de recompensa e reconhecimento.

- *Torne elegíveis todas as pessoas.* Se houver pessoas que não possam participar do programa, é preciso considerar com cautela os grupos específicos que foram excluídos (funcionários temporários, certos níveis hierárquicos, certos grupos de cargos). Torne o programa o mais inclusivo possível, dentro da unidade de negócios definida.

- *Recompense tanto os funcionários com melhores desempenhos quanto os que estão evoluindo.* Gere uma diversidade de oportunidades que reflita todas as dimensões do reconhecimento. Evite fazer com que as pessoas se sintam como se não tivessem chances de obter alguma qualificação em alguma área.

- *Gere um sistema baseado em metas e que não seja competitivo.* Os prêmios de funcionário do mês e concursos, embora tenham boas intenções, geram perdedores e vencedores. São poucas as pessoas que conseguem ganhar algum prêmio. Todas as outras percebem que perderam. Os programas baseados em metas permitem que todos aqueles que conseguiram atingir uma meta sejam vencedores. (Claro que, se todos vencerem, a meta definida talvez tenha sido muito baixa.)

- *Garanta a diversidade de prazos para as recompensas.* Algumas oportunidades precisam ser definidas em intervalos (por exemplo, o fim do mês), sobretudo aquelas que estejam vinculadas a medidas. Outros tipos de reconhecimento, como aqueles conferidos por conta de comportamentos, devem ser disponibilizados no momento ou assim que esse comportamento tenha sido observado. Uma diversidade de prazos mantém o interesse alto e torna o reconhecimento constante.

- *Desenvolva o reconhecimento para todos os níveis, inclusive entre colegas e entre funcionários e gerentes.* Os programas administrados verticalmente, em que os gerentes têm a capacidade de nomear as pessoas em função do reconhecimento, podem acabar gerando a percepção de que são apenas "mais um programa do mês" da gerência. A promoção do reconhecimento entre colegas, sobretudo entre departamentos interdependentes, aumenta o senso de propriedade nas mãos dos funcionários. Inclua a oportunidade de os funcionários reconhecerem supervisores e gerentes, pois com isso é possível ressaltar a importância dos comportamentos de gestão em qualquer processo de mudança.

- *Facilite a administração do plano.* Por fim, quanto mais fácil for administrar o plano, maior o sucesso que ele terá. Tente evitar processos complexos de indicação ou aprovação. Reserve mais energia para a obtenção de *feedback*, na execução de uma avaliação e na implementação de qualquer mudança que for necessária. Raramente o problema consiste no excesso de reconhecimento ou em outra forma de abuso do programa. Na maioria das vezes os programas não são divulgados nem utilizados na frequência que deveriam.

Utilize a Ferramenta 5-5 durante o projeto de seu programa.

RESUMO

Este capítulo discutiu alguns dos problemas de projeto que precisam ser considerados durante o desenvolvimento de sistemas de mensuração e recompensa. Os comportamentos desejados refletem a visão e os valores da empresa, enfatizando sua cultura. Ao explicitar comportamentos, por meio de narrativas de visão ou com a tradução de valores em ações, todos na organização recuperam uma estrutura de referência de uso comum. As medidas de desempenho, os programas de compensação, recompensa e reconhecimento podem ser projetados para encorajar e motivar a adoção de comportamentos desejados e facilitar a adaptação à mudança, quando as novas metas e resultados organizacionais precisarem ser atingidos.

O Capítulo 6 examina as opções de sistemas de pessoas e de gestão de recursos humanos para selecionar, avaliar e desenvolver as pessoas certas para a organização.

NOTAS

1. E. E. Lawler, *Rewarding Excellence* (San Francisco: Jossey-Bass, 2000), pp. 10–11.
2. R. S. Kaplan and D. P. Norton, "The Balanced Scorecard—Measures That Drive Performance," *Harvard Business Review,* January/February 1992, pp. 71–79.
3. R. Simons and A. Davila, "How High Is Your Return on Management?" *Harvard Business Review*, January/February 1998, pp. 71–80.
4. R. Alsop, "Harris Interactive Survey Indicates Fragility of Corporate Reputations," *The Wall Street Journal,* February 7, 2001.
5. E. R. Silverman, "Once Upon a Time," *Human Resource Executive,* June 4, 1999, pp. 48–50.
6. L. R. Gomez-Mejia and D. B. Balkin, *Compensation, Organizational Strategy and Firm Performance* (Cincinnati: South-Western, 1992), p. 57.
7. "1998 Hewitt Variable Compensation Measurement Database," citado em "Variable Compensation Plans Increasing and Improving, but Still Delivering Mixed Results" (1998), www.comsoptions.com/solutions/hewitt.
8. R. Johnson, "Employers Now Vie to Hire Moms With Young Children," *The Wall Street Journal,* September 19, 2000, p. B1.
9. "2000 World at Work Survey," citado em "Compensation Trends for the Year 2001" (2000), www.aon.com/inteligence/issues.
10. E. Lawler, *Strategic Pay: Aligning Organization Strategies and Pay Systems* (San Francisco: Jossey-Bass, 1990), p. 129.

236 PROJETO DE ORGANIZAÇÕES DINÂMICAS: UM GUIA PRÁTICO PARA LÍDERES DE TODOS OS NÍVEIS

FERRAMENTA 5-1 Métricas: as principais questões a considerar.

Finalidade:	Utilize as questões nesta ferramenta para refletir sobre o projeto de seu sistema de mensurações.
Esta ferramenta é utilizada por:	Equipe de lideranças.

	Observações
Amplitude Suas métricas têm um equilíbrio apropriado entre as categorias de desempenho operacional e financeiro? Se estiverem muito focadas em indicadores financeiros, quais as áreas operacionais que você incluiria?	
Senso crítico Você diminuiu o número de seus indicadores de desempenho de maneira a manter apenas os essenciais?	
Suas métricas estão ponderadas de acordo com a importância? Esses pesos refletem as premissas de sua estratégia e projeto?	
Suas métricas são baseadas em dados que você consegue coletar com precisão e confiabilidade? Quais são os sistemas que você precisa gerar para garantir a confiabilidade dos dados coletados?	
Orientação temporal Seus sistemas de mensuração têm indicadores de tendência e de ocorrência?	
Consequências As medidas estão apropriadamente focadas no comportamento do funcionário? Liste três medidas utilizadas no momento.	1. _____ 2. _____ 3. _____
Quais são as consequências indesejadas resultantes do modo como as medidas influenciam o comportamento? Como você as equilibra com a utilização de outras medidas?	
Alinhamento Quais são os processos que você já usou para alinhar medidas em toda a organização e entre as unidades?	
Metas Como são definidas as metas? Em comparação com uma referência interna ou de acordo com parâmetros do mercado? Essas metas são realizáveis, mesmo que exijam que as pessoas se esforcem nesse sentido?	

CAPÍTULO 5 • DEFININDO E RECOMPENSANDO O SUCESSO **237**

FERRAMENTA 5-2 As narrativas de visão.

Finalidade:	As narrativas enfatizam a intenção da visão em uma linguagem relevante às experiências diárias. Utilize esta ferramenta para ajudar a relacionar ações e comportamentos à visão. Ela pode ser utilizada em grupo, em uma reunião de lideranças fora da sede da empresa ou mesmo em reuniões de equipes para esclarecer e revelar a compreensão de cada participante sobre a visão e os comportamentos que dão suporte a ela.
Esta ferramenta é utilizada por:	Equipe de lideranças, funcionários.

Preparação

- Utilize esta ferramenta com um grupo de oito ou mais pessoas.
- Distribua cópias da visão da empresa ao grupo.
- Divida os participantes em pequenos grupos de, no máximo, quatro pessoas.

Trabalho individual

Descreva um incidente que ilustre quando você ou um colega exemplificou a visão. Pense nos sucessos do ano passado. Recorra às lembranças de tempos que fizeram você se orgulhar de ser parte dessa organização. Imagine que você esteja contando essa história a um recém-contratado e que deseja traduzir o impacto que essa organização pode gerar.

A. Qual era a situação e o problema a ser resolvido?

_____

_____

B. O que você ou seus colegas executaram, especificamente, e que fez a diferença?

_____

_____

C. Qual é a lição que as outras pessoas aprenderam com essa história?

_____

_____

Discussão em pequenos grupos

- Cada pessoa compartilha sua história com os outros integrantes do grupo.
- Após cada um ter contado sua história, os pequenos grupos geram uma lista de 7 a 10 comportamentos principais que fizeram a diferença nos resultados de suas histórias e ilustram a visão em ação. Os comportamentos são escritos em um *flipchart*.

Trabalho em grupo

- Cada pequeno grupo compartilha sua lista de comportamentos.
- As listas são refinadas e combinadas.
- Dependendo do tamanho do grupo e do tempo disponível, as pessoas podem compartilhar parte de suas histórias com o grupo todo, para exemplificar a visão.
- O resultado é um conjunto de comportamentos que dá suporte à visão. Este exercício também reforça o que as pessoas já estão fazendo corretamente no sentido de dar suporte à nova direção da organização. O ato de compartilhar histórias dá vida e textura às normas comportamentais.

238 PROJETO DE ORGANIZAÇÕES DINÂMICAS: UM GUIA PRÁTICO PARA LÍDERES DE TODOS OS NÍVEIS

FERRAMENTA 5-3 A transformação de valores em comportamentos.

Finalidade:	Utilize esta ferramenta para criar um conjunto de comportamentos que representem os valores da organização.
Esta ferramenta é utilizada por:	Equipe de lideranças, funcionários.

Preparação

- Utilize esta ferramenta com um grupo de oito ou mais pessoas.
- Distribua cópias da visão da empresa ao grupo.
- Divida os participantes em pequenos grupos de no máximo quatro pessoas.

Trabalho individual

- Examine o valor que seu grupo recebeu e responda à seguinte pergunta:

  O que esse valor significa para você?

  _____

  _____

  _____

Discussão em pequenos grupos

1. Discuta suas respostas com seu grupo e desenvolva uma resposta em grupo relatando o significado do valor.

2. Utilize essa definição do valor obtida em comum, identifique as ações que um funcionário pode executar para ilustrar esse valor:
   - Perante os clientes?
   - Com colegas?
   - Com sua equipe (se o grupo for de gerentes)?

3. Para cada valor, identifique como seriam os comportamentos esperados e excepcionais. Utilize a tabela para formatar a resposta de seu grupo em um *flipchart*.

(continua)

CAPÍTULO 5 • DEFININDO E RECOMPENSANDO O SUCESSO **239**

FERRAMENTA 5-3 A transformação de valores em comportamentos. *(continuação)*

Valor organizacional: _____

	Comportamento perante os clientes	Comportamento perante os colegas
Esperado		
Excepcional		
Esperado		
Excepcional		
Esperado		
Excepcional		
Esperado		
Excepcional		
Esperado		
Excepcional		
Esperado		
Excepcional		
Esperado		
Excepcional		
Esperado		
Excepcional		

240 PROJETO DE ORGANIZAÇÕES DINÂMICAS: UM GUIA PRÁTICO PARA LÍDERES DE TODOS OS NÍVEIS

FERRAMENTA 5-4 Os sistemas de compensação: as principais questões a considerar.

Finalidade:	Utilize as questões nesta ferramenta para refletir sobre o projeto de seu sistema de compensações.
Esta ferramenta é utilizada por:	Equipe de lideranças.

	Observações

1. Em sua organização, as pessoas são pagas em função de?
  ■ Tempo?
  ■ Desempenho?
  ■ Habilidades e conhecimentos?	

2. Em sua opinião, qual é o grau de esclarecimento das pessoas acerca do que representam suas compensações?
  ■ Recompensa por desempenho passado?
  ■ Motivação pelo desempenho futuro?
  ■ Retenção?	

3. Qual é o grau de conscientização das pessoas sobre o valor de suas compensações individuais totais — salário, bônus, ações, vantagens e outras recompensas combinadas? Como isso é comunicado aos funcionários?	
4. Com que eficiência sua gestão de desempenho e seu sistema de compensação diferenciam desempenhos? Como você garante que os funcionários com melhores desempenhos são mais bem recompensados em comparação com os funcionários com desempenhos medianos ou baixos?	
5. Em que áreas da organização o pagamento com base em habilidades ou conhecimentos é apropriado?	
6. Em que extensão seu sistema de compensação distingue as contribuições das equipes das contribuições individuais?	
7. As pessoas têm controle sobre as variáveis que afetam suas compensações? Especifique.	
8. Os pagamentos são efetuados com base em medidas objetivas de desempenho e contribuição?	

CAPÍTULO 5 • DEFININDO E RECOMPENSANDO O SUCESSO **241**

FERRAMENTA 5-5 A lista de verificação para o projeto de um programa de recompensa e reconhecimento.

Finalidade:	Utilize as questões como lista de verificação durante o projeto de um programa de recompensa e reconhecimento.
Esta ferramenta é utilizada por:	Equipe de lideranças.

1. Todos são elegíveis?	❏
2. Os funcionários com os melhores desempenhos são recompensados tão bem quanto aqueles que estão progredindo?	❏
3. O sistema de recompensas é baseado em metas e não gera competição?	❏
4. Nós garantimos uma variedade de prazos para as recompensas?	❏
5. Nós inserimos o reconhecimento em todos os níveis, inclusive entre colegas e de funcionário para gerente?	❏
6. O plano é fácil de administrar?	❏

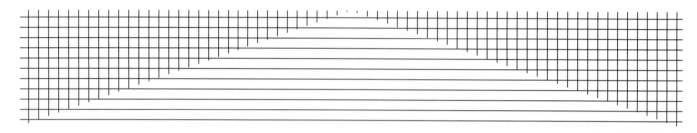

CAPÍTULO 6

OS SISTEMAS DE PESSOAS

Os *sistemas de pessoas* são os sistemas e as políticas de recursos humanos (RH) coletivos da organização. Eles incluem a seleção e a contratação, o *feedback* e a gestão de desempenho, além de treinamento, desenvolvimento e carreiras. Neste livro, já discutimos como alinhar a estrutura, os processos, as métricas e recompensas da organização à sua estratégia. Os sistemas de pessoas são a última ponta do modelo estrela (Figura 6-1). Contudo, isso não significa que as pessoas devem ficar em último lugar no processo de projeto. A contratação de pessoas para uma organização é um dos problemas que surgem assim que as alterações estruturais estiverem finalizadas. Na verdade, ter à disposição a equipe certa de gerentes experientes talvez seja uma de suas principais prioridades, um dos fatores-chave para o sucesso do processo de projeto e implementação.

Um dos desafios no projeto de organizações dinâmicas é a geração de sistemas que atraiam, desenvolvam e retenham pessoas cujas competências individuais e coletivas possam dar suporte à direção atual e que, todavia, sejam flexíveis o bastante para alterarem o foco de suas atenções e poderem ser realocadas quando as direções sofrerem alguma mudança. No prefácio deste livro, ressaltamos a importância de entender que dispor das pessoas certas não compensa a falta de outros elementos organizacionais essenciais. O talento dessas pessoas será desperdiçado se a estrutura, os processos e as métricas dissiparem suas energias e erguerem barreiras para o esforço coletivo. Por outro lado, independentemente da qualidade do projeto de uma organização, ela não poderá realizar suas metas sem as pessoas certas — pessoas com a mentalidade, as aptidões e a capacidade certa para poderem crescer e aprender com a organização.

No Capítulo 2, examinamos o modo como o foco estratégico — o produto, as operações e o cliente — leva a processos, medidas e culturas diferentes (veja a Figura 2-2). Estratégias diferentes significam também que diferentes tipos de pessoas entrarão e sairão da organização. Toda empresa quer contratar pessoas inteligentes, que trabalham com afinco e têm experiência. Mas essas generalizações não diferenciam os candidatos uns dos outros, não o

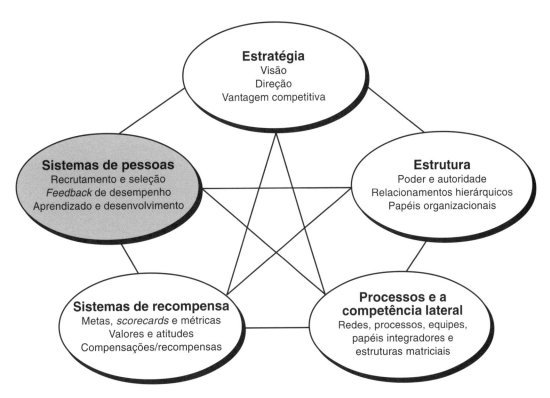

FIGURA 6-1 O modelo estrela.
Fonte: Jay R. Galbraith, *Designing Organizations: An Executive Briefing on Strategy, Structure, and Process* (São Francisco: Jossey-Bass, 1995).

bastante para identificar aqueles com maiores probabilidades de oferecerem uma contribuição essencial, que ajude sua empresa a conquistar uma vantagem competitiva.

As organizações reconfiguráveis são capazes de se adaptar com rapidez a um mercado dinâmico que exige alterações no foco estratégico do negócio. À medida que a definição que a organização tem para o sucesso se altera, as habilidades, o conhecimento e os comportamentos necessários também passam por mudanças. Logo, qualquer sistema ou processo que você projete não pode abrir mão da capacidade de reagir com rapidez às alterações na direção do negócio, sem sacrifícios para a integridade do sistema propriamente dito. A meta consiste em não alterar os sistemas de RH de sua organização a toda hora; ao contrário, é preciso criar sistemas alinhados que contribuam com a flexibilidade e a capacidade de resposta da organização.

A Figura 6-2 mostra como os sistemas de RH podem dar suporte ao projeto de uma organização reconfigurável. Os processos de *recrutamento e seleção* asseguram a contratação das pessoas certas, não apenas para o trabalho que precisa ser feito no presente, como também para o futuro. Organizações diferentes requerem conjuntos de habilidades distintos, mas nenhuma organização reconfigurável escapa da necessidade de ter pessoas que aprendem rápido, dispostas a aceitar que tarefas mudam e que prioridades são recalculadas. Os mecanismos de *feedback de desempenho* não apenas formam a base para a compensação, as recompensas e o reconhecimento, como também oferecem aos funcionários as informações de que precisam para assumir o controle do próprio aprendizado e desenvolvimento. Muitas empresas estão complementando o *feedback* centralizado na supervisão, com a utilização de *feedbacks* entre colegas e *feedbacks* ascendentes. O objetivo é gerar um panorama mais com-

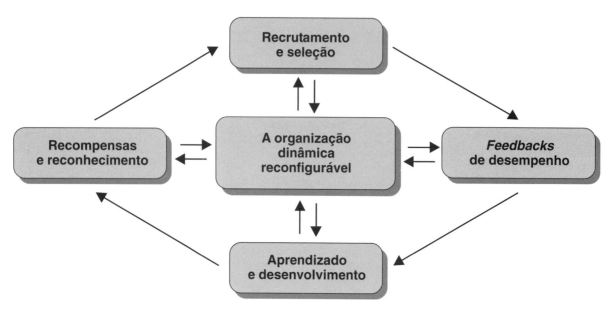

FIGURA 6-2 Um modelo integrado de sistemas de pessoas.

pleto e prático do desempenho e refletir a importância do trabalho que ocorre ao longo de toda a organização lateral. O *aprendizado e o desenvolvimento* e a gestão do conhecimento tornaram-se os principais agentes promotores em uma organização. O aprendizado é também a nova moeda utilizada no contrato com o funcionário. Uma promessa de segurança no emprego é substituída pela oportunidade de desenvolver aptidões e conhecimentos que serão valorizados na organização e no mercado de talentos externo. As *recompensas* e o *reconhecimento* formam o elo entre as métricas que definem o sucesso da organização e a contribuição individual.

Os sistemas de compensação que recompensam o alto desempenho, conforme discutimos no Capítulo 5, ajudam a atrair e reter as pessoas certas para a organização. As organizações dinâmicas e reconfiguráveis são caracterizadas pelos sistemas de pessoas que dão suporte ao aprendizado e ao desenvolvimento de competências estratégicas importantes.

Este capítulo não é uma análise abrangente de todas as decisões que precisam ser tomadas no projeto de sistemas de RH. Existem muitas decisões relevantes envolvendo a pesquisa inicial, o recrutamento, a contratação, além da orientação, assimilação, treinamento, desenvolvimento e planos de carreira dos funcionários, como também definição de metas e avaliação de desempenho, políticas de RH nas áreas de relacionamentos com funcionários, diversidade e ambiente de trabalho, entre outros aspectos. Ao contrário, este capítulo trata especificamente das áreas com maior probabilidade de gerar comportamentos e mentalidades que dão suporte à reconfigurabilidade. Este capítulo tem quatro seções:

- *A Contratação de Funcionários Para a Nova Organização* apresenta os princípios e as ferramentas utilizadas para orientar o processo de alocação de pessoas em novos papéis e cargos.
- *A Avaliação da Aptidão Para o Aprendizado* apresenta um modo de selecionar candidatos capazes de aprender com rapidez.

- *O* Feedback *do Desempenho* analisa os modos como o *feedback* multidirecional pode dar suporte à construção das competências laterais.
- *Do Treinamento ao Aprendizado* oferece uma lista de verificação para as boas práticas que muitas organizações estão utilizando para criar uma organização que promove o aprendizado.

A CONTRATAÇÃO DE FUNCIONÁRIOS PARA A NOVA ORGANIZAÇÃO

A preocupação mais imediata dos funcionários em uma organização que está sendo reestruturada é: "Onde serei alocado?" Antes de essa pergunta ser respondida, um alto grau de incerteza e ansiedade prevalecerá na organização, o que poderá distrair as pessoas de seu trabalho e diminuir a produtividade. Nossa recomendação é para que os líderes anunciem, assim que possível, o processo que será adotado para alocar pessoas em suas novas posições, mesmo que a estrutura e os papéis ainda estejam na fase de projeto. Informar às pessoas o modo como decisões serão tomadas diminui os rumores que podem surgir durante um processo de projeto.

Os Princípios

Quando estiver contratando funcionários para a nova organização, você terá de manter presentes alguns princípios.

- *Preencha antes os cargos mais altos.* Lacunas na equipe executiva ou quaisquer mudanças que são contempladas devido aos novos papéis ou às habilidades necessárias devem ser tratadas assim que possível no processo de projeto. Com isso, a nova equipe executiva pode contribuir com o projeto como um todo e assumir responsabilidades pelo projeto e pela contratação de funcionários em suas próprias organizações, como deve fazer uma equipe executiva nova e alinhada.
- *Conduza o processo de contratação com rapidez.* Você terá de passar algum tempo se preparando para contratar. Será preciso projetar toda a estrutura e todos os papéis, desenvolvendo perfis dos candidatos que deverão ser contratados. Contudo, o processo de contratação em andamento deve ser completado o mais rápido possível, e os candidatos escolhidos devem ser revelados. Com isso as pessoas saberão onde ficarão e podem começar a planejar a transição para seus novos papéis.
- *Calcule os riscos.* Você pode se sentir tentado a reduzir riscos para a nova organização com a alocação de pessoas em papéis que permitam a elas desenvolver um desempenho em total acordo com as exigências. Porém, é pouco provável que você tenha os perfis certos disponíveis em sua organização atual ou mesmo com novas contratações. Você precisará assumir alguns riscos, destinando pessoas a papéis para os quais não estejam plenamente preparadas. Não deixe de alocar pessoas em posições que requeiram crescimento e desenvolvimento quando demonstrarem potencialidades e aptidões relativas ao aprendizado. Certifique-se de que, se um cargo for demais para uma pessoa, suas carências em termos de habilidades ou experiências sejam contrabalanceadas por outra pessoa (por exemplo,

um gerente, um integrante de equipe, ou um colega) que tenha mais capacitações nessas áreas. Após elaborar seu plano inicial de contratação, reavalie o equilíbrio de habilidades entre locais, unidades e equipes, fazendo ajustes para criar grupos de trabalho fortes.

- *Torne o processo transparente.* Quanto mais as pessoas entenderem como as decisões serão tomadas, maior a probabilidade de aceitarem as decisões e prosseguirem com o trabalho. Um processo aberto, em que os critérios e as exigências relativas às posições estejam definidos com clareza, também ajudará a evitar qualquer problema legal relacionado a um impacto negativo. Considerando que a alocação de pessoas em novos cargos é um assunto delicado e com forte impacto na esfera pessoal, o processo de contratação deve refletir os valores da organização e seu novo modo de operar.

As Informações que Devem ser Consideradas

Uma ampla gama de informações pode ser utilizada para avaliar seu atual quadro de pessoal em termos das necessidades relativas aos novos papéis. Uma boa parte dessa comparação se baseia no trabalho que você fez no Capítulo 3 sobre a definição e o esclarecimento de papéis organizacionais. Esse trabalho pode ser utilizado como base para a criação de descrições de cargo. Algumas dessas ferramentas utilizadas para avaliar pessoas para os novos papéis incluem:

- *Entrevista de avaliação.* Uma entrevista de avaliação é uma entrevista estruturada detalhada com aproximadamente 2 a 3 horas de duração que permite às pessoas discutirem realizações anteriores e o modo como abordam diferentes situações. O entrevistador busca identificar padrões, não apenas de resultados como também de modos como o trabalho é encarado. Uma entrevista de avaliação também avalia as aptidões das pessoas para o aprendizado. Para cada área de competência exigida pelo novo papel, as pessoas são solicitadas a descrever uma ocasião em que utilizaram ou demonstraram essa competência. Muitas vezes esta entrevista é um componente essencial no processo de avaliação, porque novos papéis, via de regra, exigem que as pessoas aprendam um número expressivo de novas habilidades com rapidez.

  Uma entrevista de avaliação pode ser conduzida por um entrevistador interno ou externo. As vantagens dos avaliadores externos, quando tomam decisões relativas à contratação (em comparação com uma avaliação voltada apenas para o desenvolvimento) incluem:

  - A economia de tempo e um processo de contratação de menor duração.
  - A consistência entre os entrevistadores.
  - A objetividade e a eliminação de vieses com base na experiência passada.

- *Auditoria de conhecimentos e habilidades.* Uma entrevista de avaliação se concentra nas realizações e competências, não necessariamente nas habilidades e nos conhecimentos de um candidato. Se o conhecimento técnico for importante ou difícil de obter, então o ideal seria efetuar uma avaliação objetiva dos níveis de habilidade de todas as pessoas.

- *Exame do desempenho passado.* Se os dados de desempenhos passados são robustos e confiáveis, eles podem ser considerados uma fonte de informações valiosas. No entanto, uma vez que esses dados foram obtidos em relação a diferentes exigências e padrões para um papel, os exames de desempenho, mesmo que tenham resultados positivos, podem ter valor limitado.
- *Mobilidade.* Se a organização está instalada em diversos locais, a habilidade e a disposição de realocar pessoas pode ser um dos fatores a serem considerados nas decisões sobre o preenchimento de vagas.

As Vantagens de um Processo Estruturado

Embora qualquer processo de reestruturação que resulte na demissão de pessoas — tanto por meio da eliminação de cargos quanto por conta das mudanças nas exigências relativas às habilidades — seja doloroso para todas as partes envolvidas, a adoção de um processo estruturado pode trazer uma série de vantagens para sua organização:

- *As decisões são tomadas com base em critérios em comum, não barganhas.* Quando as decisões relativas à contratação são tomadas sem critérios, uma equipe executiva pode facilmente começar a vivenciar conflitos sobre os candidatos. Nesse processo, as opiniões de um ator mais impositivo talvez prevaleçam durante a distribuição de talentos que seriam mais bem alocados em outros pontos da organização. Uma reunião sobre a tomada de decisão mediada por um facilitador e com regras predefinidas garante que as decisões sejam tomadas pelo bem da organização. Embora os participantes defendam certos candidatos com base em suas próprias experiências trabalhando com uma pessoa específica, e apesar das fortes chances de ocorrer um debate acalorado antes de diversas decisões serem tomadas, o resultado será uma série de acordos bons para todos.
- *Uma equipe executiva fortalecida.* O processo permite que a equipe executiva trabalhe unida sobre um tópico que poderia ser cheio de emoções e disputas. Nenhuma decisão pode servir como um exercício para a "formação de equipes". A equipe executiva desenvolve habilidades relativas à avaliação e à seleção que podem ser aplicadas em processos de recrutamento e preenchimento de vagas no futuro. O mais importante é que ela desenvolva a capacidade de trabalhar como uma equipe de verdade, capaz de ultrapassar o patamar dos interesses pessoais no sentido de tomar decisões em nome de toda a organização com base em seus conhecimentos coletivos.
- *As informações sobre lacunas nas habilidades e nos conhecimentos.* Uma lista de necessidades é preparada ao final do processo de avaliação. Essa lista pode servir como base para as discussões relativas ao planejamento do desenvolvimento pessoal entre gerentes e indivíduos alocados em seus novos papéis. Além disso, ao examinar todas as avaliações, a equipe executiva tem a chance de identificar lacunas comuns em toda a organização. Essa avaliação de necessidades menores sinaliza as áreas em que o treinamento ou outras formas de desenvolvimento amplo podem ter forte impacto.

- *A maior mobilidade interna.* Assim que a equipe executiva tenha examinado todos os talentos na organização, aumentam as probabilidades de um candidato interno ser considerado quando uma promoção ou uma indicação para o desenvolvimento pessoal for disponibilizada. Muitas vezes os candidatos internos não são considerados para cargos fora de sua unidade, por não estarem visíveis a outros gerentes. Diversas organizações, hoje, conduzem inventários anuais de talentos no sentido de conscientizar seus executivos acerca dos funcionários de alto desempenho em processo de desenvolvimento de suas carreiras e que podem estar prontos para seguir em frente com elas.

- *Um plano e um processo de recrutamento.* As ferramentas utilizadas para o preenchimento de vagas com funcionários internos podem ser modificadas de maneira a permitir a avaliação de funcionários externos no preenchimento de cargos disponíveis. A vantagem está no fato de que os padrões utilizados para avaliar candidatos externos e internos são os mesmos, e que todos os entrevistadores estão usando os mesmos critérios de tomada de decisão.

- *Impactos adversos ou ações legais são minimizados.* A abertura do processo permite evitar desafios legais. Claro que qualquer processo de preenchimento de vagas deve ocorrer sob a orientação de especialistas sobre emprego na organização, que disponibilizam aconselhamento relativo a questões legais.

- *Um grupo de funcionários energizados e concentrados.* Um dos fatores determinantes do compromisso dos funcionários é a satisfação de uma pessoa com a competência de seus colegas. Saber que os colegas têm as habilidades necessárias para executar o trabalho, sobretudo em cenários de equipe, dá à pessoa a confiança de que a organização se preocupa com a qualidade do trabalho e deseja capacitar as pessoas para que elevem seus desempenhos aos níveis mais altos possíveis.

Um exemplo de como uma empresa preencheu as vagas de seu departamento de RH reestruturado ilustra como esses princípios podem ser postos em prática e apresenta as ferramentas que você pode utilizar quando estiver planejando o preenchimento de cargos em sua própria organização. Esse exemplo enfatiza como um processo aberto e estruturado de preenchimento de vagas fornece uma base sólida em uma etapa crítica no projeto e ajuda a acelerar o processo de implementação. Com um pouco de imaginação, o processo pode ser modificado para se adaptar a uma variedade de situações. O objetivo é construir competências organizacionais e ferramentas que podem ser reutilizadas quando a organização precisar ser reconfigurada novamente ou quando novos papéis necessitarem ser elaborados e preenchidos.

A AgroLife é uma seguradora de grande porte e com uma sólida posição no mercado. Ela vende apólices de seguro de vida, acidentes pessoais, incêndio, roubo, seguros para automóveis, dentes e anuidades, além de outros produtos, a pessoas físicas e jurídicas sob uma variedade de nomes de marca. Ela tem mais de 30 mil funcionários alocados em escritórios de venda e centros de operação em todo o território dos Estados Unidos. Em sua história longa marcada pela estabilidade, a AgroLife estruturou-se legalmente como uma empresa mútua*. Nesse regime, as ações ficam nas mãos dos detentores de apólices, sem serem comercializadas em bolsas de valores, como ocorre com uma empresa de capital aberto. A revogação dos principais artigos das leis Glass-Steagall, remanescentes da Grande Depressão e que mantinham separadas as atividades bancárias, de seguros e valores mobiliários, motivou inúmeras seguradoras a se converterem em empresas de capital aberto no final da década de 1990. Uma vez presentes nas bolsas de valores, essas companhias teriam acesso ao capital por meio de mercados acionários, que lhes permitiriam crescer e diversificar-se por meio de fusões e aquisições.

Conforme a AgroLife se preparava para abrir seu capital, os analistas de Wall Street deixavam claro que a empresa teria de fazer algumas mudanças drásticas se desejasse que suas ações alcançassem boas cotações. Embora a companhia tivesse uma marca bastante conhecida, uma ampla rede de distribuição e um sólido *mix* de produtos, seu crescimento seria menor, devido ao que chamavam de *mutual culture.* O foco da empresa na estabilidade e a falta de uma avaliação externa da propriedade no regime mútuo havia acarretado uma baixa produtividade, grandes despesas e uma pequena tolerância frente ao risco e à mudança. Seus progressos eram baseados sobretudo no tempo de empresa dos funcionários. Exceto pelo treinamento técnico, o desenvolvimento de seu quadro de pessoas era mínimo. Muitos funcionários haviam trabalhado para a AgroLife por toda a vida, com pouco *feedback* ou resultados práticos para seus desempenhos. Sua imagem no mercado de trabalho era de uma companhia desinteressante, enfadonha, que não oportunizava muitos avanços. Embora suas posições de venda continuassem atraentes, a AgroLife tinha problemas ao competir com as empresas do setor "pontocom" e outras companhias do setor de serviços financeiros no desenvolvimento de produtos em termos de tecnologia, mercado e talento.

O presidente da AgroLife decidiu adotar a desmutualização como ponto de partida para a transformação da organização. A gestão de desempenho seria um tema recorrente em toda a companhia, um modo de mudar a mentalidade focada na complacência para uma cultura voltada para resultados imediatos e altos desempenhos. Nesse sentido, o RH deveria estar no centro de todo este esforço. Contudo, o departamento de RH teria primeiramente de se transformar, de um departamento de pessoal no interior da empresa em um parceiro nos negócios preparado para liderar essa mudança. Um novo diretor de RH foi contratado, que deveria reporta-se diretamente ao presidente. Ele começou seu trabalho com a reestruturação de sua própria organização.

O RH na AgroLife havia sido estruturado em seis escritórios regionais, cada um dando suporte a uma gama de negócios e locais em suas respectivas regiões. Muitas das pessoas trabalhando no RH haviam começado suas carreiras em cargos administrativos hierarquicamente básicos na AgroLife, passando a assumir posições no RH da empresa com pouco ou nenhum treinamento ou experiência no setor. Muitas delas sequer haviam trabalhado em outra empresa ou visto um modelo diferente de RH. A maior parte do tempo desses funcionários era devotada ao processamento de transações — novas contrata-

---

* N. de T.: *Mutual company*, ou empresa composta como misto de sociedade anônima e cooperativa.

çoes, questões envolvendo a folha de pagamento, mudanças nos benefícios — e o tratamento de problemas com funcionários. Os funcionários regionais não tinham uma conexão direta nem qualquer conhecimento profundo sobre os negócios a que davam suporte. Os problemas difíceis eram repassados às unidades especializadas em compensações, benefícios e relacionamentos com funcionários na matriz da empresa. Diante do nível limitado de habilidades na organização, o novo diretor de RH decidiu envolver apenas sua equipe executiva na reestruturação. A maior parte dessas pessoas tinha habilidades e experiências consistentes.

O processo de projeto foi finalizado em dois meses e resultou na visão de uma nova organização pronta para conduzir a AgroLife em frente. A estratégia do departamento de RH seria "acrescentar valor com a construção e a manutenção das competências organizacionais da empresa". Um dos focos específicos seria a criação de novos sistemas de gestão de desempenho e de compensação que diferenciariam e premiariam os funcionários de alto desempenho. O RH teria de auxiliar os gerentes de linha a identificar novas métricas de desempenho e orientá-los na tomada de decisões relativas às pessoas em suas unidades. A geração de uma nova cultura do desempenho exigiria um papel de RH totalmente novo e um conjunto de habilidades inéditas para sua equipe de funcionários. Para orientar a equipe executiva, foram identificados cinco critérios de projeto. A nova organização precisaria ter:

- Obrigações definidas em papéis e responsabilidades.

- Mão de obra instruída e capaz de reagir às estratégias específicas às unidades de negócios.

- Políticas, procedimentos e processos em comum, sempre que apropriados para alavancar boas práticas e gerar consistência.

- A habilidade de atender às expectativas do serviço com eficiência de custos.

- A habilidade de se adaptar com flexibilidade às mudanças nos negócios e aos avanços tecnológicos.

O projeto da equipe executiva incluiu uma estrutura focada no cliente e novos papéis organizacionais.

1. A estrutura regional foi substituída por uma estrutura focada no cliente. Cada linha de negócios da AgroLife recebeu uma equipe exclusiva de profissionais de RH (Figura 6-3). Os gerentes de negócios agora tinham um único ponto de contato para todas as questões relativas a RH.

2. O RH foi expandido, de seis para 20 locais, para dar suporte aos pontos operacionais maiores que se beneficiariam com a presença desses funcionários no local.

3. Dois novos papéis foram definidos: o generalista e o alto generalista. As expectativas em relação ao desempenho nesses papéis foram definidas como altas. Embora os gerentes de negócios não estivessem prontos para utilizar o RH como parceiro por completo, os novos papéis previram as habilidades de que o RH necessitaria para gerar credibilidade e para contribuir com o negócio. Essas habilidades incluíam a capacidade de diagnosticar problemas, de desenvolver soluções e de orientar e influenciar os gerentes de linha em uma ampla gama de assuntos de RH.

4. Um novo centro de serviço de RH foi estabelecido com base em uma tecnologia de autoatendimento para a Internet com o objetivo de lidar com todo o processamento de

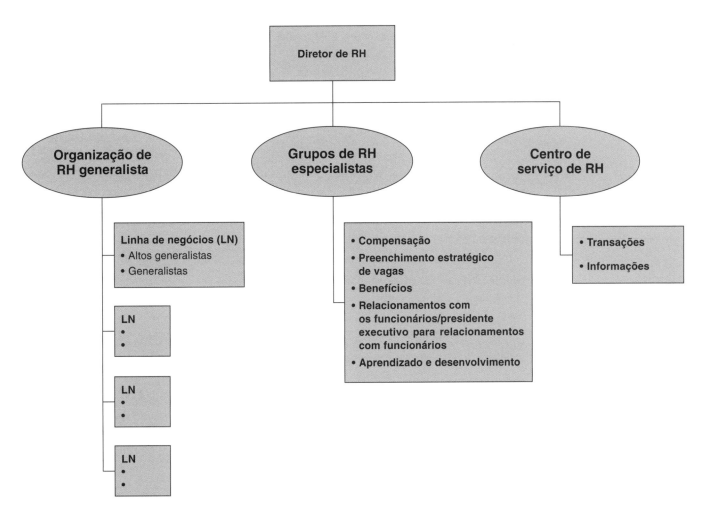

FIGURA 6-3 A estrutura da AgroLife.

transações. Isso daria aos generalistas do RH muito mais tempo para se dedicarem às tarefas que agregassem valor e a construírem relacionamentos com os gerentes de linha.

5. As unidades especializadas em relacionamentos com funcionários, benefícios, compensações e preenchimento estratégico de vagas permaneceram na matriz. O foco deixou de ser a solução de problemas na linha de frente, passando ao desenvolvimento de programas e políticas e à geração de habilidades dos generalistas do RH nesse campo.

Uma vez alcançada uma definição da visão sobre como a organização deveria operar, da nova estrutura e dos novos papéis, o próximo desafio do diretor de RH seria realocar seus funcionários atuais nos novos papéis generalistas de suporte ao negócio. A nova estrutura previa 75 cargos, dos quais aproximadamente 60 eram generalistas e 15 generalistas seniores. Esses números representaram um aumento em relação aos 57 funcionários que no momento constavam na estrutura regional. O diretor de RH e sua equipe executiva tinham em mente um processo que funcionaria para alocar os funcionários existentes e também avaliar candidatos externos. Eles decidiram avaliar todos os funcionários atuais em relação às novas exigências dos papéis, por meio de:

- *Entrevistas de avaliação.* Para a AgroLife, o protocolo de entrevistas foi desenvolvido em torno das competências necessárias aos papéis generalistas e altos generalistas, incluindo o serviço ao cliente, a gestão de processos, a gestão de pessoas, o trabalho em equipe e parcerias, a influência, a análise e a solução de problemas. A equipe executiva do RH da AgroLife decidiu contratar cinco avaliadores externos com experiência na avaliação de talentos e familiarizados com as exigências de organizações de RH progressistas para conduzir entrevistas de avaliação com duas horas de duração com cada pessoa, com a meta de poupar tempo e garantir objetividade.

- *Autoauditorias de conhecimentos e habilidades.* Diante da ampla gama de conhecimentos de RH necessários aos papéis generalistas, o processo de avaliação de talentos individuais seria dispendioso para a AgroLife. Além disso, a equipe executiva determinou que as lacunas no conhecimento poderiam ser preenchidas por meio de treinamento e desenvolvimento, e que seria mais importante concentrar o processo de avaliação nas competências e habilidades existentes. Portanto, a avaliação foi conduzida como uma autoauditoria. As pessoas davam a si próprias notas entre 1 e 5 para 70 áreas de conhecimento agrupadas sob tópicos como direito trabalhista, relacionamentos com funcionários, compensações, benefícios, gestão de RH, gestão da mudança, recrutamento, gestão de carreiras, treinamento e tecnologia. Essas informações foram utilizadas como base para a geração de planos de desenvolvimento para as pessoas alocadas em novas posições.

- *Exames de desempenhos passados.* Uma vez que as expectativas para cada papel haviam mudado tão radicalmente para o RH da AgroLife, e dado que as expectativas de desempenho haviam sido tão baixas no passado, os resultados do exame de desempenhos foram utilizados apenas como fator secundário na tomada de decisão.

- *Dados sobre mobilidade.* A estrutura do RH da AgroLife estabeleceu escritórios de RH em 14 novos locais em todo o território norte-americano. As decisões relativas ao preenchimento de vagas consideravam a disposição de cada pessoa em ser realocada.

Uma visão geral do processo, os perfis dos papéis, as perguntas na entrevista de avaliação e a autoauditoria de conhecimentos e habilidades foram distribuídas a todas as 57 pessoas no departamento duas semanas antes do início das entrevistas. A intenção era fornecer o maior número possível de informações aos funcionários para garantir que não haveria surpresas durante a entrevista e também diminuir a ansiedade com o processo de preenchimento de posições. O objetivo era permitir oportunidades iguais a todos os funcionários no sentido de descrever as próprias habilidades e experiências, da melhor maneira possível.

As entrevistas foram conduzidas ao longo de três semanas. Após, a equipe externa de avaliação resumiu as recomendações para cada pessoa em um formulário padronizado. Além da recomendação de uma posição, todos os formulários apresentavam as explicações do entrevistador para essa recomendação, as ações relativas ao desenvolvimento indicadas, uma súmula das realizações e uma lista de pontos fortes e necessidades relativas ao desenvolvimento com base na avaliação do entrevistador. Essas informações, os resultados da autoauditoria, os exames de desempenhos passados e os dados sobre mobilidade foram compilados em uma brochura distribuída a cada integrante da equipe executiva. A Figura 6-4 mostra como o formulário foi organizado, inclusive as instruções para os avaliadores.

CAPÍTULO 6 • OS SISTEMAS DE PESSOAS **253**

ENTREVISTADO: _____

DATA DA ENTREVISTA: _____

ENTREVISTADOR: _____

Nota do exame de desempenho _____

Mobilidade

LOCAL ATUAL: _____

DISPOSTO A SER TRANSFERIDO PARA: _____

_____

_____

_____

Resumo dos conhecimentos e habilidades relativos a RH

ÁREAS FORTES	ÁREAS MEDIANAS	ÁREAS FRACAS

Recomendações para a realocação a partir da entrevista de avaliação

Com base nos resultados da entrevista sobre realizações, a recomendação para a alocação é:

	Generalista	Alto generalista
Não se encaixa no cargo		
Precisa se esforçar para se encaixar no cargo		
Encaixa-se muito bem no cargo		
Encaixa-se muito bem no cargo e tem potencial para assumir cargo maior no futuro		

FIGURA 6-4 Formulário resumido de avaliação.

(continua)

Explicação

Dê suporte à sua recomendação apresentada na página anterior. Essa avaliação deve ter caráter holístico, incluindo as evidências de habilidades, motivação, características e experiências que você ouviu durante a entrevista. Inclua os pontos fortes, os riscos (sobretudo se a classificação demonstrar a necessidade de esforço para se encaixar no cargo), a base para a classificação como pessoa com "potencial", quando aplicável (por exemplo, evidências de aptidão para o aprendizado), a situação em que essa pessoa é particularmente adequada ou não (por exemplo, a necessidade de ter uma chefia forte, a possibilidade de ser indicada para lidar com problemas relativos a reações sensíveis de funcionários).

Realizações

Avalie seu cargo e suas realizações atuais. Repita a avaliação para pelo menos um cargo anterior.

Pontos fortes	Necessidades relativas ao(s) desenvolvimento/riscos

Ações relativas ao desenvolvimento

Necessidades relativas ao desenvolvimento e ações sugeridas (se for possível, indique o grau de dificuldade para vencer as necessidades relativas ao desenvolvimento).

FIGURA 6-4 Formulário resumido de avaliação. *(continuação)*

Assim que os dados foram compilados, uma reunião para a tomada de decisão, que duraria dois dias e contaria com um facilitador, foi marcada entre os integrantes da equipe executiva. Durante essa reunião, cada candidato interno foi examinado, e uma decisão foi tomada. Apenas 37 dos 57 funcionários existentes receberam uma oferta de cargo na nova organização. Os 20 restantes passaram por uma transição imediata ou conduzida após a conclusão do trabalho de projeto. Muitos conseguiram encontrar posições em outros pontos da organização, onde poderiam utilizar suas habilidades administrativas e relativas a transações. Logo após a reunião, a equipe executiva se deslocou até cada um dos centros regionais para conversar com cada indivíduo pessoalmente e para discutir os resultados do processo de preenchimento de vagas.

Como era de se esperar, a decisão de demitir 35% dos funcionários da AgroLife foi difícil, sobretudo porque muitos deles eram funcionários dedicados, com muito tempo de empresa e que haviam trabalhado sempre dentro do escopo das expectativas antigas, inferiores às novas. No entanto, a visibilidade do processo tornou-o mais fácil a todos. Como disse um funcionário que foi demitido: "Ao final do processo eu sabia que não era a pessoa certa para o novo cargo. Eu não estava feliz, mas ao menos não fui pego de surpresa".

Utilize a Ferramenta 6-1 como lista de verificação para planejar seu processo de preenchimento de vagas.

A AVALIAÇÃO DA APTIDÃO PARA O APRENDIZADO

A *aptidão para o aprendizado* é uma medida do desejo e da capacidade de uma pessoa de tirar significado de experiências passadas e de utilizar essas lições de forma criativa para vencer novos desafios.[1] O projeto de uma nova organização exige mais do que novas habilidades. Ele também requer que as pessoas aprendam novos papéis, construam novos relacionamentos, adquiram novos conhecimentos e apliquem todo esse aprendizado em novas situações. Mesmo nesses cenários, o aprendizado será necessário à medida que o trabalho continuar mudando em resposta aos redeslocamentos nas estratégias de negócios, mercados, clientes, competição e tecnologia. No caso da AgroLife, a capacidade de identificar a aptidão dos funcionários existentes para o aprendizado foi uma etapa essencial do processo de avaliação, pois as habilidades e os conhecimentos relativos ao processamento de transações de muitas pessoas do quadro atual seriam irrelevantes para os novos papéis de RH.

As empresas precisam de pessoas com aptidões relativas ao aprendizado que:

- Encaixem-se na organização, não apenas no cargo.

- Contribuam com uma habilidade de aprender, além do conhecimento atual.

256 PROJETO DE ORGANIZAÇÕES DINÂMICAS: UM GUIA PRÁTICO PARA LÍDERES DE TODOS OS NÍVEIS

- Tenham jogo de cintura organizacional, não apenas conhecimento técnico.

Uma mudança na estrutura da organização oferece uma oportunidade de trazer pessoas para a organização e ajudar a levá-la em frente — as pessoas que têm mentalidade, habilidades e características necessárias para a nova organização. Muitos funcionários existentes serão capazes de efetuar a transição, com certo nível de suporte, mas alguns não estarão dispostos nem terão a capacidade de efetuar as mudanças pessoais exigidas no sentido de atender às expectativas da nova organização.

Como você seleciona as pessoas com aptidão para o aprendizado em meio às que não têm essa característica? As pessoas com aptidões sólidas para aprender tendem a demonstrar agilidade em quatro áreas:

1. *Mentalidade:* Essas pessoas consideram os problemas a partir de perspectivas novas e não têm problemas em enfrentar complexidades, ambiguidades, nem explicar seu modo de pensar a outras pessoas.

2. *Pessoas:* Essas pessoas conhecem muito bem a si próprias, estão abertas às mudanças pessoais e tratam às outras pessoas de maneira construtiva. Elas entendem a política das organizações e o funcionamento de sistemas.

3. *Mudança:* Essas pessoas são curiosas, têm uma paixão por ideias e gostam de novas experiências. Elas são resistentes frente às pressões da mudança.

4. *Resultados:* Essas pessoas obtêm resultados mesmo em condições adversas, inspiram outras pessoas a ter bom desempenho e estão dispostas a desafiar o *status quo*.

As pessoas ágeis em aprender demonstram ter algumas características, independentemente dos cargos que ocupam (Figura 6-5). Elas enxergam as lacunas existentes entre seus próprios comportamentos e os resultados desejados e são capazes de examinar suas experiências, avaliando o que precisa ser mudado. Muitas organizações utilizam competências com base para a identificação das habilidades, do conhecimento e da capacidade necessárias para alcançar o sucesso. O aprendizado é a competência "superior", aquela que permite a uma pessoa desenvolver outras pessoas por completo.

As empresas com forte atuação no campo do conhecimento têm uma dependência especial da capacidade de contratar pessoas que tenham uma aptidão para o aprendiza-

---

- Procuram oportunidades de aprender.
- Utilizam uma linguagem específica, com exemplos, sem se limitar a "falar sobre o assunto" vagamente.
- Conseguem identificar e entender a complexidade das situações.
- Conseguem fazer comparações e perceber conexões.
- São curiosas e têm uma ampla gama de interesses.
- Prestam atenção no que lhes é dito e compreendem muito bem as outras pessoas.
- São sinceras e têm consciência de seus atos.
- Demonstram ter disposição de admitir seus próprios erros.
- Estão cientes dos impactos sofridos por outras pessoas.
- Concentram seus esforços na solução de problemas.
- Gostam de adquirir o domínio de assuntos.
- Interpretam o aprendizado como "um fim".

FIGURA 6-5 As características das pessoas ágeis em aprender.

do sólida. No final da década de 1990, a Ernst & Young Consulting Services descobriu que os tipos de habilidades e conhecimentos exigidos dos consultores estavam mudando com rapidez. Muitos dos clientes da empresa estavam instalando complexos sistemas de tecnologia da informação em toda a organização, como o SAP, o Oracle e o People-Soft. Esses projetos representavam grandes oportunidades de crescimento para a empresa e exigiam conhecimentos técnicos de ponta, além de habilidades relativas a clientes, consultoria e gestão de projeto. A empresa havia também adquirido uma carteira de negócios relativos a Y2K[*] — que consistiam em projetos que garantiriam que os *softwares* próprios de seus clientes não sofreria uma pane na virada do ano 1999 para 2000. Esses projetos exigiam um conjunto diferente de habilidades e tinham duração limitada. Diante da dificuldade de prever o *mix* do trabalho após o ano 2000, a empresa estava ansiosa por contratar pessoas dispostas e capazes de aprender novas habilidades, que formariam um grupo flexível de talentos a que recorrer em um mercado altamente dinâmico. Com isso, a capacidade de aprender com a experiência foi inserida no processo de recrutamento e seleção da Ernst & Young para garantir que os novos contratados atendessem a essas exigências.

Como avaliar a aptidão para o aprendizado? Uma avaliação desse tipo de aptidão pode ser incorporada em qualquer entrevista de avaliação de comportamento. Nessa entrevista, o entrevistado é solicitado a descrever uma situação específica relacionada à competência desejada (por exemplo, o planejamento, a tomada de decisão, os relacionamentos com o cliente). Para cada situação, essa pessoa responde a quatro perguntas:

1. Como você abordou a situação?
2. Por que você fez essa abordagem desse modo?
3. O que você aprendeu com essa experiência?
4. Você poderia apresentar mais exemplos de como você aplicou em outra situação o que aprendeu nessa situação?

Tente descobrir evidências de que a pessoa:

- Compreendeu um dilema de aprendizado.
- Consegue narrar como e por que executaram algo.
- Aprendeu algo novo.
- Consegue expressar o que aprendeu.
- Pôs o que aprendeu em prática em uma nova situação.

Essas entrevistas trazem à tona as evidências de barreiras ao aprendizado e comportamentos, formando uma base para a comparação entre candidatos. Os indicadores são mostrados na Figura 6-6.

O exemplo abaixo foi extraído de uma entrevista com Tom, um gerente geral de uma empresa fabricante de microcomputadores. Tom é o responsável por todas as operações da empresa em um país europeu. Ele já havia sido diretor de *marketing*, mas esse é o primeiro cargo de gerente geral com um escopo completo de responsabilidades que

---

[*] N. de T.: Outra designação para o *bug do milênio*.

A pessoa que impõe barreiras contra o aprendizado...	A pessoa que adota comportamentos de aprendizado...
Utiliza abstrações para falar sobre experiências.	Descreve situações específicas em detalhe.
Dá respostas inapropriadas ou evasivas.	Apresenta respostas francas e apropriadas.
Apresenta a situação sob um ponto de vista.	Demonstra diversas maneiras de observar uma situação.
Aceita a situação de início.	Expressa padrões de semelhança e diferença.
Conecta ideias em uma ordem rígida, lógica.	Relaciona ideias em padrões lógicos inesperados.
Descreve apenas as características pessoais positivas.	Discute pontos fortes e fraquezas ou erros específicos.
Pratica ações com consequências negativas imprevistas.	Prevê e pretende causar impacto e gerar consequências de suas ações.
Apresenta a si próprio como especialista, "sabe-tudo".	Apresenta a si próprio como aprendiz, demonstrando interesse em ganhar conhecimento.
Generaliza os aprendizados.	Utiliza exemplos para ilustrar como o aprendizado foi aplicado.

FIGURA 6-6 As barreiras e os comportamentos contra o aprendizado.

ocupa. Como parte da reestruturação, ele vem sendo cogitado para uma posição gerencial mais ampla. O trecho reproduzido a seguir faz parte da entrevista voltada para discutir o modo como Tom administra questões relativas ao controle.

Entrevistador: Vamos conversar sobre uma ocasião em que as coisas saíram do controle.

Tom: Infelizmente, apesar de nossos produtos terem a tecnologia mais avançada, algumas das máquinas na linha de montagem são bastante antigas. Essas máquinas já foram reformadas no passado. No espaço de dois meses a Estação 5 e a Estação 6 sofreram uma pane. O gerente da unidade logo comprou alguns equipamentos, mas a um custo que chegou a $10 milhões. Para piorar, com minha falta de experiência em fabricação, eu não me dei conta de que se essas máquinas estão paradas agora e estamos comprando equipamentos por aí, quanto dinheiro estamos desperdiçando? Qual é o impacto disso em nossos lucros? Será que vamos conseguir reestruturar esses custos de maneira melhor, talvez alugando em vez de comprando para assim podermos dividir esses custos entre as regiões, sem que fiquem apenas na minha unidade?

Eu não consegui entender de cara o quanto isso iria nos custar. Se a gente tivesse percebido como estavam as coisas naquele momento, as consequências negativas para nosso balanço de lucros e prejuízos não teriam sido tão graves. Claro que ninguém mais em minha organização mencionou o modo como isso tudo afetaria os lucros, e eu não posso culpar qualquer outra pessoa a não ser eu mesmo por isso. Eu não sabia a quem fazer as perguntas certas.

Entrevistador: O que você aprendeu com essa experiência?

Tom: Eu me culpo por tudo isso, mesmo que o gerente de unidade saiba que, no futuro, ele terá de lidar com essas questões com muito mais rapidez. A experiência foi instrutiva para todos os envolvidos. Hoje, estamos fazendo relatórios nos quais examinamos as variações observadas em todas as unidades, todos os meses. Fazemos isso sem nos importarmos se os resultados serão positivos ou negativos. Com isso podemos perceber um erro escondido, o que não conseguimos fazer ano passado. Ano passado dissemos: "Bem, essa variância positiva no crédito é boa. Então, não precisamos nos preocupar". Eu também disse a meus funcionários que se tivéssemos um problema, eles teriam de dividir esse problema comigo na hora, pois o problema é de todos. Se você me avisar sobre esse problema amanhã, o problema então será seu. Acho que as pessoas entendem que eu estou disposto a arcar com todos esses erros, mas apenas se forem discutidos do jeito certo. Se você ficar quieto e tentar resolver sozinho, você está sozinho nessa jogada.

Esse trecho deixa clara a aptidão de Tom para o aprendizado. Ele descreve o incidente em detalhe, é franco sobre as falhas que cometeu e expressa a maneira como definiu sistemas para prevenir esses incidentes no futuro. Ele também demonstra como o problema tinha implicações diversas. Tom não apenas carecia do conhecimento necessário para tomar uma decisão ponderada, como também precisava criar uma cultura organizacional que encorajasse as outras pessoas a falarem abertamente e a identificarem problemas.

A avaliação da aptidão para o aprendizado baseia-se não apenas no processo de contratação e seleção, como também no desenvolvimento, quando uma pessoa assume um novo cargo. Os novos contratados podem ser orientados sobre o modo como essas informações são úteis na geração e no aperfeiçoamento de suas inclinações para aprender.

O *FEEDBACK* DO DESEMPENHO

Os sistemas de *feedback* de desempenho monitoram o desempenho e informam a cada funcionário como ele está se saindo em comparação com as expectativas. O *feedback* do desempenho é um dos aspectos de um sistema de gestão de desempenho mais amplo, que inclui a definição de metas, a mensuração e a avaliação do desempenho. As organizações que verdadeiramente acreditam que as pessoas oferecem vantagem competitiva sabem que têm de relacionar os imperativos estratégicos do negócio ao desempenho individual do funcionário. Conforme mostra a Figura 6-7, as métricas de desempenho traduzem a estratégia em comportamentos e padrões individuais e de equipe necessários. No Capítulo 5, discutimos como o sistema de recompensa de uma organização pode motivar e reforçar os comportamentos certos. O *feedback* do desempenho é o último elemento nesta equação. Ele permite que as pessoas saibam como estão se saindo, o que por sua vez possibilita corrigir o que for necessário.

Os sistemas tradicionais de *feedback* de desempenho dependem da definição de metas anuais e das reuniões de avaliação do desempenho entre um funcionário e seu gerente. Independentemente da qualidade do planejamento, os sistemas tradicionais têm limitações. Isso é verdadeiro sobretudo se você reestruturou sua organização de maneira a configurar o trabalho em torno de projetos e processos que se alteram, se você utiliza equipes e se você usa gerentes como facilitadores, consultores e orientadores, não apenas como meros supervisores do trabalho. Os sistemas descendentes tradicionais dependem em grande parte da visão de uma pessoa — o chefe. Em uma organização flexível e

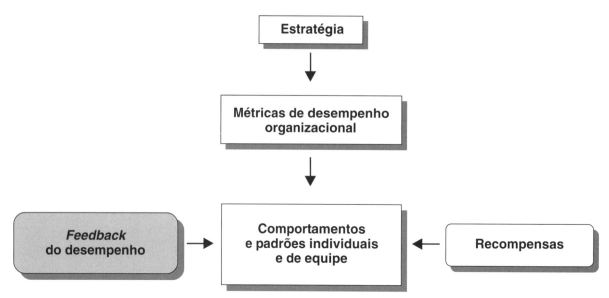

FIGURA 6-7 O elo entre a estratégia e o *feedback* do desempenho.

dinâmica, o chefe talvez tenha a visão menos embasada do desempenho de um indivíduo, por diversas razões.

- *A utilização de equipes.* Conforme o trabalho fica mais interfuncional, focado no cliente e orientado para o processo, são as relações laterais e não as verticais que tendem a definir o desempenho. A configuração típica da unidade de trabalho é a equipe, o que exige um alto grau de interdependência entre seus integrantes para que o trabalho seja feito. Se uma pessoa não consegue se sair de acordo com o esperado, outra pessoa tem de correr atrás do prejuízo. Embora a qualidade do desempenho individual dos integrantes das equipes fique clara para toda a equipe, talvez ela não esteja tão aparente para um gerente, que vê apenas a produção total do grupo.

- *O maior nível para atenção da gerência.* Quando a organização se torna horizontal e elimina níveis de gerência, aumenta o nível do controle e da atenção gerencial. Os gerentes que supervisionam o trabalho de pessoas espalhadas em diversos locais têm menos oportunidades de observar o modo como o trabalho é feito.

- *Diversos chefes.* Está ficando cada vez mais comum vermos pessoas com mais de um chefe ao longo de um ano, porque elas trabalham em equipes de projeto ou fazem parte de uma estrutura matricial. As equipes de projeto têm líderes diferentes. Em alguns casos, um colega em uma situação pode ser o líder de projeto em outra. Nesse cenário, é possível que um funcionário tenha pouco contato direto com seu gerente formal.

- *O novo papel para a gerência.* Talvez a maior tendência motivadora dos novos sistemas de gestão de desempenho seja a reconsideração do papel de supervisores e gerentes na organização. A pirâmide hierárquica tradicional implica a supervisão e o controle do trabalho de subalternos por gerentes. Nas organizações que tiveram sucesso na transferência do poder de decisão e deram autonomia a seus funcionários da linha de frente, o gerente passou a ser um gerente facilitador, de fronteira, que dá suporte aos funcionários, não o contrário. Por exemplo, esse gerente pode concentrar seus esforços na obtenção de recursos para o grupo, no desenvolvimento de suas habilidades e na ajuda no sentido de interagirem e resolverem diferenças com outros grupos. Nesse cenário, a avaliação do gerente feita pelo grupo pode ser mais importante do que a avaliação do grupo feita pelo gerente.

A gama cada vez maior de indicadores de desempenho, que nem sempre são quantificáveis por meio de dados robustos, exige a utilização de novas formas de *feedback* de desempenho, sobretudo em nível gerencial. À medida que você avança no projeto de sua organização, você precisará considerar três tipos de *feedback* de desempenho que podem complementar seus sistemas existentes e gerar visões multidimensionais do desempenho:

1. *Avaliação de colegas e da equipe.* A avaliação de colegas coleta informações sobre os colegas de uma pessoa que trabalham em um mesmo nível hierárquico. Os colegas trabalham e interagem, mas não compartilham responsabilidades pelos resultados. A avaliação da equipe é essencialmente idêntica, exceto pelo fato de os colegas estarem em uma equipe formal e compartilharem responsabilidades pelo que produzem. Nos dois sistemas, as informações sobre desempenho são coletadas junto aos colegas da pessoa sendo avaliada, na hipótese de que tenham uma noção correta do modo como as pessoas devam executar seu trabalho, como os resultados são atingidos e como trabalham com outras pessoas. Se a organização for totalmente baseada em equipes, então a maior parte do *feedback* do desempenho talvez assuma essa forma. Em outras organizações, as informações trazidas por colegas e integrantes de equipes complementam uma avaliação tradicional, conduzida por um supervisor. Os sistemas de avaliação de colegas e de equipes reforçam a mensagem organizacional sobre a importância da colaboração e da integração. Porém, a adoção de sistemas de avaliação de colegas e equipes apresenta alguns desafios:

   a. *A obtenção de* feedbacks *sinceros.* Muitas vezes percebemos que os colegas não gostam de fazer o papel de juízes. Mesmo quando as avaliações são mantidas em total confidencialidade, os colegas tendem a dar notas boas a uma pessoa. As pessoas não gostam de minar relacionamentos de trabalho positivos ou afetar as promoções ou os aumentos salariais de seus colegas, talvez na esperança de que os outros façam o mesmo por elas.

   b. *O desempenho individual nem sempre acrescenta algo ao desempenho da equipe.* As avaliações dos colegas fornecem noções importantes sobre o desempenho individual, mas talvez não reflitam a complexa dinâmica de grupo que influencia o modo como a equipe como um todo desempenha seu trabalho.

   c. *A vinculação do* feedback *às recompensas.* Se os sistemas de compensação e recompensa forem desenvolvidos com base nas medidas de desempenho, então o *feedback* de colegas e de equipes pode ser projetado para servir como fonte de informações para essas decisões. A vinculação do *feedback* às recompensas certamente elevará a atenção e o interesse dispensados ao processo de *feedback*. Por outro lado, as pessoas tendem a ser mais sinceras e críticas se souberem que os resultados serão usados apenas para fins de desenvolvimento.

2. *A avaliação cruzada.* Em um sistema de avaliação cruzada, uma pessoa recebe o *feedback* de outras pessoas em posições que avaliam o desempenho apenas se ele se relaciona com a satisfação das necessidades do cliente. Enquanto os sistemas de avaliação de colegas e equipes tendem a coletar *feedback* de pessoas presentes em uma mesma unidade de negócios, os sistemas de avaliação cruzada são muitas vezes compostos por pessoas de diferentes partes da organização maior. A diferença entre a avaliação cruzada e a avaliação de colegas está no fato de esta se concentrar no trabalho em equipe, enquanto aquela se volta para os resultados do negócio e está vinculada a indicadores relacionados ao cliente. Na maioria das vezes os participantes são oriundos de departamentos diferentes e como grande dependência uns dos outros no sentido de realizar um processo ou gerar um item de venda ao cliente. O *feedback* está focado no modo como as habilidades e os comportamentos de uma pessoa em seu cargo afetam o desempenho de outras pessoas.

Por exemplo, em uma organização funcional, um sistema de avaliação cruzada poderia ser utilizado para avaliar o novo processo de desenvolvimento do negócio. Entre os participantes estariam integrantes das equipes de vendas, *marketing,* planejamento estratégico e desenvolvimento de produto. Cada pessoa identifica os padrões relevantes de desempenho (momento certo, qualidade, etc.) que as outras pessoas precisam apresentar para em conjunto produzirem uma oferta que terá sucesso com o cliente. O trabalho que você executou para identificar as interdependências de papéis no Capítulo 3 pode ser útil na determinação das expectativas recíprocas em um sistema de avaliação cruzada.

A avaliação cruzada é um modo poderoso de promover a colaboração entre unidades e departamentos de uma organização. A comunicação constante gerada por esse processo é tão importante quanto as notas dadas. Os sistemas de avaliação cruzada são úteis sobretudo no fortalecimento de elos horizontais em um ambiente matricial. A definição de um processo pelo qual um grupo de indivíduos com metas em comum gera entre *feedbacks* periódicos uns para os outros promove um ambiente seguro para as pessoas compartilharem informações e ideias e para colaborarem por meio de um mecanismo legitimado e focado nos negócios.

O foco nos resultados do negócio é essencial. Muitos altos executivos, os mais beneficiados com as ferramentas que os ajudam a negociar sistemas matriciais complexos, resistem a atividades que parecem fáceis e sem qualquer relação direta com os resultados do negócio. Embora o projeto desses sistemas apresente os mesmos desafios presentes nas avaliações de colegas e de equipes, a avaliação cruzada se concentra em um processo ou resultado relativo ao cliente específico, em que os padrões são definidos de antemão, o que facilita identificar e coletar *feedback* honesto e essencial.[2] O *feedback* do desempenho utilizado dessa maneira ajuda a organização a gerar competência lateral com a ligação das partes da organização que podem não estar agrupadas em uma estrutura vertical.

3. *O* feedback *ascendente e em 360º.* O *feedback* ascendente informa aos gerentes a percepção que as pessoas participantes dos grupos que administram têm deles, enquanto o *feedback* em 360º acrescenta as perspectivas de colegas, do chefe e do cliente, entre outras. As organizações que enfatizam a importância do aprendizado e do desenvolvimento descobrem que o *feedback* ascendente é uma das melhores ferramen-

tas para conscientizar os gerentes sobre a lacuna entre o quanto *acreditam* estar administrando bem seus funcionários e o que *de fato* executam em suas práticas diárias. Muitos gerentes acreditam que delegam com eficiência, que orientam e dão suporte a seus funcionários, que geram *feedbacks* constantes — quando na verdade não fazem nada disso. O fato de os dados serem coletados em confidencialidade permite aos subordinados expressar observações sobre seus gerentes com maior sinceridade, do que o fariam confortavelmente, frente a frente. Se essa conscientização tiver o apoio de um plano de desenvolvimento, então o *feedback* ascendente e o em 360° podem se tornar um modo eficiente de gerar competências gerenciais para a organização.

DO TREINAMENTO AO APRENDIZADO

Se a reestruturação da organização ocorrer como resposta a uma mudança fundamental em sua direção, os funcionários em todos os níveis terão de "reaparelhar" suas habilidades. Na década de 1990, uma das maiores tendências era o esforço empreendido por muitas empresas no sentido de se transformarem em "organizações voltadas para o aprendizado". Tudo começou com a crença manifestada por Peter Senge, baseada na premissa de que uma organização que aprende tirando proveito de potencialidades individuais e de equipes e adotando a filosofia dos sistemas desenvolverá uma vantagem competitiva.[3] Da mesma forma como a aptidão para o aprendizado de um indivíduo pode contribuir com o sucesso em um mundo dinâmico e que requer capacidade para lidar com problemas e oportunidades imprevistos, a geração da capacidade de aprender dentro da organização traz vantagens semelhantes.

Como resultado desse modo de pensar, muitas organizações reconceitualizaram suas diretrizes de treinamento. Essas empresas transformaram departamentos antes focados apenas em cursos baseados em capacidades funcionais "voltados para o aprendizado e o desenvolvimento" intimamente vinculados a atividades organizacionais de desenvolvimento mais amplas. A Figura 6-8 resume as mudanças efetuadas por organizações focadas no aprendizado. O novo contrato de trabalho também implica um novo contrato de aprendizado. Em troca de oportunidades e suporte para o desenvolvimento de habilidades e das recompensas pelo aprendizado, os empregadores esperam que os funcionários invistam em seu próprio desenvolvimento e ajudem a construir as competências de outros funcionários na organização.

Um dos paradoxos nesse cenário é que as organizações enfatizaram o aprendizado de forma expressiva, e ainda assim são poucas as oportunidades para frequentar programas tradicionais de treinamento. Em muitas empresas as pressões para realizar metas de negócios de curto prazo e o enxugamento dos quadros de pessoal estão entre os fatores que talvez impeçam os funcionários de frequentar programas de treinamento de sua escolha ou mesmo aqueles ditos obrigatórios. É importante permitir que outras atividades sejam conduzidas no sentido de elevar o potencial de aprendizado dessas pessoas. Muitas das práticas de construção de redes discutidas no Capítulo 4 também oferecem suporte ao aprendizado, como os rodízios de cargos e as comunidades baseadas em

Perspectiva tradicional de treinamento		Perspectiva da organização voltada para o aprendizado
O desenvolvimento da própria experiência *A mobilização das experiências de outras pessoas.*	**para**	Um foco na geração de habilidades pessoais *A criação de redes, identificação de fontes e a colaboração para mobilizar habilidades complementares.*
O treinamento com especialistas externos *O fluxo unilateral de informações, a partir dos consultores ou instrutores profissionais.*	**para**	A ênfase no compartilhamento de conhecimentos internos *Os gerentes e outras pessoas modelam e ensinam novas habilidades e comportamentos, transferindo sucesso entre áreas.*
A informação adquirida no longo prazo *O aprendizado isolado dos problemas atuais da empresa, a acumulação de informação para uso futuro.*	**para**	*Just-in-time* *A ênfase no acesso à informação e ao conhecimento em vez da aquisição individual.*
Trabalho ou aprendizado *O treinamento e a educação separados do trabalho.*	**para**	Trabalho e aprendizado *O aprendizado em ação para resolver questões reais do negócio, a aplicação de habilidades e conhecimentos no trabalho.*
Canal de distribuição único *O treinamento e o desenvolvimento de departamentos.*	**para**	Canais de distribuição múltiplos *O treinamento e os gerentes, a tecnologia, a autoinstrução e o aprendizado entre colegas e equipes.*
Focado no programa *Aprendizado durante um evento.*	**para**	Processo contínuo *O aprendizado como reflexão, interpretação e compartilhamento de conhecimentos constante.*

FIGURA 6-8 Do treinamento para o aprendizado.

atividades práticas. A tecnologia vem sendo mais e mais utilizada para possibilitar o aprendizado à distância e a autoinstrução.

RESUMO

Neste capítulo, examinamos a última ponta do modelo estrela, os Sistemas de Pessoas, para identificar os tipos de sistemas de RH capazes de contribuir com uma organização reconfigurável. Este capítulo utilizou o estudo de caso do setor de RH da AgroLife para ilustrar o processo de alocação de pessoas na nova estrutura organizacional, ressaltando três práticas essenciais que dão suporte à seleção, ao desempenho e ao desenvolvimento dos talentos certos para a organização. Essas práticas começam com a seleção de pessoas com a aptidão de abraçar e aplicar o aprendizado obtido com novas experiências e desafios. Elas incluem a geração de *feedback* a partir de diversas fontes para refletir a importância das interações pessoais e a mudança no papel dos gerentes. Por fim, a expansão do conceito de treinamento de maneira a incluir o aprendizado e o desenvolvimento é outra prática que sustenta a capacidade da organização de reagir frente à mudança.

Este capítulo prenuncia o último capítulo deste livro — A Implementação — focado na gestão da transição do projeto para a realidade.

NOTAS

1. Veja também E. V. Velsor e V. A. Guthrie, "Enhancing the Ability to Learn From Experience" em *Handbook of Leadership Development,* C. McCauley, R. S. Moxley, and E. V. Velsor, ed. (San Francisco and Greensboro: Jossey-Bass and Center for Creative Leadership, 1998).
2. Para uma discussão mais abrangente sobre os desafios do *feedback* de colegas e da avaliação cruzada, veja M. A. Pieperl, "Getting 360 Feedback Right," *Harvard Business Review*, January 2001, pp. 142–147.
3. P. M. Senge, *The Fifth Discipline: The Art and Practice of the Learning Organization* (New York: Doubleday, 1990).

266 PROJETO DE ORGANIZAÇÕES DINÂMICAS: UM GUIA PRÁTICO PARA LÍDERES DE TODOS OS NÍVEIS

FERRAMENTA 6-1 O preenchimento de cargos na nova organização.

Finalidade:	Utilize esta ferramenta como lista de verificação quando estiver planejando seu processo de preenchimento de cargos.
Esta ferramenta é utilizada por:	Equipe executiva.

	Lista de verificação do processo de preenchimento de cargos	
		Observações
Os cargos mais altos são preenchidos antes dos outros.	❑	
O processo de preenchimento de cargos é comunicado à organização assim que possível, para minimizar rumores e ansiedade.	❑	
Os novos papéis, expectativas e padrões são definidos e comunicados com clareza.	❑	
O processo é transparente e reflete os valores da organização.	❑	
As fontes de dados (entrevistas, avaliação de desempenho, autoavaliação, etc.) e o peso designado a cada um são discutidos pela equipe executiva até um consenso ser obtido.	❑	
A equipe executiva definiu claros critérios para a tomada de decisão.	❑	
O processo inclui a avaliação da aptidão para o aprendizado.	❑	
As alocações são feitas com base na competência e no potencial individual para o aprendizado, para a formação de grupos e equipes com habilidades complementares.	❑	
São gerados planos de desenvolvimento para todas as pessoas alocadas ou contratadas para novos papéis.	❑	

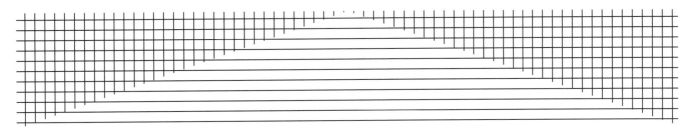

CAPÍTULO 7

A IMPLEMENTAÇÃO

A implementação é o processo de pôr em prática todas as suas boas intenções. Você trabalhou utilizando o modelo estrela para definir a estrutura do projeto estratégico, projetou a estrutura e a organização lateral, desenvolveu métricas para mensurar o desempenho e identificou os sistemas de pessoas que garantirão a alocação eficiente de recursos em sua nova estratégia e seu novo projeto. Agora é o momento de transformar esse planejamento em ações significativas para todas as pessoas em sua organização. Com a finalização da primeira fase de seu trabalho, uma nova etapa foi iniciada. A implementação introduz o elemento humano imprevisível no projeto de sua organização.

O foco deste livro é o projeto de uma organização. A breve atenção dada à implementação não é uma indicação de nossa visão sobre a importância relativa dos dois tópicos. Ao longo de todo este livro enfatizamos que, embora algumas opções de projeto sejam mais apropriadas a uma dada situação do que a outras, o processo de desenvolver por completo todos os detalhes é o que faz a diferença entre uma grande ideia no papel e um plano exitoso na vida real. A correlação entre uma estrutura específica e a satisfação total das pessoas que nela trabalham é pequena. Na maioria das vezes em que existe uma decepção com a nova estratégia e a nova estrutura, ela ocorre como resultado do *modo como* a estratégia e a estrutura foram implementadas, não por insatisfação com a estrutura propriamente dita. Independentemente do tipo de organização que você está tentando construir, um plano de implementação que seja executado apenas em parte prenuncia a ausência dos resultados esperados.

Este capítulo enfatiza três componentes da implementação que, quando obervados, são capazes de tornar mais tranquila a transição para o projeto de sua nova organização.

- O *planejamento* ajuda a definir a transição sistemática entre o ponto em que você está no presente e o lugar em que você deseja chegar.

- A *gestão do ceticismo* auxilia a prever reações comuns à mudança e apresenta uma tática para a identificação e o tratamento a preocupações legítimas e a temores infundados.

- A *assimilação na organização* disponibiliza uma estrutura para ajudar todas as pessoas na organização a se sentirem confortáveis com as novas configurações, papéis e expectativas.

O PLANEJAMENTO

O *planejamento* é o trabalho inicial que você tem de fazer para mapear e administrar o processo de implementação. O planejamento envolve tanto as alterações organizacionais quanto as transições individuais que fazem parte do projeto de sua organização. Uma vez que você tenha executado seu trabalho de projeto, você terá concluído uma expressiva parcela do planejamento. Quando você preenche as ferramentas apresentadas ao final de cada capítulo deste livro você está tomando decisões conscientes que terão algum impacto no processo de implementação. Além disso, a estrutura de governança que você montou para ajudá-lo no desenvolvimento dos detalhes de projeto será útil na fase de implementação.

O processo de planejamento é formado por diversos componentes essenciais, discutidos a seguir:

- Ritmo
- Sequenciamento
- Pilotos
- Comunicação
- A conservação do ímpeto
- Os círculos de *feedback*

O Ritmo

A complexidade dos problemas relativos ao projeto e a dimensão da lacuna entre o ponto em que sua organização está hoje e o ponto em que ela deverá estar no futuro exerce um impacto no tempo necessário para executar o processo de projeto e implementação. Nos casos em que existe uma estratégia, os horizontes de tempo apresentados na Figura 7-1 podem servir como guia. Para algumas pessoas, esses prazos podem parecer excessivamente longos. Talvez você esteja pensando: "Eu não tenho tanto tempo assim para pôr tudo em seu devido lugar". Outras pessoas, que vivenciaram reestruturações talvez tenham uma reação oposta, e digam: "Esses números são coisa de louco. É preciso ao menos dois anos para executar uma reorganização desse porte".

Este é o dilema da mudança organizacional. Muitos esforços fracassam porque não recebem a atenção, o compromisso e o tempo necessários antes de a próxima mudança ser implementada. Por outro lado, para muitas organizações é verdade que dentro de

Fase	Horizonte de tempo
I. Estrutura de projeto/ Avaliação do estado atual	1 a 1,5 meses
II. Trabalho de projeto	1 a 3 meses
III. Desenvolvimento dos detalhes de projeto	2 a 3 meses
Tempo total para o desenvolvimento do projeto	*4 a 7,5 meses*
IV. Implementação total	Outros 3 a 9 meses

FIGURA 7-1 Os horizontes de tempo (reais, não os transcorridos) para o projeto e a implementação.

dois anos após a finalização da primeira etapa do trabalho de projeto, as condições externas já sofreram alterações substanciais, o que acarreta a necessidade de adotar modificações no projeto.

Não existem regras rígidas que estipulem o tempo necessário para executar o projeto e a implementação. Um dos principais fatores determinantes é o tempo, o dinheiro, a energia e os recursos que podem ser dedicados ao projeto e ao desenvolvimento, sem perder o ritmo das operações diárias da empresa. A Figura 7-2 mostra algumas das implicações de ir rápido ou devagar demais. Durante o planejamento dos prazos para a implementação, leve em conta as seguintes orientações gerais:

- *Nem todos têm de se sentir confortáveis antes de você começar.* Embora seja importante ter comunicado o novo projeto e a nova estratégia antes de colocá-los em prática, nem sempre é necessário esperar até todos sentirem-se totalmente confortáveis com eles. Se você esperar demais para iniciar a implementação, é provável que essa espera exacerbe sentimentos de desconforto. Quando as pessoas vivenciam a mudança já de início, elas não demoram a descobrir que ela não é tão difícil quanto imaginaram.

- *Resultados concretos podem ser esperados apenas depois de 12 a 18 meses.* Considerando a realização plena de melhorias no desempenho, esse prazo é bastante realista. Esse intervalo baseia-se na experiência de inúmeras organizações que passaram por transições semelhantes. Para conservar o ímpeto durante esse período, defina pontos de referência reais e significativos que permitirão a você avaliar seu progresso e o sucesso ao longo do caminho.

Se você prosseguir muito devagar...		Se você prosseguir muito rápido...
Você perde o ritmo — o processo não parece importante o bastante e se perde em meio às prioridades do dia a dia.	← →	Você esquece as pessoas — elas não entendem o porquê da mudança e resistem a ela.
A mudança parece um curativo sendo removido lentamente — os funcionários não veem a hora de se livrar dela.	← →	Muitas perguntas ficam sem resposta e são deixadas para a fase de implementação — as pessoas desperdiçam energia na solução de confusões internas.
O ambiente competitivo muda antes de você realizar as vantagens da reestruturação.	← →	Você tira o foco da organização nas tarefas diárias e seus negócios principais sentem as consequências negativas.

FIGURA 7-2 A velocidade da implementação.

- *Administre suas próprias expectativas de progresso.* Dê tempo para o projeto funcionar e para as pessoas ajustarem-se a ele antes de contar com resultados e desempenhos plenos. Apesar de você nunca ter deliberadamente tentado fazer com que as pessoas caíssem em uma armadilha e falhassem, esse fracasso é muitas vezes uma consequência imprevista da "elevação de obstáculos" com muita rapidez, sem dar às pessoas a oportunidade de satisfazer as novas expectativas. Não cometa o erro de pensar que você pode se limitar a substituir as pessoas que não têm bons desempenhos, nos níveis esperados. Isso apenas desacelera o processo de implementação, porque os novos funcionários têm de se acostumar com a velocidade.

O Sequenciamento

A implementação não é um evento que ocorre durante as horas extras — ela é um processo interativo, que envolve uma série de mudanças transcorridas com o tempo. Durante o desenvolvimento de uma sequência de implementação, lembre-se de que algumas coisas precisam ocorrer antes das outras. Por exemplo, se você não definiu os comportamentos essenciais que seus funcionários devem demonstrar, então você não tem como cobrar esses comportamentos dessas pessoas. Se você não especificou as habilidades de que as pessoas precisam para assumir seus novos papéis, então não poderá planejar programas de treinamento e desenvolvimento dessas habilidades. Durante a elaboração da sequência do processo de implementação, leve em conta os seguintes pontos:

- *Comece com as mudanças mais visíveis.* As pessoas são céticas em relação à existência de um compromisso verdadeiro das lideranças com a mudança. Alterar as mensurações de desempenho e os sistemas de recompensa sinaliza, de modo bastante personalizado, que a mudança é real. Mesmo que o sistema de compensação não seja alterado com rapidez, a introdução de novas medidas ao lado de algumas recompensas e de reconhecimentos visíveis ajuda a dar ímpeto à mudança.

- *Adote a implementação em segmentos sobrepostos.* Você não precisa esperar que uma fase de seu processo de implementação tenha sido assimilada para iniciar a fase seguinte. As pessoas perderão o ímpeto se perceberem que você está esperando que tudo esteja perfeito antes de seguir em frente, com a próxima mudança.

- *Evite mudanças a conta-gotas.* À medida que você prossegue, ocorrerão mudanças no projeto e também no plano de implementação. Essas mudanças provavelmente serão feitas por uma boa razão, conforme você recebe *feedback* do sistema e a realidade começa a se intrometer em seus planos tão bem elaborados. Quando forem necessárias alterações, evite efetuá-las sem considerar todas as implicações. Uma organização é um sistema complexo. Uma mudança em uma área tem impacto em outras. Durante o aparecimento de problemas, resolva cada um deles como se fossem problemas de projeto. Reúna as pessoas certas para identificar as causas desses problemas, para integrar as mudanças no plano global e trabalhar em outras partes do sistema que precisam de ajustes apropriados.

- *Comemore as realizações assim que acontecerem.* Recompense as pequenas etapas no processo de implementação — não apenas depois de o trabalho ter sido feito, como também sempre que houver evidência de um impacto positivo do projeto em seus funcionários ou em seus clientes. Comemore as realizações ao longo do caminho.

Os Pilotos

Você pode decidir por elaborar pilotos de certas partes do projeto antes de implementá-las em toda a organização. Um piloto é um *test drive* em um cenário limitado (por exemplo, um departamento, um local ou uma linha de produto) que permite ter uma ideia de como seus planos estão entrando em ação e efetuar as modificações necessárias. Os pilotos oferecem as seguintes vantagens:

- Testam o projeto em áreas com probabilidade de sucesso e que podem ser adotadas como modelos.
- Concentram esforços em recursos, treinamento e atenção, com eficiência.
- Geram conhecimentos e competências internos que podem ser transferidos.
- Recebem *feedback* de funcionários e clientes.
- Aprendem com a experiência, antes da implementação em toda a organização.

Os pilotos permitem aumentar a velocidade da implementação, com poucas interrupções na empresa como um todo. Você pode começar a implementar o projeto sem o risco de impor mudanças que não foram testadas em toda a organização.

A Comunicação

A importância de um bom plano de comunicação não pode ser subestimada. Nada desmotiva os funcionários mais rapidamente do que o sentimento de que estão sendo "mantidos no escuro", à medida que a mudança prossegue. Lembre-se de que as pessoas em sua organização precisaram passar por um processo semelhante àquele completado pela equipe de lideranças. Eles terão de entender as razões da mudança, as opções consideradas e o modo como a reestruturação traz benefícios em relação ao estado atual da organização. Conforme você e sua equipe de lideranças desenvolvem um plano de comunicação para seus funcionários, lembre-se das dicas que apresentamos a seguir:

- *Desperte o interesse no futuro.* Apresente um panorama o mais completo possível do futuro, para seus funcionários. Quanto mais você informar a eles, mais eles se comprometerão com o processo e abraçarão sua visão do futuro. Envolva as pessoas no desenvolvimento de cenários do modo como a mudança trará benefícios pessoais a cada um.
- *Apresente o contexto.* A princípio, as atenções de todos os funcionários recaem sobre onde ficarão no organograma da empresa. Não pare na estrutura. Quando estiver

explicando as mudanças, divida seu tempo disponível, mentalmente, da seguinte forma:

30% para a urgência de implementar as mudanças nos negócios (realidades externas, mercados, concorrentes, mudanças na estratégia — e porque o *status quo* já não se sustenta).

20% para o modo como a organização precisa mudar (as novas competências organizacionais que precisam ser criadas).

30% para os papéis e comportamentos (como as novas expectativas influenciarão e beneficiarão cada um dos funcionários).

20% para os organogramas, os novos relacionamentos hierárquicos e os novos cargos (inclua opções que foram consideradas e por que foram rejeitadas).[1]

- *Repita seus argumentos.* Você vem pensando nisso há meses. Considere o tempo que precisou para se sentir confortável com o que teria de mudar. Não espere que todos concordem com tudo já na primeira vez que você comunicar as mudanças. Repita seus argumentos, disponibilize oportunidades para o acompanhamento e comunique-se por meio de uma variedade de metodologias. As pessoas que não foram envolvidas no projeto terão problemas ao absorver todas as informações de uma só vez.

- *Disponibilize atualizações regulares do progresso.* A menos que sua organização seja pequena, a maioria das pessoas não se envolverá diretamente com o planejamento e a execução da implementação, mesmo aquelas que talvez desconheçam o que os outros grupos estão fazendo. Crie um mecanismo de geração de relatórios regulares das condições atuais da implementação. Algumas organizações designam um grupo de trabalho que se concentrará apenas na comunicação. Esses grupos muitas vezes utilizam um boletim bimestral para divulgar sucessos e informar sobre o progresso em cada frente de implementação.

- *Comunique-se de forma ascendente e descendente.* Se sua organização está inserida em uma organização maior, mantenha sua alta gerência bem informada. É importante conservar o suporte desses gerentes ao longo do processo de implementação, porque você pode ser solicitado a justificar o tempo e os recursos que gastará durante os esforços de mudança.

A Conservação do Ímpeto

A transição para a nova organização exigirá uma grande quantidade de tempo e energia. Durante essa transição, você precisará administrar as operações diárias da empresa. Você não teria embarcado nessa reestruturação se os riscos de manter o *status quo* não fossem maiores que os riscos inerentes à mudança. Contudo, à medida que ela transita e progride, existe o risco de o esforço da mudança perder ímpeto. Outro risco observado é de que, se a reestruturação envolver uma nova linha de negócio, as pessoas que permanecerem incumbidas de cuidar dos negócios existentes se sentirão desmoralizadas. Entre as coisas que você pode fazer para conservar o ímpeto da mudança estão:

- *A utilização de sua estrutura de governança.* Você colocou o comitê de direção e os grupos de trabalho para levar o trabalho de projeto adiante. Faça com que continuem com o trabalho de implementação. Isso garante que a mudança receba a atenção necessária e não seja dominada pelas demandas do trabalho diário. Uma vez que o comitê de direção trabalha em contato íntimo com as equipes executiva e de lideranças, ele é um mecanismo que garante que a reestruturação e a implementação não estejam tirando a atenção dada aos clientes ou às necessidades atuais do negócio.

- *Mantenha a equipe executiva envolvida.* O projeto de uma organização é divertido. A implementação do projeto é trabalho duro. Você sentirá a tentação de delegar responsabilidades a seus subordinados e de prosseguir com outros problemas da empresa, assim que as principais decisões relativas ao projeto tenham sido tomadas. Contudo, você e sua equipe executiva precisam permanecer envolvidos, porque existem muitas decisões e *trade-offs* a considerar. Você precisará lembrar às pessoas que são os agentes responsáveis pelo progresso da mudança e garantir que tenham os recursos necessários para dar prosseguimento a esse trabalho. Se a liderança da organização deixar a implementação de lado, todos os seus esforços de projeto poderão sair dos trilhos.

- *Incorpore o plano da mudança em seu plano de negócios.* Um dos erros mais comuns cometidos pelos líderes é o de criar um plano detalhado de implementação dissociado de seu plano de negócios. A mensagem enviada à organização, e também ao chefe do líder, é de que a implementação e os negócios não estão integrados e que talvez a reestruturação não seja tão importante quanto outras iniciativas relativas aos negócios. O perigo está no fato de que, se a reestruturação ou a empresa entrar em dificuldades, a reestruturação pode dar com os burros n'água e o orçamento corre o risco de ser cortado. A incorporação da reestruturação no plano de negócios diminui a probabilidade de que seja vista como algo separado do trabalho da organização e assim poderá permanecer como a prioridade da empresa, tal como foi definida a princípio.

Os Círculos de *Feedback*

O *feedback* é o processo pelo qual você tem *insights* sobre o que não está funcionando, como as pessoas se sentem sobre o processo e como a implementação está evoluindo. Certos círculos de *feedback* devem ser vistos como um componente essencial do processo de planejamento. Não espere até algo dar errado para sair em busca de informações ou que as pessoas se aproximem para revelar problemas de maneira proativa. Conforme você procede com a transição, mantenha o dedo no pulso da organização para determinar:

- A necessidade de aumentar a frequência e o número de comunicações sobre a mudança.

- Os elementos do projeto que exigem modificações.

- As lacunas no planejamento ou na coordenação entre grupos de trabalho.

- Os problemas com o processo interpessoal ou de grupos que estejam impedindo progresso dos grupos de trabalho.

- Eventos ou consequências das decisões que não foram previstos.

- A resistência a questões relativas ao moral.

O *feedback* permite a você ser proativo, sem se limitar a reagir a situações que podem estar além de seu controle.

O *feedback* deve ser obtido por meio de uma combinação de métodos formais e informais. Em alguns casos, você talvez precise conduzir as entrevistas, organizar os grupos focais e as pesquisas (por exemplo, as pesquisas sobre o clima, a satisfação dos funcionários ou do cliente) no sentido de obter *feedback* formal. Essas pesquisas podem ser estruturadas à semelhança da avaliação do estado atual, mas dessa vez você precisa concentrar o foco na compreensão e nas preocupações das pessoas relativas:

- À dimensão do conflito entre prioridades atuais e futuras.

- Aos elementos específicos do novo modelo de negócios e do projeto da organização.

- Às etapas e os pontos de referência do plano de implementação.

- À adequabilidade das informações, sistemas e tecnologias para realizar as novas metas.

- À abertura de linhas de comunicação ascendente, descendente e lateral.

- À clareza e eficiência nos processos de tomada de decisão.

- Ao que está pendente entre as etapas — o trabalho que precisa ser feito e não é.

- Ao *feedback* de clientes com relação a suas percepções sobre as novas práticas e comportamentos da organização.

Na esfera informal, você pode organizar um café da manhã em intervalos regulares com grupos de funcionários para escutar o que eles têm a dizer sobre como estão lidando com as mudanças, sobre o quanto os novos processos dão suporte a elas e como se sentem sobre a nova direção da organização. Um *website* na intranet da empresa exclusivo para a mudança, que desperte questionamentos e *feedback*, também pode ser útil. O mecanismo escolhido deve se encaixar na cultura e na situação de sua organização. Porém, para garantir a eficácia de todos os círculos de *feedback*, os integrantes das equipes executiva e de lideranças devem se comprometer a escutar e lidar com as preocupações das pessoas, sem gerar temores de represálias. Os mecanismos de *feedback* criados para dar suporte ao processo de mudança podem gerar oportunidades para a liderança da organização e desenvolver um ambiente de abertura, se não houver um.

A GESTÃO DO CETICISMO

A resistência encontrada naqueles que não estão dispostos ou são incapazes de acompanhar a liderança da organização durante a mudança talvez seja o maior fator imprevisto observado na implementação de novas estruturas e processos. Muitas vezes, é comum vermos as pessoas que demonstram resistência à mudança sendo desacreditadas com frases como: "Elas estão é com medo da mudança". Mas quase sempre esse *não* é o caso.

Quando as pessoas precisam mudar, do ponto A para o ponto B, não é o ponto B o objeto de resistência. As pessoas resistem ao processo conturbado *de ir* do ponto A *para* o ponto B.

Deixar de lado aquilo com que estamos familiarizados e adotar o desconhecido nunca é fácil, para ninguém. De mais a mais, o ceticismo é saudável. Muitas organizações certamente têm uma história de iniciativas fracassadas. É preciso considerar a probabilidade de que as pessoas não deem suporte à mudança, até se convencerem de que ela está garantida, de que ocorre na direção certa e de que a liderança da organização está compromissada com ela.

Não importa o quanto você se esforçou para planejar a implementação do novo projeto da organização: são fortes as chances de você encontrar questionamentos e ceticismo no caminho da implementação. Ajudar as pessoas a entender o estado futuro desejado e o processo necessário para atingi-lo pode reduzir a resistência que demonstram. Contudo, não cometa o erro de pensar que você *não vai encontrar resistência* — porque você vai! O modo como você aprende a reconhecer essa resistência, tratando-a e administrando-a durante toda a transição é um fator crítico ao sucesso de seu processo de implementação.

Muitas pesquisas são conduzidas com o objetivo de identificar as reações mais comuns à mudança.[2] Quanto mais você se capacitar para identificar essas reações, maiores as chances de você admitir que existem e passar a lidar com elas. Algumas das reações possíveis, que você poderá encontrar, estão listadas a seguir, ao lado das ações possíveis para reagir a elas.

- *As pessoas sentem que estão perdendo poder ou controle.* A falta de participação ou envolvimento nas decisões desperta uma postura defensiva e de territorialidade. Isso se manifesta em comportamentos mesquinhos, na luta pelo controle de *qualquer* processo e na resistência às ideias de outras pessoas.

  — Crie oportunidades para o envolvimento nos processos de tomada de decisão e de planejamento.

  — Disponibilize o maior número possível de opções para as pessoas assumirem o controle sobre o modo como seu trabalho será alterado.

  — Reforce continuamente o "bem maior" que está na raiz da reestruturação da organização, quando as necessidades individuais ameaçam ganhar precedência sobre os desejos de outras áreas.

- *As pessoas sentem-se incertas sobre a mudança.* Quando as pessoas não têm informações sobre a finalidade, a razão e as principais etapas envolvidas na mudança, elas demonstram uma maior predisposição de resistir a ela. As pessoas talvez não tomem a iniciativa porque não estão certas de como proceder ou a quem recorrer para obter uma decisão. As táticas discutidas na seção Comunicações deste capítulo ajudam a tratar desse assunto, com algumas estratégias adicionais.

  — Compartilhe a razão, a finalidade e a visão do estado futuro. Disponibilize comunicações consistentes sobre a mudança.

  — Forneça pontos de referência para avaliar o sucesso da mudança. Ajude as pessoas a entenderem as etapas envolvidas na realização da meta.

PROJETO DE ORGANIZAÇÕES DINÂMICAS: UM GUIA PRÁTICO PARA LÍDERES DE TODOS OS NÍVEIS

— Demonstre, com visibilidade e consistência, o compromisso das lideranças com a mudança. Defina normas que serão necessárias regularmente.

— Garanta que todas as pessoas estejam trabalhando com o mesmo conjunto de hipóteses.

— Reconheça e recompense as iniciativas, quando forem manifestadas.

— Defina com clareza onde está o poder e a autoridade na tomada de decisão.

- *As pessoas sentem-se desconfortáveis com o que será alterado.* As pessoas resistem à mudança porque ela as força a desafiar hipóteses, normas e comportamentos que norteiam suas rotinas diárias.

  — Seja claro e sincero sobre o que mudará, e enfatize o que funciona adequadamente e será conservado.

  — Não caia na armadilha de acreditar que "tudo deve mudar", como meio de prestar suporte "ao que precisa ser mudado".

  — Dê suporte às rotinas conhecidas que manterão o elo entre o velho e o novo.

- *As pessoas são forçadas a encarar o fato de que o modo como estão fazendo as coisas está "errado".* Muitas vezes a mudança é uma maneira de eliminar "maus hábitos", o que as faz sentirem vergonha ou constrangimento por realizações anteriores. As pessoas talvez se preocupem por serem incapazes de ter sucesso no novo ambiente, quando novas competências e habilidades são necessárias.

  — Coloque a mudança em contexto. O modo antigo não era necessariamente ruim; ele apenas já não é apropriado para a situação atual.

  — Ajude as pessoas a vislumbrarem como os novos comportamentos e práticas as beneficiarão, não apenas ao negócio.

  — Ofereça amplo treinamento e suporte para as novas competências necessárias ao sucesso na nova organização.

  — Crie uma atmosfera em que as pessoas possam formular perguntas sobre como as coisas devem ou serão feitas.

  — Disponibilize a todos a oportunidade de aprender em um ambiente que, ao menos no começo, recompense resultados e esforços.

- *As pessoas estão preocupadas com a possibilidade de a mudança implicar mais trabalho a elas.* As pessoas simplesmente não querem sacrificar mais tempo de suas vidas pessoal e familiar para fazer mais pela organização.

  — Entenda que algumas pessoas precisam de flexibilidade para organizar sua vida ou outros projetos de trabalho em torno da mudança. A sensibilidade a esse impacto, gerada com a manutenção de comunicação aberta, aumenta a probabilidade de as pessoas abraçarem a mudança, no momento certo.

  — Ofereça suporte às pessoas durante a mudança, tanto com programas de reconhecimento, de recompensas ou outro meio. Reconheça a dificuldade de fazer a mudança acontecer.

  — Adapte as expectativas em termos de tempo em outros projetos, para acomodar o trabalho extra associado à implementação.

— Demonstre seu próprio compromisso com a mudança, com visibilidade. Se as pessoas estão trabalhando até tarde para finalizar o trabalho, esteja com elas para deixar claro que você está lá para dar apoio.

- *As pessoas demonstram resistência porque a ameaça ao poder, à influência, à estabilidade no empregou ou a seu nível de conforto é real.*

  — Se as mudanças propostas têm impacto no poder ou no *status* do cargo das pessoas, reconheça esse impacto e aborde uma solução o mais rápido possível. Mesmo em situações em que as notícias são ruins, por regra as pessoas se sentem aliviadas ao saber o que está acontecendo, em vez de continuar trabalhando e suspeitando o pior.

  — Evite fazer promessas falsas ou apresentar intenções que não sejam sinceras. Se ocorrerão demissões ou mudanças significativas, aborde-as com honestidade e de forma direta.

  — Dê às pessoas a chance de "chorar" os aspectos do processo de mudança que envolvem perdas. Ofereça oportunidades para que façam isso em conjunto, pois isso aumenta as oportunidades para o aprendizado em equipe.

A ASSIMILAÇÃO NA ORGANIZAÇÃO

A *assimilação* é o processo pelo qual as pessoas aculturam-se umas às outras e à organização, como um todo. A assimilação de pessoas na organização é parte essencial do processo de implementação. Em geral, esse processo se aplica aos novos contratados, embora após uma reestruturação todos sejam "novos" na organização, não importa há quanto tempo trabalham na organização antiga. A reestruturação da organização implica novos papéis, expectativas e modos de operações, não apenas novas configurações. Sem o suporte adequado da organização durante a adaptação a seus novos papéis, responsabilidades, estruturas de tomada de decisão e, sobretudo, aos novos relacionamentos, as pessoas na organização podem descobrir que:

- Estão frustradas devido à falta de informações e redes de obtenção de informações.

- Não têm uma noção clara de como construir ligações no sentido de efetuar o trabalho.

- Não têm certeza sobre os aspectos de seus conhecimentos e experiências aplicáveis no novo contexto.

Um dos elementos de assimilação na nova organização é a formação de novos relacionamentos construídos com base nas novas normas comportamentais e em torno das novas atividades relativas ao trabalho. Mesmo que você não esteja utilizando equipes globais, definidas no Capítulo 4, as pessoas trabalham juntas em grupos com configurações diversas. Fazer com que esses grupos funcionem de modo eficaz aumenta a velocidade do processo de implementação. A Figura 7-3 resume as características dos grupos que trabalham com eficiência.

Em seu ciclo de vida, um grupo passa por cinco estágios de desenvolvimento: a exploração, o teste, a harmonização, a individualização e o desempenho. Todas as carac-

Característica	Evidência
O grupo tem metas claras e entende sua finalidade.	▪ As pessoas conhecem o objetivo de seus esforços e compartilham as metas do grupo. ▪ As pessoas sentem-se parte de um grupo interdependente, não indivíduos isolados. ▪ As pessoas têm uma compreensão explícita do modo como as coisas serão feitas.
O grupo se envolve na tomada de decisão coletiva, quando apropriado.	▪ As pessoas compartilham hipóteses como meio de entender os pontos de vista alheios. ▪ As pessoas maximizam relacionamentos; o consenso é utilizado sempre que possível para chegar a uma decisão. ▪ As decisões são embasadas e postas em prática pelo grupo como um todo. ▪ Todos mostram compromisso com a geração de resultados.
O grupo utiliza um processo compartilhado de solução de problemas.	▪ Existe um processo de solução de problemas definido de comum acordo e o grupo adere a ele.
Todos os integrantes participam ativamente.	▪ Todos assumem responsabilidades pela realização das metas do grupo. ▪ Os integrantes sentem-se seguros em participar e não têm medo de serem desligados. ▪ O grupo faz pleno uso de seus recursos variáveis.
A comunicação aberta e sincera é a base para o trabalho em conjunto.	▪ As pessoas compartilham ideias e informações livremente e escutam umas às outras com atenção.
Os integrantes dos grupos têm forte confiança uns nos outros e não têm medo de correr riscos.	▪ O grupo é inovador e corre riscos. ▪ Os integrantes dos grupos toleram a aprendem com os erros cometidos.
As disputas são utilizadas para trazer à tona diferentes perspectivas.	▪ Diferenças de opinião são incentivadas. ▪ O conflito é tratado de forma aberta.
O grupo utiliza autoavaliações frequentes.	▪ O grupo examina em intervalos regulares a eficiência e o progresso feitos na realização das metas definidas. ▪ Ajustes são feitos com base na avaliação do grupo.

FIGURA 7-3 Os grupos eficientes.

terísticas que tipificam um grupo eficiente estarão presentes apenas no estágio de desempenho. Além disso, um grupo se desloca para frente e para trás entre esses estágios, em diversas oportunidades. Quando novos integrantes são acrescentados a um grupo, o primeiro estágio de sua atuação é a exploração. A Figura 7-4 descreve cada estágio em detalhe, enfatiza os sentimentos e comportamentos típicos observados e mostra como você pode intervir quando o grupo demonstra esses comportamentos. A percepção desses estágios típicos pode ajudar você e a equipe de lideranças a dar suporte à formação de novas redes, relacionamentos e grupos eficientes.

Além das pessoas que trabalham em novas configurações de grupo e de equipe, os contratados para níveis hierárquicos elevados também precisam de apoio durante a assimilação.[3] A chegada de um novo gerente aumenta a instabilidade causada pela transição para a implementação do projeto da organização. Os novos gerentes trazem consigo seu próprio conjunto de hipóteses e não estão conscientes dos pontos fortes e fracos das equipes que passarão a administrar, nem daquelas de que farão parte, como as equipes de lideranças e de projeto.

Esses novos funcionários em cargos elevados foram contratados porque já demonstraram as habilidades, os comportamentos e as mentalidades que você pretende incutir

CAPÍTULO 7 • A IMPLEMENTAÇÃO **279**

	Principais questões	Comportamentos típicos	Sentimentos típicos	Apoio facilitador	Resolução
Estágio 1: Exploração	Durante este estágio, a questão é a identidade. Os integrantes podem questionar suas identidades no grupo. Eles talvez se perguntem: ■ Como esse grupo será? ■ Como eu me encaixo nele? ■ O que realmente faremos? ■ Quais são minhas metas? ■ Quais são as metas do grupo?	Nas novas situações de grupo, os integrantes reagem de diversas maneiras. Eles podem: ■ Acomodar-se e assumir uma atitude "vamos esperar para ver o que acontece". ■ Buscar informações e esclarecimentos para obter respostas a suas perguntas. ■ Buscar apoio de um líder ou de outros integrantes. ■ Tentar aliviar a situação com piadas e "brincadeiras".	Os integrantes também reagem emocionalmente frente a essas novas situações. Eles talvez se sintam: ■ Tensos ou ansiosos. ■ Inseguros ou céticos. ■ Curiosos ou esperançosos.	■ Dê apoio ao grupo para esclarecer suas metas, papéis e responsabilidades. ■ Defina regras básicas para o grupo. ■ Ofereça apoio e legitime a ansiedade. ■ Enfatize os pontos fortes perceptíveis. ■ Observe as etapas de desenvolvimento gradual e as realizações.	Conforme o grupo continua a trabalhar em conjunto, as respostas a essas questões iniciais vêm à tona. Uma noção de grupo começa a se desenvolver e suas metas e direções ficam mais claras a seus membros. O estranho passa a ser familiar, e os integrantes sentem-se mais confortáveis uns com os outros, menos ansiosos ou inseguros.
Estágio 2: Teste	À medida que o grupo começa a se sentir mais "à vontade", seus integrantes começam a se mobilizar para ver até que ponto são capazes de prosseguir nessa nova atmosfera. Com frequência, isso envolve algum tipo de desafio ou autoridade, em geral na direção do líder, mas também pode ser direcionada a outros integrantes.	Os integrantes experimentam novos comportamentos, que incluem: ■ O desafio aos processos, metas e objetivos do grupo. ■ A maior disposição em dar informações e opiniões, em comparação a recebê-las. ■ A maior participação. ■ A demonstração de atitudes rebeldes.	Embora a segurança em geral aumente, é possível ocorrer mais desafios e conflitos em sentimentos de: ■ Frustração. ■ Resistência. ■ Hostilidade.	■ Incentive a expressão de diferenças e o esclarecimento de questões. ■ Reconheça as diferenças e as questões (sem favorecer lados). ■ Continue a motivar a participação. ■ Investigue as razões por trás dos argumentos. ■ Seja sincero. ■ Apresente algumas das questões difíceis.	Com o tempo, o grupo estabelece limites e fronteiras para seus membros. O papel do líder no grupo é compartilhado de forma mais ampla, à medida que os integrantes praticam novas habilidades e comportamentos, e assumem uma variedade de papéis.
Estágio 3: Harmonização	Assim que o grupo tenha estabelecido limites e comece a compartilhar o papel de liderança, os integrantes, via de regra, passam a tentar deixar de lado os conflitos e as rebeliões, entrando em um estágio de harmonia. Contudo, nesse estágio eles muitas vezes demonstram tamanha disposição em não entrar em conflitos que tendem a negar ou ignorar diferenças envolvendo questões importantes dentro do grupo.	Neste ponto, você pode detectar: ■ Um entusiasmo por concordar com tudo. ■ Um forte suporte mútuo no grupo. ■ O esforço no sentido de chegar a um consenso rápido sobre questões. ■ O sepultamento de sentimentos negativos.	Os sentimentos vistos neste estágio incluem: ■ Euforia. ■ Receptividade. ■ Segurança. ■ Aceitação.	■ Investigue as razões e enfrente as diferenças. ■ Enfatize o valor dos pontos de vista alternativos. ■ Esclareça que a interdependência não implica pensamentos idênticos. ■ Utilize um processo estruturado de solução de problemas para trazer à tona as disputas.	O processo de harmonização muitas vezes passa muito rápido, à medida que os integrantes do grupo começam a perceber que as diferenças amenizadas são importantes e precisam ser encaradas.

FIGURA 7-4 Os estágios do desenvolvimento de grupos e equipes.

(continua)

	Principais questões	Comportamentos típicos	Sentimentos típicos	Apoio facilitador	Resolução
Estágio 4: Individualização	Após um período de intimidade "grupal" e diferenças ocultadas, muitos integrantes de grupos talvez naturalmente passem a reagir reafirmando-se a si próprios e a suas opiniões individuais. Muitas vezes isso gera conflitos no grupo.	Você perceberá que os integrantes estão: ■ Envolvendo-se em conflitos de personalidade que interferem com a direção do grupo. ■ Formando subgrupos que pretendem controlar o papel da liderança e/ou lutar pelo controle do grupo. ■ Rejeitando o grupo ou alguns de seus integrantes. ■ Gerando *feedback* personalizado ou destrutivo.	Este pode ser um período de desconforto no grupo, com demonstrações de isolamento, sentimentos negativos, falta de esperança e impaciência.	■ Concentre-se nos indicadores de progresso. ■ Utilize técnicas eficientes de gestão de conflitos. ■ Incentive a discussão sincera de sentimentos. ■ Atue como "ponte". ■ Ajude o grupo a esclarecer e definir suas metas e missões.	Apesar do desconforto, os integrantes do grupo normalmente aprendem a lidar com seus conflitos durante o andamento do processo. Eles passam a aceitar as diferenças no grupo e a valorizar os resultados das resoluções dessas diferenças de maneira positiva. Os integrantes do grupo definem procedimentos realistas para trabalharem em conjunto.
Estágio 5: Desempenho	Este último estágio representa o grupo em seu nível mais eficiente. Existe um equilíbrio entre as funções incumbidas das tarefas e as responsáveis pela manutenção no sentido de realizar metas.	Os integrantes: ■ Atingirão e manterão ímpeto. ■ Gerarão *feedback* construtivo e apropriado. ■ Aceitarão responsabilidade pelo sucesso do grupo.	Os integrantes demonstrarão sentimentos de bem-estar e realizações, demonstrando estarem mais confortáveis, seguros e orgulhosos de seu grupo.	■ Dê suporte a tudo o que for possível, em relação ao grupo. ■ Reconheça a capacidade de desenvolver habilidades de autorregulação e intervenção existentes no grupo. ■ Dê suporte à liderança distribucional.	O grupo continua nesse estágio até mudanças como novos integrantes, alterações na liderança, reorganização ou novas preocupações o levarem a um estágio anterior de desenvolvimento.

FIGURA 7-4 Os estágios do desenvolvimento de grupos e equipes. *(continuação)*

em toda a organização. Por definição e por projeto, os novos líderes muitas vezes não "se encaixam" — sobretudo se eles foram contratados para liderar um esforço de mudança com base em sua experiência de como sua organização *deseja* operar no futuro. O rebuliço do processo de implementação e a resistência que provavelmente se manifestará contra a mudança podem erguer fortes barreiras contra o sucesso desses novos contratados. Sem a intervenção focada na revelação dessas questões e expectativas, é possível que transcorram meses antes que o grupo e o gerente conheçam uns aos outros e desenvolvam confiança e segurança mútuas — um intervalo de tempo valioso desperdiçado, o que impede a evolução do grupo no sentido de atingir suas metas.

Na verdade, muitos novos contratados para posições mais altas deixam sua nova organização antes de serem capazes de implementar mudanças expressivas ou de exercerem a influência que deveriam ter sobre outras pessoas. É simplesmente impossível, para um novo líder, ter sucesso em um intervalo de tempo razoável sem um processo de assimilação estruturado que facilite a comunicação, a criação de redes e a coleta de informações, além de fornecer orientações e dar apoio para auxiliar a administrar a resistência pessoal. Se o novo líder se sentir desencorajado e deixar a organização, sua reestruturação sofrerá mais interrupções e atrasos.

Durante este estágio crítico, você pode ajudar os novos gerentes e líderes no processo de assimilação com:

- *O planejamento facilitado das reuniões de assimilação das equipes.* Essas reuniões são um veículo para o líder compartilhar expectativas e comprometer-se com o modo como trabalhará com a equipe. Os integrantes da equipe aprendem sobre a nova pessoa e compartilham suas compreensões sobre a estratégia e as metas futuras.

- *A disponibilização de um plano de assimilação estruturado.* Apresente formalmente os novos líderes às diferentes partes da organização para poderem se encontrar com os novos protagonistas da mudança, desenvolvendo redes com seus colegas. Disponibilize aos novos contratados as oportunidades para reunirem-se com as pessoas com quem precisarão interagir. Para garantir consistência e ajudar na assimilação, essas pessoas devem ser orientadas com antecedência acerca das informações que serão solicitadas a oferecer.

- *A indicação de um "mentor" ou "orientador para a assimilação".* Escolha um mentor que não tenha elos com o grupo de colegas de mesmo nível hierárquico a quem os novos líderes possam se dirigir com perguntas ou em busca de orientação. O mentor deve ser uma pessoa com uma visão ampla da organização, com uma compreensão profunda do trabalho que a pessoa deverá executar e que tenha um discernimento consistente sobre a estratégia, a cultura, as normas e a história da organização. O mentor e o novo líder devem organizar sessões regulares para manter abertas as linhas de comunicações e oferecer orientações constantes.

Um orientador para a assimilação é um consultor externo com experiência no auxílio a novos líderes em suas responsabilidades de administrar questões profissionais e pessoais específicas que surgem no período de assimilação. Eles podem contratar um mentor interno com a geração de *feedback* objetivo, assistindo nas avaliações organizacionais e culturais e facilitando as reuniões iniciais do novo líder com sua equipe. O foco na assimilação garante que as necessidades individuais sejam reconhecidas e sanadas durante a implementação, o que acelera o processo de transição. Utilize a Ferramenta 7-1para orientá-lo em seu planejamento de implementação.

NOTAS

1. O. Gadiesh and S. Oliver, "Designing for Implementability," in *The Organization of the Future*, Frances Hesselbein and Marshall Goldsmiths, eds. (San Francisco: Jossey-Bass, 2000).
2. Consulte R. M. Kanter, "Managing the Human Side of Change," *Management Review*, April 1985, pp. 52–56.
3. Para uma discussão detalhada sobre a assimilação, veja D. Downey, with T. March and A. Berkman, *Assimilating New Leaders: The Key to Executive Retention* (New York: AMACOM, 2001), pp. 101–112.

FERRAMENTA 7-1 A lista de verificação da implementação.

Finalidade:	Utilize esta ferramenta como lista de verificação quando estiver planejando a implementação do projeto de sua nova organização.
Esta ferramenta é utilizada por:	Equipe executiva, comitê de direção.

Planejamento

❑ Você desenvolveu um horizonte de tempo realista para a implementação de marcos de referência.

❑ Uma estrutura de governança com papéis bem definidos está a postos para dar suporte ao ímpeto do instante e coordenar o planejamento e a execução da implementação.

❑ O plano de implementação foi incorporado em seu plano de negócios.

❑ O horizonte de tempo para a implementação inclui as iniciativas atuais da empresa, a obtenção de recursos financeiros, a disponibilidade de recursos e outras limitações.

❑ O plano de implementação incorpora uma sequência lógica de eventos que cada atividade constrói sobre o trabalho realizado anteriormente.

❑ O sequenciamento é estruturado de maneira que as alterações de maior visibilidade ocorrem com antecedência e demonstram o compromisso da liderança com o esforço de mudança.

❑ Um plano para celebrar e recompensar realizações assim que ocorrerem foi preparado.

❑ As expectativas das lideranças são consistentes com a organização e a habilidade das pessoas para a mudança.

❑ Locais de implementação de pilotos, se utilizados, são escolhidos de maneira a possibilitar um teste realista do projeto.

Comunicação e *feedback*

❑ Existe um plano de comunicação com relação à reestruturação e à implementação incluindo a razão, o impacto, as expectativas e os pontos de referência.

❑ Uma variedade de mecanismos está disponível (trabalho em grupo, boletim de informações, *website* etc.) para comunicar regularmente a evolução da implementação a toda a organização e a outros *stakeholders* (gerentes seniores, clientes, parceiros, etc.)

❑ Os círculos de *feedback* estão prontos para garantir que as preocupações e os problemas dos funcionários venham à tona e sejam tratados pelas lideranças durante a implementação.

❑ A liderança da organização está consciente de que a resistência, o ceticismo e a dúvida são normais e as mensagens para reconhecer e tratar essas preocupações foram incorporadas nos planos de comunicação.

Assimilação

❑ Existe um plano para auxiliar novos grupos e equipes a assimilar e a acelerar a eficácia.

❑ A liderança da organização entende as características dos grupos eficientes e têm as habilidades para intervir e ajudá-los.

❑ Um processo estruturado está pronto para inserir os novos líderes na organização e ajudá-los a fazer sua entrada com êxito.

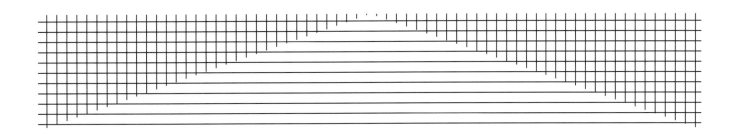

CONCLUSÃO

Este livro apresentou orientações para o projeto de uma organização dinâmica — uma organização que pode ser fácil e proativamente reconfigurada de maneira a tirar proveito das oportunidades de mercado e que interpreta o projeto de uma organização como uma vantagem competitiva. Não importa se você está utilizando todo este livro ou apenas partes dele na reestruturação de sua organização: ele ajudou a aprofundar sua competência no projeto de sua organização.

Embora o futuro seja imprevisível, podemos ter certeza de que mudanças sempre ocorrerão. Hoje, os líderes que sabem como complementar estratégias sólidas com as estruturas e competências organizacionais apropriadas têm nas mãos a chave para o desenvolvimento da flexibilidade, coordenação e destreza necessárias às organizações de todos os portes. Os líderes que conhecem a importância da mensuração do desempenho, as recompensas e outros sistemas de recursos humanos para o sucesso de suas decisões relativas ao projeto compreenderão o poder de uma organização alinhada. Por fim, os líderes que auxiliam suas organizações a desenvolver competências coletivas no sentido de fazer as perguntas certas, tomar decisões calculadas e partir para a implementação com atenção às necessidades do negócio e do indivíduo terão sucesso na construção da organização dinâmica do futuro.

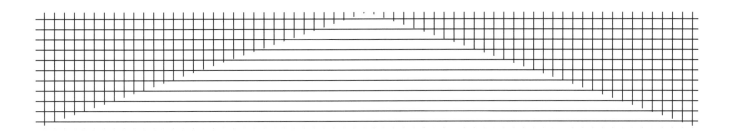

GLOSSÁRIO

Aptidão para o aprendizado Medida do desejo e da habilidade de uma pessoa para dar significado a experiências passadas e utilizar essas lições com criatividade para vencer novos desafios.

Assimilação Processo em que os novos contratados se aculturam à organização e em que indivíduos e organização passam por transformações.

Avaliação cruzada Tipo de avaliação em que os indivíduos recebem *feedback* de outros departamentos (com forte dependência uns dos outros para a execução de um processo) com relação ao desempenho no trabalho, considerando a satisfação das necessidades dos clientes.

Avaliação do estado atual Uma análise que define a lacuna entre o estado futuro desejado e o ponto em que a organização se encontra no presente, e que fornece um panorama dos pontos fortes e fracos da organização a um dado momento.

Avaliação e seleção Processos que garantem que as pessoas certas sejam contratadas não apenas para o trabalho que precisa ser feito hoje como também para o futuro.

Círculos de feedback Processo em que a liderança da organização obtém *insights* valiosos sobre o que está ou não funcionando, sobre o modo como as pessoas se sentem sobre o processo e como a implementação está evoluindo.

Compensação total Visão de compensação fundamentada na combinação de salário, pagamentos em dinheiro e benefícios recebidos por um funcionário.

Compensação variável Compensação composta por prêmios baseados no desempenho pagos anualmente por merecimento e que não aumentam a base salarial de forma permanente.

Competência lateral Habilidade de construir, administrar e reconfigurar diversos mecanismos de coordenação com o objetivo de atingir as metas estratégicas.

Competências organizacionais   Habilidades, processos, tecnologias e potencialidades humanas que geram vantagem competitiva.

Comunidades baseadas em atividades práticas   Redes formais de funcionários que incentivam as pessoas com interesses organizacionais em comum a aprenderem e compartilharem conhecimentos.

Critérios de projeto   Competências organizacionais de que a empresa necessita para realizar sua estratégia.

Drivers *de desempenho*   Componentes do desempenho que, se alterados de forma positiva ou negativa, influenciam os resultados. Também chamados de *indicadores de tendência*.

Equipes   Grupos de pessoas reunidas nas estruturas de negócio e da organização para trabalharem de forma interdependente e compartilhar responsabilidade coletiva pelos resultados.

Estrutura com foco híbrido de operações internas e linha de frente   Estrutura que combina elementos das estruturas voltadas para o produto e focadas no cliente para gerar vantagens relativas a ambos.

Estrutura da organização   Modo formal pelo qual as pessoas e o trabalho são agrupados em unidades definidas.

Estrutura de distribuição   Estrutura em que a atividade da matriz é executada em uma filial com base nas competências locais.

Estrutura de governança   Conjunto de papéis e processos disponibilizados para garantir que os planos de projeto e implementação sigam em frente, que as atividades sejam coordenadas e que o processo de mudança não seja sufocado pelas demandas de negócio existentes.

Estrutura funcional   Estrutura organizada em torno dos principais grupos de atividade, como operações, pesquisa e desenvolvimento, marketing, financeiro e recursos humanos.

Estrutura geográfica   Estrutura organizada em torno de localizações físicas, como estados, países ou regiões.

Estrutura matricial   Sistema de relações hierárquicas duais utilizado para garantir que as pessoas se concentrem simultaneamente em duas ou mais forças organizacionais (departamento, cliente, produto ou geografia).

Estrutura orientada para o cliente   Estrutura organizada em torno dos principais segmentos de mercado, como grupos de clientes, setores ou populações.

Estrutura orientada para o produto   Estrutura organizada em divisões de produto, cada uma com sua própria estrutura funcional para dar suporte a seu(s) produto(s).

Fase de desenvolvimento   Fase em que os elementos do projeto são detalhados e refinados.

Fase de implementação   Fase em que toda a organização é envolvida à medida que o novo projeto é revelado e posto em prática.

Fase de projeto   Fase que identifica as mudanças na organização que devem ser efetuadas para alinhá-la à estratégia.

Feedback *do desempenho.* Mecanismos que disponibilizam aos funcionários as informações de que precisam para compreenderem seus próprios desempenhos e assumirem o controle dos processos de aprendizado e desenvolvimento pessoal. São muitas vezes utilizados como base para as compensações, recompensas e reconhecimento.

Indicadores de sucesso Descritores do estado futuro desejado em termos dos *resultados* que o negócio deve gerar.

Limites Restrições que determinam o que faz ou não parte do processo de projeto.

Organização lateral Todos os mecanismos de coordenação (redes, processos, papéis, equipes e relacionamentos hierárquicos) que aumentam a estrutura no sentido de gerar um projeto estrutural completo.

Organização reconfigurável Uma organização capaz de modificar-se para reagir com rapidez e flexibilidade às mudanças no ambiente.

Pagamento com base nas habilidades ou com base no conhecimento Filosofia de compensação que valoriza as habilidades e/ou o conhecimento que uma pessoa é capaz de oferecer à organização.

Pagamento em função do desempenho Filosofia de compensação que recompensa as pessoas por seus resultados e contribuições, não pelo tempo ou esforço.

Papéis integradores Cargos de gerência, de coordenação ou de âmbito geral responsáveis pela orquestração do trabalho entre as unidades e que utilizam a influência, não a autoridade.

Papel organizacional Um componente organizacional distinto, definido por um único resultado e conjunto de responsabilidades, como unidade de negócios, departamento, ou tipo de cargo.

Planejamento de implementação Trabalho inicial necessário para mapear e administrar o processo de implementação.

Processos laterais Processos de negócios e de gerência que deslocam as decisões e as informações em toda a organização, na forma de um fluxo formal.

Projeto da organização Processo calculado para configurar estruturas, processos, sistemas de recompensa e sistemas e políticas de pessoal com o objetivo de criar uma organização eficaz, capaz de realizar a estratégia do negócio.

Proposição de valor Combinação exclusiva das qualidades de uma organização que a estratégia tenta explorar.

Redes Relacionamentos interpessoais e comunidades baseadas em atividades práticas que formam a base de todos os outros tipos de competência lateral e que servem para coordenar o trabalho de modo informal.

Responsabilidades do papel Tarefas que devem ser executadas e que preenchem a lacuna entre o estado atual do trabalho e os estados finais almejados.

Resultado do papel Estado final ou resultado esperado que deve ser concretizado pelo papel em um intervalo de tempo predefinido.

Rodízios de cargos Estratégia organizacional para a geração de competência lateral por meio do deslocamento de pessoas em toda a organização em intervalos regulares, para aumentar as habilidades, promover e reforçar boas práticas e a transferência de conhecimento e gerar uma perspectiva que represente toda a empresa.

Sistemas de pessoas Sistemas coletivos de recursos humanos e políticas de pessoal da organização, que incluem recrutamento e seleção, *feedback* do desempenho e gestão, treinamento, desenvolvimento, carreiras, recompensa e reconhecimento.

Sistemas de recompensa Sistemas de pagamento ou recompensa que definem comportamentos esperados e aumentam a probabilidade de as pessoas demonstrarem esses comportamentos.

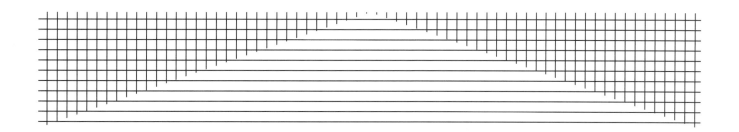

BIBLIOGRAFIA

Alsop, R. "Harris Interactive Survey Indicates Fragility of Corporate Reputations." *The Wall Street Journal,* February 7, 2001.

Anderson, R. E. "Matrix Redux." *Business Horizons,* November/December 1994, pp. 6–10.

Atkinson, A. A., J. H. Waterhouse, and R. B. Wells. "A Stakeholder Approach to Strategic Performance Measurement." *Sloan Management Review* 38.3 (1997), pp. 25–37.

Banner, D. K. and T. E. Gagne. *Designing Effective Organizations: Traditional and Transformational Views.* Newbury Park, Calif.: Sage, 1995.

Bartlett, C. A. and S. Ghoshal, "Matrix Management: Not a Structure, a Frame of Mind." *Harvard Business Review*, July/August 1990, pp. 139–145.

Beckhard, R. and R. T. Harris. *Organizational Transitions: Managing Complex Change.* Reading, Mass.: Addison-Wesley, 1977.

Boem, R. and C. Phipps. "Flatness Forays." *McKinsey Quarterly* 3 (1996), pp. 129–143.

Brown, J. S. "Unfreezing the Corporate Mind." *Fast Company,* June 16, 1998.

Brown, M. G. "Metrics for the .coms." *Perform Magazine,* Summer 2000, http://www.pbviews.com/magazine/.

Brown, S. and K. Eisenhardt. *Competing on the Edge: Strategy as Structured Chaos.* Boston: Harvard Business School Press, 1998.

Burrows, P. "The Radical: Carly Fiorina's Bold Management Experiment at HP." *Business Week*, February 19, 2001, pp. 70–80.

Cummings, T. G. and E. F. Huse. *Organization Development and Change*, 4th ed. St. Paul, Minn.: West Publishing, 1985.

Davis, M. R. and D. A. Weckler. *A Practical Guide to Organization Design.* Menlo Park, Calif.: Crisp Publications, 1996.

Davis, S. M. and P. R. Lawrence. "The Matrix Diamond." *Wharton Magazine* 2.2 (1978), pp. 19–27.

———. "Problems of Matrix Organizations." *Harvard Business Review*, May/June 1978, pp. 131–139.

Deeprose, D. *How to Recognize and Reward Employees.* New York: AMACOM, 1994.

Downey, D., T. March, and A. Berkman. *Assimilating New Leaders: The Key to Executive Retention.* New York: AMACOM, 2001, pp. 101–112.

Earl, M. J. and I. A. Scott. "What Is a Chief Knowledge Officer?" *Sloan Management Review*, Winter 1999, pp. 29–38.

Eccles, R. G. "The Performance Measurement Manifesto." *Harvard Business Review*, January/February 1991, pp. 131–137.

Galbraith, J. R. *Competing With Flexible Lateral Organizations,* 2nd ed. Reading, Mass: Addison-Wesley, 1994.

———. *Designing the Global Corporation.* San Francisco: Jossey-Bass, 2000.

———. "Designing the Innovating Organization." *Organization Dynamics,* 1982, 19(3): 4–25.

———. *Designing Organizations: An Executive Briefing on Strategy, Structure and Process.* San Francisco: Jossey-Bass, 1995.

———. *Organization Design.* Reading, Mass.: Addison-Wesley, 1977.

Galbraith, J. R. and E. Lawler, eds. *The Future of Organizations.* San Francisco: Jossey-Bass, 1993.

Gomez-Mejia, L. R. and D.B. Balkin. *Compensation, Organizational Strategy and Firm Performance.* Cincinnati: South-Western, 1992.

Gordon, J. "Feeding the Monster: Cambridge Technology Was So Obsessed With Growth That It Forgot How to Build a Business." *Forbes*, September 2000, pp. 70–71.

Graham, W., D. Osgood, and J. Karren. "A Real-Life Community of Practice." *Training and Development*, May 1998.

Hackman, J. R. and G. R. Oldham. *Work Redesign.* Reading, Mass.: Addison- Wesley, 1980.

Hagel, J. III, "Fallacies in Organizing for Performance." *McKinsey Quarterly* 2 (1994), pp. 97–106.

Hamel, G. and C. K. Prahalad. *Competing for the Future.* Boston: Harvard Business School Press, 1994.

Hass, N. "The House the Bloomberg Built." *Fast Company,* premier issue, November 1995, p. 97.

Hesselbein, F. and M. Goldsmiths, eds. *The Organization of the Future.* San Francisco: Jossey-Bass, 2000.

Hiam, A. *Motivating and Rewarding Employees.* Holbrook, Mass.: Adams Media, 1999.

Hunsaker, P. and C. W. Cook. *Managing Organizational Behavior.* Reading, Mass.: Addison-Wesley, 1986.

Johansen, R., David Sibbert, Suzyn Benson, Alexia Martin, Robert Mittman, and Paul Saffo. *Leading Business Teams: How Teams Can Use Technology and Group Process Tools to Enhance Performance.* Reading, Mass.: Addison-Wesley, 1991.

Johnson, R. "Employers Now Vie to Hire Moms with Young Children." *The Wall Street Journal*, September 19, 2000.

Kanter, R. M. "Managing the Human Side of Change." *Management Review*, April 1985, pp. 52–56.

Kaplan, R. S. and D. P. Norton. "The Balanced Scorecard—Measures That Drive Performance." *Harvard Business Review*, January/February 1992, pp. 71–79.

———. "Putting the Balanced Scorecard to Work." *Harvard Business Review*, September/October 1993, pp. 134–147.

———. "Using the Balanced Scorecard as a Strategic Management System." *Harvard Business Review*, January/February 1996, pp. 75–85.

Katzenbach, J. R. and D. K. Smith. "The Discipline of Teams."*Harvard Business Review*, March/April 1993, pp. 111–119.

Keidel, R. W. "Rethinking Organizational Design." *Academy of Management Executive* 8, 4 (1994), pp. 12–28.

Kerr, S. "Ultimate Rewards: What Really Motivates People to Achieve." Boston, Mass.: Harvard Business Review Press, 1997.

Klubnik, J. *Rewarding and Recognizing Employees.* New York: McGraw-Hill, 1995.

Knight, C. "From Business Strategy to Balanced Scorecard." *Perform Magazine*, Spring 1999, http://www.pbviews.com/magazine/articles/business_strategy.html.

Lawler, E. *Rewarding Excellence.* San Francisco: Jossey-Bass, 2000.

———. *Strategic Pay: Aligning Organization Strategies and Pay Systems.* San Francisco: Jossey-Bass, 1990.

Lewin, R. *Complexity: Life at the Edge of Chaos*, 2nd ed. Chicago: University of Chicago Press, 2000.

Majchrzak, A. and Q. Wang. "Breaking the Functional Mind-Set in Process Organizations." *Harvard Business Review*, September/October 1996, pp. 93–99.

McCauley, C., R. S. Moxley, and E. V. Velsor, eds. *Handbook of Leadership Development.* San Francisco and Greensboro, N.C.: Jossey-Bass and Center for Creative Leadership, 1998.

Mintzberg, H. *The Structuring of Organizations: A Synthesis of the Research.* Englewood Cliffs, N.J.: Prentice Hall, 1979.

Mohrman, S. A. and A. M. Mohrman. *Designing and Leading Team-Based Organizations: A Workbook for Organizational Self-Design.* San Francisco: Jossey-Bass, 1997.

Mohrman, S. A., J. R. Galbraith, and E. Lawler, eds. *Tomorrow's Organization: Crafting Winning Capabilities in a Dynamic World.* San Francisco: Jossey-Bass, 1998.

Mohrman, S. A., S. G. Cohen, and A. M. Mohrman. *Designing Team-Based Organizations: New Forms for Knowledge Work.* San Francisco: Jossey-Bass, 1995.

Morrison, E. W. and C. C. Phelps. "Taking Charge at Work: Extrarole Efforts to Initiate Workplace Change." *Academy of Management Journal* 42, 44 (1999), pp. 403–419.

Nadler, D. A. and M. L. Tushman. *Competing by Design: The Power of Organizational Architecture.* New York: Oxford University Press, 1997.

Pieperl, M. A. "Getting 360 Feedback Right." *Harvard Business Review*, January 2001, pp. 142–147.

Prahalad, C. K. and G. Hamel. "The Core Competence of the Organization." *Harvard Business Review*, May/June 1990, pp. 79–90.

Raimy, E. "Community Zest." *Human Resource Executive*, August 2000, pp. 34–38.

Senge, P. M. *The Fifth Discipline: The Art and Practice of the Learning Organization.* New York: Doubleday, 1990.

Silverman, E. R. "Once Upon a Time." *Human Resource Executive*, June 4, 1999.

Simons, R. "How New Top Managers Use Control Systems as Levers of Strategic Renewal." *Strategic Management Journal* 15 (1994), pp. 169–189.

———. *Levers of Control.* Boston: Harvard Business School Press, 1995.

Simons, R. and A. Davila. "How High Is Your Return on Management?" *Harvard Business Review*, January/February 1998, pp. 71–80.

Smith, D. and J. Katzenbach. *The Wisdom of Teams.* Boston: Harvard Business School Press, 1992.

Stacey, R. D. *Managing the Unknowable: Strategic Boundaries Between Order and Chaos in Organizations.* San Francisco: Jossey-Bass, 1992.

Sunoo, B. K. "Redesign for a Better Work Environment." *Workforce* 79, 2 (2000), pp. 38–46.

Tam, P. "Pixar Bets It Can Boost Output to One Movie Feature a Year." *The Wall Street Journal*, February 15, 2001.

Thompson, J. D. *Organizations in Action.* New York: McGraw-Hill, 1967.

Treacy, M. and F. Wiersema. *The Discipline of Market Leaders: Choose Your Customers, Narrow Your Focus, Dominate Your Market.* Reading, Mass.: Addison-Wesley, 1995.

Wheatley, M. *Leadership and the New Science Revised: Discovering Order in a Chaotic World.* San Francisco: Berrett-Koehler, 1999.

Wilson, T. B. *Rewards That Drive High Performance.* New York: AMACOM, 1999.

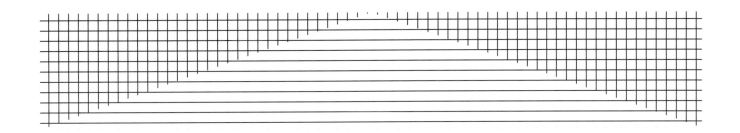

ÍNDICE

A

ABB, *veja* Asea Brown Boveri
AgroLife (estudo de caso), 248–254
alinhamento, papel, 102–103
Amazon.com, 49, 83–84, 113–114
amostragem representativa, 54, 55
Andersen Consulting, 161–162
Apple Computers, 159
aprendizado
   nas organizações reconfiguráveis, 28
   treinamento vs., 263, 264
aptidão para o aprendizado, 252, 255–260
Asea Brown Boveri (ABB), 188–190
assimilação, 277–282
AT&T, 90
avaliação cruzada, 262–263
avaliação de colegas, 262
avaliação do estado atual, 53–63
   análise dos dados obtidos com a, 63
   consultores para a condução da, 56-57
   documentos necessários para a, 53–54
   ferramenta para o planejamento da, 74
   fontes de dados para a, 54–57
   metodologia para a, 56–59
   perguntas a serem formuladas na, 59–62
   vantagens da, 53
avaliações de desempenhos passados, 246

B

balanced scorecard, 207–210
Banco Mundial, 163
Bankers Trust, 31
Barnes and Noble, 113–114
Barnevik, Percy, 189
Bloomberg, Michael, 160–161
BMW, 159–160
Bridgestone/Firestone, 215

C

call centers, 212
Cambridge Technology Partners (CTP), x
canais de distribuição, 113–115
Capital Bank Corporation (estudo de caso)
   competência lateral no, 150–151, 190, 192
   determinação da estrutura de projeto no, 44–45, 63–64
   estrutura do, 77–78, 98, 99-100
caracterização, de novos relacionamentos, 36
CARE International, 166
categorias de desempenho (*balanced scorecard*), 208
ceticismo, gestão, 275–277
ciclo de desenvolvimento do produto, 89
Citibank, 188
Citigroup, 86–87, 165
CNN, 49

296 ÍNDICE

coalocação, 159–161
comércio eletrônico, 182
comitês de direção, 134
companhias focadas no produto, 48–49
companhias voltadas para as operações, 49
compartilhamento do conhecimento, 84
compensação, 217–227
   com base nas habilidades, 222–223
   de equipes, 224–225
   de unidades de negócios, 224–225
   ferramenta para a avaliação de, 240
   pagamento com base no desempenho, 220–222
   projetando sistemas de, 225–227
   total, 218–219
   variável, 219–220
competência lateral, 26, 150–203
   definição de, 152
   desafios em potencial para o desenvolvimento de, 156
   e tomada de decisão, 156–157
   equipes como forma de, 173–180, 199–200
   estruturas matriciais como forma de, 184–190
   estudo de caso envolvendo, 150–151, 190, 192
   ferramenta para a geração de, 201–203
   mecanismos integradores para a geração de, 191, 201–203
   necessidade de, 154–155
   papéis integradores como forma de, 180–184
   processos laterais como forma de, 167–173, 197–198
   redes como forma de, 157–167, 194–196
   vantagens do desenvolvimento de, 155–156
competências organizacionais, 47
complexidade (da estrutura organizacional), 115–116
comportamento(s)
   e recompensas, 214, 216–217
   e reconhecimento, 228
comportamento "extrapapel", 180
comunicação, 271–273
comunidades baseadas em atividades práticas, 161–163, 263
conflito, em organizações laterais, 36
consultores, 56–57
contribuição total, reconhecimento/recompensas pela, 230
crescimento, efeitos do, 30
critérios de projeto
   e estratégia, 47–51
   e estrutura, 111
   ferramenta para a definição dos, 70–71
CRM (*customer relationship management*), sistemas de, 166

CTP (Cambridge Technology Partners), *x*
cultura, organizacional, 116–117
customização, 91

D

DaimlerChrysler, 91
Definição da Estrutura de Projeto, fase, 32–33, 46–47
departamento financeiro, como processo lateral, 168
desenvolvimento de negócios, 168
Desenvolvimento dos Detalhes, fase, 33
Deutsche Bank, 31
dinheiro, como recompensa, 230–232
divergência, 90
divisões, abrindo novas, 30
Dominos Pizza, 212–213
Dow-Corning, 165
drivers (*balanced scorecard*), 209

E

economias de escala, 84, 90
elaboração de pilotos, 271
Employer Services, 169
empresas de telecomunicação, 49
empresas entrantes, 30
empresas focadas no cliente, 49
encontros, anuais, 163–164
entrevistas de avaliação, 246
entrevistas, 58, 246
equipe(s), 173–180
   avaliando a disposição de, 199–200
   de lideranças, *xiv*, 132–133
   executiva, *xiv*, 110–111, 132, 247, 273
   gestão de, 175, 176
   globais, 173–174
   grupos de trabalho como, 173
   implementação, 135–136
   problemas, 173
   recompensas de, 224–225
   sucesso das, 175, 177
   tipos de, 174–175
Ernst & Young, 49, 182, 255, 256-257
espaço de uso comum, 160
especialização, 84
estratégia central, 49, 51
estratégia, 25, 30–31
estratégias do negócio, 29
estrutura de governança, 130–136

comitê de direção como elemento da, 134
defensor como elemento da, 131, 132
definição de, 130
e conservação do ímpeto, 273
equipe de lideranças como elemento da, 132–133
equipe executiva como elemento da, 132
equipes de implementação como elemento da, 135–136
ferramenta para a definição da, 149
finalidade do, 130–131
gerente de processo como elemento da, 134–135
grupos de trabalho como elementos da, 133–134
líder como elemento da, 132
estrutura distribuída, 111–112
estrutura funcional, 83–86
estrutura geográfica, 86–88
estrutura híbrida de linha de frente e operações internas, 92–97
desafios da, 96, 97
exemplos de, 96
vantagens da, 95–96, 97
estrutura organizacional, *veja* estrutura(s)
estrutura(s), 25, 77–149
"a melhor," 79
atual, avaliação da, 137–138
complexidade da, 115–116
definição de, 79
e canais de distribuição, 113–115
e critérios de projeto, 111
e cultura organizacional, 116–117
e fluxo do trabalho, 113–114
e papéis organizacionais, 99–100–111
e porte da organização, 96–97
e relações de poder, 79, 111–112
e teste do projeto, 111–117, 145–146
estudo de caso envolvendo, 77–78, 98, 99–100
etapas para a definição da, 79
extras, 82
funcional, 83–86
geográfica, 86–88
governança, 130–136, 149
híbrida de linha de frente e operações internas, 92–97
mapeamento de, 117–118
matricial, 184–190
projeto de novas, 139
voltada para o cliente, 90–92
voltada para o produto, 88–90
estrutura, projeto da, 44–76
avaliação do estado atual para o, 53–63
e critérios de projeto, 47–51
estudo de caso envolvendo, 44–45, 63–64

fases do, 46–47
limites para o, 51–53
premissas sobre, 53
estruturas extras, 82
estruturas matriciais, 184–190
administrando em uma matriz, 188–190
relacionamentos em, 184–188

F

falta de controle, 224–225
fase de Projeto da Organização, 33, 79, 80-81
Federal Express, 215
feedback, 274–275
feedback ascendente, 263
feedback do desempenho, 260–263
feedback em 360º, 263
flexibilidade
em organizações laterais, 156
em organizações reconfiguráveis, 28
foco estratégico, confirmação do, 68–69
Ford Foundation, 162
funcionários, 248
nas organizações reconfiguráveis, 28
participação dos, 35

G

General Motors (GM), 30
gerente(s)
líderes vs., 23
novos, 30
papéis expandidos dos, 180–181, 261
gerentes de processo, 134–135
gestão de pessoas, como processo lateral, 168
gestão de projeto, 182
gestão do conhecimento, 27, 182
gestão do relacionamento com o cliente (CRM), sistemas de, 166
gestão do risco, como processo lateral, 168
gestão
como processo lateral, 168
níveis de, 108–109
Glass-Steagall Act, 31
GM (General Motors), 30
grupos
de trabalho, *xiv–xv*, 133–134, 173
eficácia de, 38–39
focais, 58–59

H

Hackman, Richard, sobre grupos, 38–39
Harris Interactive, 215
Hewlett-Packard (HP), 49, 96

I

ímpeto, conservando, 273–274
Implementação do Novo Projeto, fase, 34
implementação, 267–283
  assimilação na organização como componente da, 277–282
  definição de, 267
  gestão do ceticismo como componente da, 275–277
  lista de verificação para a, 283
  planejamento como componente da, 268–275
incentivos com base no desempenho, 224
indicadores de desempenho (*balanced scorecard*), 209–210
integração, em organizações reconfiguráveis, 28
interfaces, 105–106, 142–143
Internet, 182

J

Jobs, Steve, 159
Johnson & Johnson, 49, 215
Johnson Controls, 91

L

líder(es), *xiv*
  e estrutura de governança, 132
  gerentes vs., 23
liderança
  e papéis organizacionais, 108–111
  estilos de, 177
  nas organizações reconfiguráveis, 27
limites, 51–53, 72
longe da sede da empresa, reuniões, 119, 122–128, 147–148
LotusNotes, 166

M

mapeamento (da estrutura), 117–118
Marriott, 90, 91

Matsushita, 49
McDonald's, 49, 165
mentores, 281–282
MetLife, 48
métricas, 206–214
  alinhamento de, 213
  amplitude das, 207–210
  consequências das, 212–213
  ferramenta para a avaliação de, 236
  metas para, 213–214
  orientação temporal das, 211–212
  senso crítico das, 210–211
Microsoft Exchange, 166
Mies van der Rohe, Ludwig, 45
modelo estrela, 24–25
mudança
  administrando o ceticismo em relação à, 275–277
  disposição para a, em organizações reconfiguráveis, 28–29
  mecanismos para alavancar a, *ix*
  na estratégia do negócio, 30–31
  na organização, 31
  ritmo da, *ix*, 52
múltiplos chefes, 261

N

narrativas de visão, 215–216, 237–239
nível do controle, 109

O

operações, como processo lateral, 168
Oracle, 256-257
organização(ões)
  definição de, *xi*
  mudanças no interior de, 31
  porte de, 96–97
  reconfigurável, 26–30
organização, projeto da, *veja* projeto da organização
orientadores, 281–282

P

padronização, 84
pagamento com base nas habilidades, 222–223, 224
pagamento com base no desempenho, 220–222
pagamento com base nos conhecimentos, 222
PalmPilot, 48–49

Panasonic, 49
papéis abrangentes, 181–183
papéis de coordenação, 181
papéis integradores, 180–184, 183–184
papéis organizacionais, 99–111
  alinhamento dos, 102–103
  definição de, 99–100
  e lideranças, 108–111
  e perspectivas funcionais, 102
  esclarecimento dos, 105, 107–108, 144
  estudo de caso envolvendo, 118–126, 128–130
  identificação/definição, 103–105, 140–141
  interface entre, 105–106, 142–143
  níveis de, 101–102
  reunião longe da sede da empresa para a definição dos, 119, 122–128, 147–148
  rodízios de cargos, 164–166
participação, 34–39
  condições para o sucesso da, 37–39
  ferramentas para a determinação da necessidade da, 43
  formas de, 35–36
  inapropriada, 36–37
  níveis de, 35
  vantagens da, 36
patrocinadores, 131, 132
PeopleSoft, 256-257
pesquisas qualitativas, 59
pesquisas quantitativas, 59
pesquisas, 59
Pixar, 159
planejamento (para a implementação), 268–275
  comunicação como componente do, 271–273
  conservação do ímpeto como, 273–274
  feedback como componente do, 274–275
  pilotos como componentes do, 271
  ritmo como componente do, 268–270
  sequenciamento como componente do, 270–271
planos de incentivo, 221–222
planos de incentivo aos negócios, 221
planos de incentivo de longo prazo, 221–222
planos de negócios, 273–274
planos de participação nos lucros, 221
porte da organização, 96–97
preenchimento de cargos, 245–248
Prêmio Baldrige, 49
premissas, 53, 73
PriceWaterhouseCoopers, *ix,* 49
problemas com desempenho, 31
processo de projeto, 31–34
  fase de Projeto da Organização no, 33

fase de Desenvolvimento dos Detalhes no, 33
fase de Implementação do Novo Projeto no, 34
fase de Definição da Estrutura do Projeto no, 32–33
processo, 25–26
processos laterais, 167–173, 197–198
projeto da organização
  abordagem participativa ao, 34–39
  avaliação das razões para a mudança, 42
  componentes, 24–25
  definição do, 24
  estratégia como elemento do, 25
  estrutura como elemento do, 25
  estrutura para, *veja* estrutura, projeto
  eventos desencadeadores do, 30–31
  processo como elemento do, 25–26
  processo de, 31–34
  responsabilidade pelo, 23
  sistema de recompensa como elemento do, 26
  sistemas de pessoas como elemento do, 26
proposição de valor, 48–51

Q

questões de prioridade alta, definição das, 75–76
questões legais, 248

R

realizações especiais, reconhecimento/recompensas por, 230
recompensas/sistemas de recompensa, 26, 204–241
  alocação de, 225
  compensação como componente de, 217–227, 240
  e definição do sucesso, 204, 205
  ferramenta para a avaliação de, 241
  importância do, 230–232
  métricas como componentes de, 206–214, 236
  programas de recompensa/reconhecimento como componentes de, 227–235, 241
  valores/comportamentos desejáveis como componentes de, 214–217, 237–239
reconhecimento
  abordagem do projeto para o, 232–235
  dimensões do, 228–230
  importância do, 230–232
  recompensas vs., 227–228
recrutamento, 248
recursos humanos (RH), 26, 83, 111, 183
redes, 157–167

e coalocação, 159–161
e comunidades baseadas em atividades práticas, 161–163
e programas de treinamento, 164
e reuniões/encontros anuais, 163–164
e rodízios de cargos, 164–166
e tecnologia, 166
ferramenta para a geração de, 194–196
importância das, 158
incentivo à formação de, 158–159
relacionamentos e estrutura focada no cliente, 91–92
relações de poder, 79, 111–112, 276–277
representantes, 37, 38
representantes, alavancagem com, 84
responsabilidades, 103–105, 144
restrições temporais, 155–156
resultados, 103–105
reuniões
anuais, 163–164
longe da sede da empresa, 119, 122–128, 147–148
ritmo, 268–270
rodízio de cargos, 263

S

salas de reunião, ferramentas para, 161
SAP, 256-257
Saturn (modelo de automóvel), 30
Selectron, 49
sequenciamento, 270–271
serviço ao cliente, como processo lateral, 168
setor bancário, 31
Shell Oil, 165–166
sistema ABACUS, 190
sistemas de avaliação de equipes, 262
sistemas de pessoas, 242–266
avaliação da aptidão para o aprendizado como, 252, 255–260
e aprendizado, 263, 264
estudo de caso envolvendo, 248–254
feedback do desempenho como, 260–263
modelo integrado de, 243–244
preenchimento de cargos na organização como, 245–248

Sony, 49
sucesso
de equipes, 175, 177
definição, 204, 205
identificando os indicadores do, 47–48, 66–67

T

tecnologia da informação (TI), 160–162, 166
tecnologia, como processo lateral, 168
tempo gasto em socialização, estruturado, 163–164
Tennyson, Alfred Lord, sobre o amor, 226
teoria do caos, *x*
teste (do projeto), 111–117, 145–146
Textron, 182
tomada de decisão, 156–157, 176
treinamento
aprendizado vs., 263, 264
e formação de redes, 164
Tylenol, 215

U

UNOPS, 118–126, 128–130
UPS, 215

V

valor(es)
agregado(s), 95
e recompensas, 214–217
e reconhecimento, 228
veja também recompensas/sistemas de recompensa
vendas cruzadas, 95
visão, 214

W

websites, 211–212

X

Xerox, 162